本书为河北省社会科学基金项目《集体化时期太行山区妇女社会化生产运动研究》的最终成果
项目编号:HB15DD016

华北学·华北乡村研究丛书

河北省社科基金项目

JITIHUA SHIQI TAIHANGSHANQU FUNÜ SHEHUIHUA SHENGCHAN YUNDONG YANJIU

集体化时期太行山区
妇女社会化生产运动研究

刘洁 著

人民出版社

《华北学研究丛书》 出版说明

华北区域（京、津、冀、晋、内蒙古五省市区）是黄河文明与海河文明起源地，是历史上农耕文明、草原文明、海洋文明等多元文化交往、冲突、融合的典型地区。古往今来，该地区曾为众多仁人志士不懈奋斗的中心舞台之一，许多重大历史事件在此发生。近年来，随着国家京津冀一体化战略的实施，作为围绕京津的华北区域，其基础功能、辐射功能更加凸显。

河北大学位于素有"京畿重地"、"首都南大门"之称的河北省保定市，具有毗邻京津的区位优势，又是河北省内唯一与教育部共建的综合性大学和中西部高校综合实力提升工程入选高校。多年前，河北大学历史学科围绕华北区域开展了相关研究，在全国产生了积极影响。经过充分的酝酿与筹备，河北大学历史学科于 2012 年正式发起成立华北学研究所，在国内较早提出"华北学"这一概念，目前已取得一批标志性研究成果。华北学研究所以"古今贯通，文理交叉，区域联合，服务华北"为宗旨，参照教育部重点研究基地的模式运作，重点研究领域和拟出版《丛书》规划包括：

1. 《华北学·华北五省市区综合研究丛书》
2. 《华北学·京津冀一体化研究丛书》
3. 《华北学·人类文明起源与华北地区考古文物研究丛书》
4. 《华北学·华北自然环境研究丛书》
5. 《华北学·华北地区文化传承与发展研究丛书》
6. 《华北学·华北红色根据地研究丛书》
7. 《华北学·华北乡村研究丛书》
8. 《华北学·华北城镇研究丛书》

9.《华北学·河北省研究丛书》……（华北各省市区）

10.《华北学·保定研究丛书》……（华北各市县）

华北学研究为河北大学历史学科致力打造的研究特色和重点建设领域。正是基于此，河北大学华北学研究所推出《华北学研究丛书》，其旨趣在于，从纵向上，贯通古今，古为今用，发掘历史文化遗产，服务于华北区域的崛起与振兴；从横向上，积极应对京津冀一体化战略，加强区域协同研究，服务于地方经济建设与文化发展。该《丛书》将不断推出海内外同仁有关华北学研究的重要成果，贡献社会。

未来的华北学研究，目标明确，形式多样，力求实现校内与校外资源互补，强势与特色扬长补短。我们热切期盼更多的同仁关注、襄助华北学研究。

河北大学华北学研究所

目　　录

绪　　论 ……………………………………………………………… 1

第一章　新中国成立前太行山区妇女的农业生产与生活 ……………… 21

　第一节　传统社会太行山区妇女的农业生产与生活 ………………… 21

　　一、妇女被压迫地位的形成 ………………………………………… 21

　　二、农业生产与生活状况 …………………………………………… 23

　第二节　新民主主义革命时期太行山区妇女的农业生产与生活 …… 31

　　一、抗日战争时期太行山区妇女的农业生产与生活 ……………… 31

　　二、解放战争时期太行山区妇女的农业生产与生活 ……………… 46

　　三、参加社会生产与妇女生活 ……………………………………… 48

第二章　解放妇女：新中国成立初期国家对农村妇女的生产动员 ……… 52

　第一节　国家倡导农村妇女参加社会生产的原因 …………………… 52

　　一、马克思主义者的妇女解放理论 ………………………………… 52

　　二、填补国家经济建设中的劳动力缺口 …………………………… 55

　　三、苏联经验的借鉴 ………………………………………………… 57

　第二节　中国共产党动员妇女参加社会生产的方式 ………………… 60

　　一、思想教育 ………………………………………………………… 60

　　二、解决妇女在家庭中的后顾之忧 ………………………………… 70

　　　三、培养妇女骨干 ……………………………………………… 83

　　　四、开展劳动竞赛，评选劳模 ………………………………… 89

　　　五、动员妇女学习农业技术 …………………………………… 92

第三章　撑起半边天：妇女全面参与农业生产 ……………………… 98

　第一节　劳动参与率提高 …………………………………………… 99

　　　一、互助组时期 ………………………………………………… 99

　　　二、合作社时期 ……………………………………………… 104

　　　三、人民公社时期 …………………………………………… 107

　第二节　在农业生产中逐渐撑起"半边天" ……………………… 115

　　　一、互助组时期 ……………………………………………… 115

　　　二、合作社时期 ……………………………………………… 118

　　　三、人民公社时期 …………………………………………… 123

第四章　走向解放：参加社会生产对妇女自身的影响 …………… 130

　第一节　妇女农业技术的提高 …………………………………… 130

　　　一、互助组时期 ……………………………………………… 131

　　　二、合作社时期 ……………………………………………… 131

　　　三、人民公社时期 …………………………………………… 134

　第二节　妇女呈现出新的精神风貌 ……………………………… 140

　　　一、劳动观念 ………………………………………………… 140

　　　二、择偶观念 ………………………………………………… 142

　　　三、"心灵的集体化" ……………………………………… 144

　第三节　妇女社会经济地位的提高 ……………………………… 147

　　　一、经济地位 ………………………………………………… 147

　　　二、政治地位 ………………………………………………… 149

　　　三、家庭地位 ………………………………………………… 154

第五章　性别差异下的男女"同工同酬" ……………………… 161

　第一节　男女"同工同酬"的提出 …………………………… 162

　第二节　男女"同工同酬"的贯彻与实施 …………………… 167

　　一、合作社时期 ……………………………………………… 167

　　二、人民公社时期 …………………………………………… 171

　第三节　男女"同工同酬"的成效 …………………………… 176

　　一、合作社时期 ……………………………………………… 176

　　二、人民公社时期 …………………………………………… 178

　第四节　男女"同工不同酬"现象始终存在 ………………… 181

　　一、合作社时期 ……………………………………………… 181

　　二、人民公社时期 …………………………………………… 184

　第五节　男女"同工不同酬"的原因 ………………………… 190

　　一、男女体质的差异 ………………………………………… 191

　　二、家务劳动尚未社会化 …………………………………… 193

结　　语 ………………………………………………………… 195

参考文献 ………………………………………………………… 199

后　　记 ………………………………………………………… 208

绪　　论

一、研究缘起

妇女史研究曾在 20 世纪二三十年代掀起热潮并取得了丰硕的成果，但在新中国成立后到改革开放前，教育界因学习苏联模式而取消了高校中的社会学学科，社会学研究队伍被解散；历史学的研究内容也取消了社会史的内容，主要以政治史为主，注重上层人物、官方文献以及农民起义等方面的研究，但对普通人的社会生活关注极少，妇女史研究也陷入低潮。改革开放后，随着社会史研究的兴起，妇女史研究重新走入人们的视野，目前已取得了丰硕的成果。在研究时段上，从古代到近代再到当代的妇女问题都纳入了学者们的研究视野；在研究内容上，学者们也从多方面进行了阐释，包括经济、政治、婚姻、生育、教育等妇女生活的方方面面。相比于近代中国妇女史研究而言，集体化时期的妇女研究还比较薄弱，最主要的原因是大部分资料还散落在各地档案馆里，搜集不易。另外，妇女史理论的匮乏也是原因之一。因此，挖掘新的史料，引入新的理论，对集体化时期的妇女做系统研究已成为当务之急。

妇女的经济地位是政治地位和社会地位的基础，参加社会化生产是妇女经济独立的前提条件，但一直以来学界对妇女"走出家庭，走上社会，参与社会生产"的过程以及其中的细节问题缺乏应有的关注。

传统社会"男主外，女主内"，妇女从事的劳动主要局限在家庭范围内，包括抚育儿童、照顾家人、做饭、洗衣服、打扫房屋等家务劳动，不从事或者很少从事家庭以外的劳动。19 世纪末期，随着妇女解放运动的兴起，妇女逐渐走出家庭，走上社会，逐渐参与社会生产，在城市中甚至开始出现职业妇女，但在农村，妇女们的活动空间仍以家庭为主。直到 1937 年抗日根据地建立，为了支援抗战，根据地妇女也逐渐从家庭走上社会，参与社会化生产，但根据地时期农村妇女的参与社会化生产无论从深度和广度上都是十分有限的。

新中国成立后，为了尽快实现工业化的目标和防止再次出现贫富两极分化，中国共产党领导中国农民一步步迈入集体化时代。集体化时代是一个特殊的年代，是一个变革的年代，也是一个动荡的年代。变革是因为中国共产党想打破旧秩序，建立新秩序，而在破旧立新的变革过程中，人们日常生活的改变势必会对人们的思想和行为造成困扰，甚至有时候也会引起一些动荡。集体化时期的乡村社会大体如此，身处其中的农村妇女当然也不例外。新中国成立后，党和政府为了早日摆脱一穷二白的落后面貌，早日实现工业化，就要尽可能地发动一切能利用的劳动力。要想把妇女最大限度地发动起来参与社会主义建设，就必须把妇女从传统的宗族、家庭的束缚中解放出来。在党和政府自上而下的发动下，农村妇女开始摆脱传统家庭的束缚，参与社会生产，为家庭、集体和国家创造了财富和价值，并且妇女自身在政治、经济、文化、婚姻等方面的地位也发生了翻天覆地的变化，她们自己也感到了前所未有的"解放感"。必须承认，变革对于妇女生活有着积极的方面，但是参与社会生产也给妇女的日常生活带来了一些困境，这些困境是在割裂传统过程中无法避免的阵痛。几千年的传统和观念不是短时间内就能改变的，这需要一个漫长的过程。集体化时期，太行山区妇女的生活方式发生了巨大变化。本书的重点是考察妇女参与社会生产在哪些方面改变了原来的生活模式，对妇女自身的发展有怎样的影响，国家政策是怎样渗透进乡村社会的，农村妇女对"男女同工同酬""男女平等"观念的接受渠道和接受程度又是怎样的。

二、学术史回顾

（一）专项研究

有关集体化时期农村妇女参与社会生产走向解放的问题已有多名学者关

注并取得了阶段性的成果，有一些论文专门论述或者涉及这一问题，但还没有专著出版。学界目前主要从党和政府对妇女生产的动员、农村妇女参与社会生产的原因、参加社会生产对妇女的积极影响、对农村妇女参加生产的整体评价等方面进行了分析探讨。

1. 党和政府动员广大妇女参与社会生产

有学者对党和政府的动员特点和方式进行研究。马慧芳认为，新中国成立初期国家在经济方面对妇女的动员有三个特点，即动员方式的政治全能性、角色认同的道德指向性和劳动分工模式的理想化。[①] 李正华、左际平认为，从统计数据来看，国家动员妇女参加生产政策取得了巨大的成绩，无论在城市还是农村，参加生产劳动的妇女都成倍增长。[②] 李巧宁认为党和政府在动员农村妇女参与社会活动中主要采取了三种方式：第一，给妇女参与社会活动赋予了"男女平等""妇女解放"的重大意义；第二，把苏联妇女作为中国妇女的榜样；第三，在农村实行按劳取酬的分配方式，这三种方式起到了重大作用。[③] 郭省娟研究了"大跃进"时期的妇女劳动，认为伴随着强大的意识形态宣传和一系列的政治运动，妇女被最广泛地动员起来，这一时期在农村，妇女广泛地参加农业生产并由辅助劳力逐渐成为与男子并肩劳动的一支主力军。[④]

2. 农村妇女参与社会生产的原因

光梅红认为"劳动光荣"价值观的广泛宣传是农村妇女参加社会生产的主要原因，爱国劳动竞赛产生的压力、农业合作化制度设计带来的经济利益驱动也是农村妇女广泛参加社会劳动的重要原因。[⑤] 林冬梅认为农村妇女广泛参加劳动是多种因素相互作用的结果，其中生产观念的变化是妇女参加生产

① 马慧芳、郝琦：《1950 年代国家对农村妇女社会生产动员的启示》，《探索与争鸣》2008 年第 4 期。

② 李正华：《新中国妇女运动的历史与现状》，《当代中国史研究》1996 年第 6 期；左际平：《20 世纪 50 年代的妇女解放与男女义务平等：中国城市夫妻的经历与感受》，《社会》2005 年第 1 期。

③ 李巧宁：《1950 年代中国对农村妇女的社会动员》，《社会科学家》2004 年第 6 期。

④ 郭省娟：《"大跃进"时期农村妇女劳动简述》，《中共宁波市委党校学报》2007 年第 5 期。

⑤ 光梅红：《20 世纪 50 年代"劳动光荣"话语的建构与中国妇女解放》，《妇女研究论丛》2014 年第 2 期；光梅红：《观念·竞赛·制度：20 世纪 50 年代中国农村妇女参加劳动动因再探讨》，《古今农业》2013 年第 3 期。

劳动的价值基础；农业合作社解决了小孩看管和家人的穿衣等家务问题，使妇女参加劳动没有了后顾之忧；而工分制和同工同酬制度的实施是妇女参加生产劳动最为直接的经济动因。[①] 李金铮、刘洁认为党和政府推行的"男女同工同酬"政策对妇女参加社会生产有一定促进作用。[②]

3. 妇女参加社会生产与妇女解放

有些学者认为妇女参加社会生产对妇女解放有着积极影响。李静芝、韩廉、虞花荣认为，自新民主主义革命时期以来，中国共产党动员妇女参加社会生产的政策和措施，使妇女获得了经济独立。[③] 左际平、郭于华认为与妇女参加劳动数量成正相关的是妇女强烈的自豪感和"被解放"之感。[④] 袁秀贞认为，新中国成立后中共积极扶持妇女就业，制定了有利于男女平等就业的法律制度；妇女大规模参加社会生产不仅使自身获得了独立的经济地位，提高了自身的社会地位，并且也为国家的经济建设、妇女解放开创了新局面，具有划时代的意义。[⑤] 刘维芳认为，在"大跃进"期间，广大妇女参与到"大跃进"运动中，给她们自身带来深刻的影响。在这三年时间里，中国妇女运动从最初的积极参与到中间的调整反思，再到后期的跃进浪潮再起，经历了特殊而重要的历史阶段。[⑥]

也有学者认为新的劳动角色对妇女既有正面意义，也有负面影响。郭于华分析了陕北骥村女性口述的农业合作化经历、感受和记忆，探讨了她们记忆的内容、特点以及社会工程对女性生存状态与精神状态的重构。他认为，

---

① 林冬梅、李先明：《农业合作化时期农村妇女广泛参加生产劳动的缘由探析——以山东聊城为中心的实证研究》，《山东农业大学学报》（社会科学版）2015年第2期。

② 李金铮、刘洁：《劳力·性别·平等：集体化时期太行山区男女"同工同酬"》，《中共党史研究》2012年第7期。

③ 李静之：《新民主主义革命时期中国共产党妇女运动指导思想的确立和发展》，《妇女研究论丛》2001年第4期；韩廉、李斌：《论新民主主义革命时期中共妇女解放运动的特点及其启示》，《中华女子学院学报》2006年第1期；虞花荣：《论中国共产党妇女解放思想与实践的特点及其启示》，《北京科技大学学报》（社会科学版）2007年第2期。

④ 左际平：《20世纪50年代的妇女解放与男女义务平等：中国城市夫妻的经历与感受》，《社会》2005年第1期；郭于华：《心灵的集体化：陕北骥村农业合作化的女性记忆》，《中国社会科学》2003年第4期。

⑤ 袁秀贞：《1949—1978年中国共产党鼓励妇女全面就业的政策研究》，硕士学位论文，湖南师范大学，2008年。

⑥ 刘维芳：《中国妇女运动"大跃进"始末》，《中华女子学院学报》2008年第5期。

虽然集体化的过程中个体经历是痛苦的，但集体化的过程是女性走出传统性别角色的重要途径。农业合作化中，女性走出家庭参加集体劳动并非真正的从"私领域"进入"公领域"，而是从家庭与宗族附属品成为集体与国家工具的过程。① 金一虹描述了20世纪50—80年代中国妇女参与社会劳动的情况，分析了国家动员和行政干预怎样影响女性新的劳动角色的形成。在集体化时期，中国劳动分工的"去性别化"逐渐形成；"文革"时期，这一"去性别化"特点达到顶峰，"铁姑娘"是这一时期推行的典型的性别分工模式。她认为，对于身处其中的中国妇女来说，新的劳动角色对她们既有正面的意义，也有负面的影响。② 高小贤对20世纪50年代陕西关中地区以妇女为主体的劳动竞赛——"银花赛"进行了分析，揭示了国家经济政策与妇女解放政策如何相互交织，在推动妇女走向社会、走向解放的过程中，同时也制造了社会性别差异和社会不平等。③ 张志永认为，"大跃进"时期，国家发动妇女参加生产的初衷是弥补"大跃进"运动中劳动力的缺口；由于在生产中忽视了生理性别差异，形成了以男性为标准的社会性别同质化，使妇女在付出了比男人更多身心痛苦的代价后，其家庭地位和社会性别歧视没有发生根本性变化，故妇女解放的任务远没有完成，男女平等远没有实现。④ 光梅红认为，在动员农村妇女参加社会劳动时，由于片面强调"劳动光荣"的劳动在形式上的一致性，忽略男女两性差异及其不同的利益诉求，因此"劳动光荣"价值观的建构对农村妇女解放程度的提高是不彻底的，在一定程度上又抑制了"劳动光荣"价值观的形成。⑤ 刘洁认为，新中国成立初期，为了早日实现工业化和妇女解放的目标，亟须发动广大农村妇女参与社会化大生产，但由于忽视了男女客观存在的生理差异和没有倡导男子分担家务劳动，造成了"男

---

① 郭于华：《心灵的集体化：陕北骥村农业合作化的女性记忆》，《中国社会科学》2003年第4期。
② 金一虹：《"铁姑娘"再思考——中国"文化大革命"期间的社会性别与劳动》，《社会学研究》2006年第1期。
③ 高小贤：《"银花赛"：20世纪50年代农村妇女的性别分工》，《社会学研究》2005年第4期。
④ 张志永：《错位的解放：大跃进时期华北农村妇女参加生产劳动评述》，《江西社会科学》2010年第4期；张志永：《女权的缺位："大跃进"时期华北农村男女平等的悖论》，《江苏社会科学》2011年第1期。
⑤ 光梅红：《20世纪50年代"劳动光荣"话语的建构与中国妇女解放》，《妇女研究论丛》2014年第2期。

女平等"的异化与误读，使妇女在"男女都一样"和"男女不一样"的尴尬境地中，遭遇了前所未有的痛苦和挣扎。①

（二）相关研究

妇女问题于 20 世纪二三十年代在国内学界曾受到高度关注，关注点从解放妇女以促进社会变革到将妇女作为社会问题的妇女社会史。② 主要著作有陈东原的《中国妇女生活史》、王书奴的《中国娼妓史》、陈顾远的《中国婚姻史》等。

新中国成立后，由于 20 世纪六七十年代特殊的政治环境，妇女问题研究的脚步慢了下来。50 年代至 80 年代初，有关妇女史的论述寥寥，几为空白。少量妇女史著述多旨在解释妇女的受压迫历史，以之教育妇女提高觉悟，学术研究的成分不多。

20 世纪 80 年代后，随着政治环境的放松，社会史研究开始兴起，妇女史研究也重新在学界占据了重要位置。这里仅就与本课题相关的主要论著做一概述，并加以评析。

1. 集体化时期妇女问题的总括性研究

关于集体化时期妇女问题的研究，在理论上国外学者的研究走在了前列。国外学者的研究起步于 20 世纪六七十年代。新中国成立后，中国对外极力宣扬社会主义制度的优越性。在这种影响下，国外学者认为社会主义革命使中国妇女的命运发生了极大的转变。美国学者的研究极具开拓性：一是研究新民主主义革命以来中国的社会变革对妇女的影响；二是以妇女为研究对象，向历来忽视妇女的中国史研究挑战，但资料来源的局限性导致国外学者著述的片面性和对妇女解放程度的夸大。这一时期的主要研究成果收集在玛丽琳·扬（Marilyn B. Young）主编的《中国妇女：社会变化与女性主义》以及玛杰里·沃尔夫（Margery Wolf）与罗克珊·惠特克（Roxane Witke）合编的

---

① 刘洁：《"男女平等"的异化与误读——以集体化时期太行山区妇女参加社会生产为例》，《党史研究与教学》2014 年第 1 期。

② 陈东原：《中国妇女生活史》，上海书店 1984 年版。王书奴：《中国娼妓史》，生活书店 1934 年版；陈顾远：《中国婚姻史》，上海商务印书馆 1936 年版。

《中国社会中的妇女》两本书中。

到了20世纪70年代末，随着中国对外开放的展开，一些国外学者有机会到中国进行考察，但实际情况与宣传品中描绘的理想蓝图之间存在着巨大的差距，这使她们颇感失望。因此，他们对中国妇女解放程度的认识急转直下，对中国妇女解放的赞誉很快被对中国社会性别政治的重新评价所代替。自70年代中期起，人类学和社会学领域中的女性主义学者发表了一批论著，如诺玛·戴蒙德（Norma Diamond）的《集体化、家族与中国农村妇女的地位》、基·安·约翰逊（Kay Ann Johnson）的《中国妇女、家庭与农民革命》、菲莉斯·安多斯（Phyllis Andors）的《未完成的中国妇女解放》、朱迪思·斯泰西（Judith Stacey）的《中国的父权制与社会主义革命》、玛杰里·沃尔夫（Margery Wolf）的《延迟的革命》等，这些学者犀利地指出了中国社会主义制度下仍然存在的父权制，并重新审视了社会主义革命和妇女解放的关系，大部分学者对中国妇女状况的评价是："在中国革命的过程中，妇女解放成为从属于阶级斗争的议题，中国革命未能打破妇女受压迫的根基——父权制家庭，从而也未能实现男女平等的目标"。①

80年代后，美国女性主义理论界出现了反思的潮流，对早期占主导地位的"普遍的妇女特性"观点提出质疑。白露（Tani E. Barlow）在《妇女观的形成：妇女、国家、家庭》一文中，以后现代主义为理论基础，着重分析中国政治社会话语中反映的妇女观的历史变化，为中国妇女研究打开了新的视野。其他西方著作还有高大伦、范勇编译的《中国女性史（1851—1958）》等。

另外，对集体化时期"男女平等"的研究，早期也多为西方学者。② 德国学者罗梅君（Mechthild Leutner）认为，在妇女问题上，很多西方的论著受

① 张志永：《婚姻制度从传统到现代的过渡》，中国社会科学出版社2006年版。
② Marilyn B. Young, Women in China：Studies in Social Change and Feminism（Ann Arbor, Michigan：Center for Chinese Studies, The University of Michigan, 1973.）；Kay Ann Johnson, Women, the Family, and Peasant Revolution in China（Chicago：University of Chicago Press, 1983.）；Judith Stacey, Patriarchy and Socialist Revolution in China（Berkeley：University of California Press, c1983.）；Margery Wolf, Revolution Postponed：Women in Contemporary China（Stanford, Calif.：Stanford University Press, c1985.）；Elisabeth Croll, Feminism and Socialism in China（London；Boston：Routledge & K. Paul, 1978.）；The Women's Movement in China：a Selection of Readings, 1949—1973（London：Anglo - Chinese Educational Institute, 1974.）

到中国是个社会主义国家这一观点的影响，一方面将社会主义解放和妇女解放等同看待，肯定解放成果，认为妇女解放在向着更好的方向发展；另一方面则是对社会主义中国从反面加以否定的论述。这反映在妇女问题上也存在两种观点，即女性丧失论和社会主义阻碍（妇女）解放论。① 大部分西方学者对中国妇女解放的评价是，在中国革命进程中，妇女解放从属于阶级斗争的议题，中国革命未能实现男女平等的目标，传统中国的许多方面仍在当代中国继续。

国外学者的研究在很多方面都值得我们借鉴，比如他们所运用的理论和治学方法，但由于资料所限，他们也往往根据一些社会现象，凭借理想或主观的言论进行大胆的判断和理论论述，缺乏史实的实证研究，并且国外学者的研究也有意识形态方面的局限。

国内学者的研究也取得了一定的成就。1992 年，计荣主编的《中国妇女运动史》概述了自近代以来中国妇女的发展历程，对新中国成立初期的妇女解放、妇女参加社会改造和社会运动的状况进行论述。② 1994 年，罗琼主编的《当代中国妇女》是新中国成立以后出版的首部研究当代中国妇女的专著。该书对新中国成立后四十余年来中国妇女在政治、经济、文化教育、婚姻方面所取得的进步进行了总结，认为妇女参加生产极大地提高了自身的经济地位。③ 2003 年，全国妇联主编的《中国妇女运动百年大事记（1901—2000）》面世，它以中国共产党对妇女运动的领导为主线，以广大妇女为主体，记录了 20 世纪中国妇女运动艰难曲折前进的历史过程。④ 2013 年出版的顾秀莲主编的《20 世纪中国妇女运动史》反映了中国共产党领导下中国妇女运动波澜壮阔的历史进程，客观总结了中国妇女运动的经验与教训，对于推动新时期妇女运动具有深远的现实意义。⑤ 2017 年，全国妇联妇女研究所出版的《当

---

① 罗梅君、杨立：《欧洲人的中国妇女观：从马可波罗到今天》，《妇女研究论丛》2000 年第 1 期。
② 计荣：《中国妇女运动史》，湖南出版社 1992 年版。
③ 罗琼：《当代中国妇女》，当代中国出版社 1994 年版。
④ 中华全国妇女联合会：《中国妇女运动百年大事记（1901—2000）》，中国妇女出版社 2003 年版。
⑤ 顾秀莲：《20 世纪中国妇女运动史》，中国妇女出版社 2013 年版。

代中国妇女运动简史（1949—2000）》以翔实的资料、简明的叙事再现半个多世纪中国妇女运动的历史概貌，对新中国成立后的妇女运动进行了较为全面的梳理，凸显了中国特色妇女发展道路。[①] 也有一些硕士学位论文涉及这一问题，如孙立苹的《论新中国成立初期中国妇女地位的提高》分析了新中国成立初期中国妇女在婚姻家庭、经济、政治、文化教育、妇幼卫生保健诸方面的变化，总结了这一时期中国妇女地位提高的原因及妇女解放运动的特点；[②] 胡妍的《建国初期中国共产党的妇女政策研究（1949—1956 年）》认为，建国初期中国共产党制定了一系列的方针政策，对中国妇女获得在经济、政治、文化、婚姻等各方面的权利起到了决定性的作用，从而使中国妇女的社会地位发生了历史性的巨变。[③]

2. 集体化时期妇女问题的区域史研究

2017 年贺萧的《记忆的性别：农村妇女和中国集体化历史》出版，这部书以陕西 72 位农村妇女为研究主体，描述了在农业集体化时代农村妇女的真实经历，国家以"男女平等，劳动平等"为口号将妇女纳入与其生理能力不相符的公共劳动空间，女性被期待可以完成与男性对等的工作强度与时长，但由于生理所限和传统的性别分工，女性还要忍受待遇上的不平等。在那个年代，妇女在担负着更多压力的同时没有获得同男子一样的物质报酬和社会尊重，却在历史叙述中莫名其妙地"被平等"。[④] 李银河通过对河北省后村（化名）的调查（该村位于山东、河北两省交界处），认为男女平等还远没有实现，妇女解放的道路依然漫长。[⑤] 李斌的《村庄视野中的阶级、性别与家庭结构：以 1950 年代湘北塘村为中心的考察》，以湘北塘村为个案，通过大量的口述资料和地方文献，质疑和深化了前人关于妇女解放和男女平等的经典论断。不同于以往革命史叙事下以国家为主体的论述，作者围绕性别、家庭和阶级三个维度，从女性视角出发，展现了农村妇女在土地改革时期、农业

① 全国妇联妇女研究所：《当代中国妇女运动简史（1949—2000）》，中国妇女出版社 2017 年版。
② 孙立苹：《论新中国成立初期中国妇女地位的提高》，硕士学位论文，河北师范大学，2003 年。
③ 胡研：《建国初期中国共产党的妇女政策研究（1949—1956 年）》，硕士学位论文，华东师范大学，2008 年。
④ ［美］贺萧著：《记忆的性别：农村妇女和中国集体化历史》，张赟译，人民出版社 2017 年。
⑤ 李银河：《后村的女人们：农村性别权力关系》，内蒙古大学出版社 2009 年版。

合作化时期和"大跃进"时期中切实的处境和生命体验，揭示了不同时期男女平等与不平等、妇女解放与未解放的复杂性。① 李巧宁的《陕西农村妇女的日常生活（1949—1965）》是近年来出版的关于妇女日常生活史方面的一部著作，该书全面展示了新中国成立后妇女日常生活的方方面面。缺点是，对中共政权与乡村社会的互动展示不够。作者认为陕北妇女在追求"男女平等""妇女解放"的过程中产生了从未有过的翻身感与解放感，但也承受了更多的忙碌和劳累。②

3. 社会性别理论的引入

除了综合性著作以外，在妇女史研究理论方面也取得了较大的进步。20世纪 90 年代以后，受西方女性学理论影响，中国妇女史研究的若干成说受到冲击，传统观念和思维被解构、被重建，学者们开始从新的视角、以新的方式探讨中国妇女史中的不同课题。1994 年，李小江等主编的《性别与中国》收录了哈佛大学费正清东亚研究中心在 1992 年召开的"性别与中国"国际学术研讨会的多篇论文，这些论文论述了中国妇女与国家、政治的关系以及妇女与文化、生育、人口等一系列问题，这些论文的作者多为美国的中国妇女问题研究者。李小江说："以性别研究作为一个角度，一种方法去分析和解构一个民族、一种传统、一段历史，是妇女研究正在走向成熟的标志"。③ 鲍晓兰主编的《西方女性主义研究评介》，汇集了在美国各大学学习的中国学者对西方女性主义理论和女性主义多学科研究的最新成果。在国内则以天津师范大学妇女研究中心的"社会性别史研究"为代表，她们由强调性别差异转而强调性别平衡，主张从社会性别的角度研究妇女问题，并且运用多学科交叉的方法对女性问题进行了前所未有的跨学科的研究。④

① 李斌：《村庄视野中的阶级、性别与家庭结构：以 1950 年代湘北塘村为中心的考察》，湖南人民出版社 2013 年版。
② 李巧宁、陈海儒：《陕西农村妇女的日常生活（1949—1965）》，中国社会科学出版社 2014 年版。
③ 李小江：《性别与中国》，生活·读书·新知三联书店 1994 年版，第 1 页。
④ 主要著作有：杜芳琴《女性观念的衍变》，河南人民出版社 1988 年版；杜芳琴主编《发现妇女的历史——中国妇女史论集》，天津社会科学院出版社 1996 年版；杜芳琴主编《中国社会性别的历史文化寻踪》，天津社会科学院出版社 1998 年版；王政、杜芳琴编《社会性别研究选译》，生活·读书·新知三联书店 1998 年版；杜芳琴《妇女学与妇女史的本土探索——社会性别视角与跨学科视野》，天津人民出版社 2003 年版。

4. 资料的整理和出版也取得了一定的成果

传统社会，妇女是一个失语的群体，在历史中没有发出她们自己的声音。近年来，新中国成立后的妇女史史料整理方面取得了重要进展。全国妇联出版了一系列汇编，如《毛泽东周恩来刘少奇朱德论妇女解放》（人民出版社，1988 年）、《马克思恩格斯列宁斯大林论妇女》（人民出版社，1978 年）、《蔡畅邓颖超康克清妇女解放问题文选（1938—1987）》（人民出版社，1983 年）、《中国妇女运动重要文献》（人民出版社，1979 年）等。中华全国妇女联合会妇女研究所陕西省妇女联合会研究室编纂了《中国妇女统计资料（1949—1989）》（中国统计出版社，1991 年）等，中国妇女管理干部学院主编了《中国妇女运动文献资料汇编》（第 2 册）（中国妇女出版社，1988 年）。此外，全国妇联注意对妇联工作的及时总结，相继出版了《中华全国妇女联合会四十年》、《"四大"以来妇女运动文选（1979—1983）》、《"六大"以来妇女儿童工作文选（1988.9—1993.6）》、《七大以来妇女儿童工作文选（1993.9—1998.6）》、《建国以来中国妇女运动参考资料》（1981 年）、《中国妇女运动百年大事记》（中国妇女出版社，2003 年）等，这些资料对研究新中国成立后的妇女运动提供了宝贵的资料。

另外，各省、市、县级政府、妇联也出版了一系列新中国成立后的妇女运动史料。河北省地方志学会编纂出版了《河北省志·妇女运动志》（河北人民出版社，1997 年），河北省妇女联合会出版了《河北省妇女运动大事记》（1987 年），李澎卿、陈先琴主编了《河北妇女社会地位调查》（中国妇女出版社 1994 年），山西省妇联编写了《山西妇女四十年》（山西画报社，1990 年）、《妇女撑起半边天》（山西人民出版社，1974 年），昔阳县妇女联合会编纂了《解放后昔阳妇女运动史》（内部资料，2000 年），武乡县妇联编纂了《武乡县妇女运动简史》（内部资料，1985 年），中共黎城县党史研究室、黎城县妇女联合会编纂了《黎城妇女运动史》（山西古籍出版社，2005 年），寿阳县妇女联合会编纂了《寿阳县妇运史资料（1949.10—1988.12）》（内部资料，1990 年）、榆次市妇女联合会编纂了《榆次妇女运动史（1937—1987）》（内部资料，1990 年），沁源县妇女联合会编纂了《沁源县妇女运动史资料选》（内部资料，1987 年），祁县妇女联合会编纂了《祁县妇运史资料》（1937—1949）（内部资料 1987 年），易县妇女联合会编纂了《易县妇女运动大事记》（内部资料，1983 年）等。

妇女史研究者常常苦于难以搜集到关于女性记载的资料，只能从期刊、报纸等非档案资料中找寻。20 世纪 90 年代以来，除了文献资料以外，学者们也开始注重口述资料的搜集和整理，从口述访谈中寻找妇女自己的声音。1983 年，河北大学哲学系在定县农村进行调查，撰写了《定县农村调查报告》（内部出版）。1988 年开始，中国社会科学院组织了全国"八五"哲学社会科学重点课题"全国百县市经济社会调查"，其中包括河北省保定市、定州市（原定县）和南皮县 3 个市县，并于 20 世纪 90 年代初分别出版《中国国情丛书——百县市经济社会调查》的保定卷、定州卷和南皮卷。由杜芳琴主编的《大山的女儿》（华北卷）于 1998 年出版，该书是一部以口述史为主反映贫困妇女和性别差异的研究著作。书中聚焦生活在贫困地区的华北妇女，她们的思想方法和生活方式反映了她们作为边缘群体受到的不公正对待，但由于历史和社会等原因的影响，她们无论是否有成功的经历，都被认为不及男性。尽管她们中有的人不安于现状，希望能改变命运，但自身仍受到多种因素的制约和局限，以致难以改变现状。2008 年孙丽萍主编的《口述大寨史》由南方日报出版社出版，该书通过山西省社会科学院历史研究所的专家学者对 150 位大寨人进行面对面的采访，真实而生动地重现了一个中国乡村由普普通通变成人尽皆知，由寂静到辉煌又重归寂静的 60 年沧桑变化，其中有关"大寨的铁姑娘"的采访对我们研究集体化时代妇女解放具有极强的历史及学术价值。

5. 对新中国成立前妇女从事农业劳动的研究

一直以来，传统社会男女劳作分工模式用"男主外，女主内"来概括，妇女主要从事家务劳动，但近年来的一些研究表明，传统社会中的贫苦农村妇女除了从事家务劳动外，也从事家庭内部的农业生产，只是到了明清时期随着程朱理学控制的加强，加之裹脚之风盛行，妇女才慢慢脱离了农业生产，闭足家庭中。[①] 吕美颐的研究表明，在 20 世纪二三十年代中国妇女参与农业

---

① 朱晓鸿：《汉代妇女生活探析》，硕士学位论文，郑州大学，2001 年；王翠改：《唐宋时期妇女的家庭经济地位》，硕士学位论文，河北师范大学，2002 年；战秀梅：《宋代妇女经济活动探析》，《中国社会经济史研究》2010 年第 1 期；王剑虹：《元代妇女的社会经济地位》，硕士学位论文，河北师范大学，2003 年；陈宝良：《明代妇女的社会经济活动及其转向》，《中州学刊》2011 年第 1 期；李华丽：《清代妇女的家庭生计问题研究》，《历史教学问题》2009 年第 5 期。

劳动的状况与地域有很大关系，一般南方农村妇女参与农业生产劳动较多，而华北地区农村妇女参与农业劳动较少。① 虽然传统社会农村妇女也从事少量的农业劳动，但因为传统社会是自给自足的小农经济，她们所从事的农业生产并不具有社会性。

中国共产党自成立以来一直把妇女解放作为无产阶级革命的神圣使命，并且把妇女的命运同整个中华民族的命运联系起来，毛泽东说："全国妇女解放之日，就是中国革命胜利之时"。抗日根据地建立后，妇女解放的任务更是与中华民族解放的任务紧紧联系在一起。为了维持根据地的运转和使抗战取得最后的胜利，发动农村妇女参加生产劳动成为当时中共妇女工作的一项重要内容。也正是从这一时期开始，农村妇女参加农业生产开始具有了社会性。

专门研究抗战时期妇女参与社会化生产的论著不多，尚没有专著出版。论文中，秦燕对陕甘宁边区妇女参加社会生产进行了考察，她认为陕甘宁边区妇女为了支援革命，开始走出家庭投身农业生产，不仅为抗战做出了巨大贡献，而且也使自身的社会经济地位有了极大提高。② 李常生在《山西抗日根据地妇女劳动力的开发》一文中，论述了山西抗日根据地中共对妇女劳动力开发的原因及动员妇女参加生产的方式。③ 另外，有的学者专门研究了1943年以后的大生产运动，如张树宣的《试论陕甘宁边区的大生产运动——纪念抗日战争胜利40周年》和赵刚印的《陕甘宁边区妇女大生产运动的历史背景及意义》，都着重研究了妇女参加大生产运动的意义。另有一些硕士学位论文论述了根据地的妇女生产运动，如杨颖的《晋察冀抗日根据地妇女生产运动探析》论述了中共对妇女的生产动员、妇女生产运动的几个阶段以及妇女参加生产运动的意义。④ 有的还涉及根据地时期妇女的社会化生产，如汪蕊的《论抗战时期晋察冀边区妇女地位的提高》简要地介绍了妇女参加田间生产和纺织业的开展情况⑤；苏小平、郭敬人在《晋察冀边区的妇女运动》一文中，

① 吕美颐：《20世纪二三十年代中国农村妇女状况的历史考察》，《妇女研究论丛》1996年第1期。
② 秦燕：《陕甘宁边区妇女参加社会生产的理论与实践》，《人文杂志》1992年第3期。
③ 李常生：《山西抗日根据地妇女劳动力的开发》，《沧桑》2004年第21期。
④ 杨颖：《晋察冀抗日根据地妇女生产运动探析》，硕士学位论文，河北师范大学，2007年。
⑤ 汪蕊：《论抗战时期晋察冀边区妇女地位的提高》，硕士学位论文，河北师范大学，2004年。

简要地提到了妇女参加生产的原因。①

6. 对太行山区区域史的研究

本课题的选题区域为太行山区，属于华北区域史研究范畴。前辈学人有关华北区域史研究已经取得了诸多成果，不多赘述。在此仅就有关太行山区的社会史研究做一总结。

关于太行山区社会文化变迁的研究主要集中于抗战时期。王荣花的《中共革命与太行山区社会文化的变迁（1937—1949）》通过对 20 世纪三四十年代太行山区农村人文历史、思想意识、宗教信仰、风俗习惯、文化教育、戏剧娱乐、婚姻家庭、妇女生活等社会文化诸方面的考察，并与中共实行的经济、政治、文化等社会改革政策相结合，对太行山区域社会文化演变的形式、特点与规律等展开了深层次全方位的研究，是一部研究革命时期太行山区社会文化变迁的力作。② 杜清娥对太行根据地女性的婚姻和两性关系进行了考察，她认为中共为了实现社会变革，在太行根据地实行了广泛的社会动员，并通过婚姻法律的颁布和实施，实现了对根据地婚姻风气的渐进性整肃，但中共政策的推行并非一帆风顺，政府、妇女、普通农民和干部各阶层基于不同的领悟力及自身实际利益的考量，对婚姻政策的实施效果产生了诸多障碍和消解。③《烽火太行半边天》是师德清主编的太行山巾帼英雄积极参与抗战、支援抗战事迹的文集。该书收录的文章有的是通过搜集资料由后人整理而成的，有的是健在的太行巾帼英雄的回忆性文章，书中的每一篇文章都是历史的真实记录。④ 论文方面，魏宏运教授的《抗战时期太行山的春节文化风貌》分析了抗日战争对太行山区旧的节日习俗的改造和影响，并论述了节日习俗的变化对农民古老生活秩序的影响。⑤ 王研峰对抗战时期太行山根据地的干部教育进行了分析，他认为抗战时期，太行山根据地开展了具有特色的干部教育，主要包括在职干部教育、训练班教育、学校教育三种。干部教育不

---

① 苏小平、郭敬之：《晋察冀边区的妇女运动》，《山西档案》1994 年第 3 期。
② 王荣花：《中共革命与太行山区社会文化的变迁》，人民出版社 2017 年版。
③ 杜清娥：《女性婚姻与革命——华北根据地女性婚姻与两性关系》，博士学位论文，山西大学，2016 年。
④ 师德清：《烽火太行半边天》，中央文献出版社 2005 年。
⑤ 魏宏运：《抗日战争时期太行山的春节文化风貌》，《广东社会科学》2001 年第 3 期。

仅为根据地培养了大批的优秀干部，还为根据地建设和抗战的胜利提供了必备的条件。① 成永亮对抗战时期太行根据地的禁毒斗争进行了分析，他认为抗战的爆发致使太行山区原本就存在的涉毒行为日益猖獗，毒品泛滥成灾。太行抗日根据地政府在依法禁毒的同时，发动民众，群防群治，使毒品在当地基本绝迹，从而保障了民众身体健康，强化了基层动员，维护了根据地军事安全、社会稳定和经济发展，推动了革命战争的胜利进程。②

综上所述，对集体化时期妇女参加社会生产这一问题的研究虽然取得了一定的进展，但在研究的深度、广度以及资料的挖掘和运用等方面均还有提升的空间。

（1）资料整理滞后。目前对根据地时期妇运资料的整理已取得重大进展，但有关集体化时期妇女的大量档案资料、图书报刊仍散落、尘封于各地档案馆，亟待挖掘、整理，口述资料的抢救更是迫在眉睫。

（2）缺乏系统研究，内容仍需充实。发动妇女参加社会化生产是新中国成立初期党和政府妇女工作的一项重要内容，但迄今为止还没有专著对这一政策的提出、实施、成效、经验、教训进行系统研究。

（3）缺乏国家与社会互动的视角。以往的研究多从"自上而下"的视角关注妇女政策的实施及成效，对下层关注不够。虽有学者做了一些努力，但大多局限在某一时段或某一方面，且论著数量有限，不足以完整地展示这一政策渗透进乡村社会以及民众接纳这一政策的过程。

（4）利用社会性别理论分析不够。在研究方法和思路上，以往研究略显传统。男女两性关系是一个复杂的课题，性别不平等涉及传统和现实等多方面因素，"男女平等"不仅仅应该关注女性，男性的历史和现实处境同样需要关注。

由此，本书拟从国家与社会互动的视角分析集体化时期妇女参与社会生产这一规模宏大的运动。太行山区妇女参与社会生产运动颇具典型性，在当时影响极大，男女"同工同酬"政策发源于此并且从这里推向全国，"铁姑

① 王研峰：《抗战时期太行山根据地的干部教育》，《长治学院学报》2016年第1期。
② 成永亮：《战争与毒患——以太行抗日根据地禁毒斗争为个案》，《安顺学院学报》2016年第3期。

娘"这一称呼也是起源于此，申纪兰、郭凤莲也是从太行山区走出的全国劳动模范，因此本课题拟以太行山区为个案，探讨这一运动在太行山区的贯彻与实践，进而总结历史经验教训。

三、基本思路

（一）研究路径

本课题以集体化时期太行山区妇女参与社会化生产为研究内容，注重分析国家政权对妇女身份及行为的建构过程，并剖析国家政权渗透农村社会的方式、机制和能力，注重研究的整体性，尽量完整地反映中共领导的妇女运动的一般特征和主要特点；结合历史背景和时代背景，运用社会性别史的研究方法，分析集体化时期太行山区妇女在变革和传统之间的纠结，进而说明"以国家为主体"和"父权制仍然存在"下的妇女解放的不彻底性。

第一部分论述新中国成立前妇女从事农业生产的状况。新中国成立前，太行山区妇女主要从事家务劳动，大部分妇女没有参加田间劳动的习惯，因此她们的价值在传统观念中被大打折扣，一直被视为"吃闲饭的人"或"无用的人"。抗战开始后，在革命大背景之下，中国共产党开始发动妇女参加农业生产。由此，太行山区妇女冲破几千年的束缚，摆脱单一的家务劳动，参与农业生产人数和范围逐步扩大，并在农业生产中起到了一定的作用，同时也提高了自身素质并逐渐形成了新的家庭关系。第二部分论述新中国成立后中国共产党对太行山妇女的生产动员。在马恩列斯妇女解放理论的指导下，也由于新中国成立后经济建设中面临的巨大劳动力缺口和对苏联经验的借鉴，新中国成立后，发动妇女参加农业生产仍然是中共妇女工作的一项重要任务。中国共产党通过思想教育、在家庭内解放妇女的后顾之忧、利用示范效应、帮助妇女学习农业技术以及实行男女"同工同酬"等方法发动妇女参加农业生产。第三部分论述太行山妇女积极参与农业生产及社会经济地位的提高。新中国成立后，太行山妇女大规模参与到社会生产当中，无论是出勤率还是全年所做劳动日都有了很大的提高，妇女们为国家、集体、家庭做出了巨大贡献，同时也提高了自身的劳动素质和社会地位，实现了社会解放。第四部分论述太行山妇女参与社会生产中的"工酬关系"及解放的不彻底性。在妇女参与社会生产过程中，"男女同工同酬"作为"男女平等"的标志被提了出来。这一口号本义是提高妇女，但在具体贯彻时基层单位忽视了男女客观存在的生理差异和传统的男女劳作分工模式，给妇女带来了社会劳动和家务劳动的"双重负担"，使妇女的身体受到了损害。

（二）创新与突破

1. 新资料的发掘与利用。挖掘、利用新资料尤其是未刊档案资料是本项研究的突破之处。本课题所运用档案资料主要来自河北省和山西省档案馆资料，以及河北、山西两省重要市、县级档案馆的资料，同时也从各省、市、县图书馆及文史办、地方志办公室搜集了大量地方报刊及资料，并通过田野调查，积累了大量口述史料。这些口述资料丰富生动，能极大弥补文献的不足。

2. 研究方法的创新。主要包括三个方面：（1）研究视角上的转换。利用"自上而下"和"自下而上"相结合的视角，关注集体化时期国家、社会、个人之间的互动，展示集体化时期国家构建新型性别关系的过程及对乡村社会的影响。（2）文献资料与田野调查相结合。一方面，坚持历史学最基本的史料分析方法，重视官方档案、报纸、地方志、文史资料等资料的搜集和解读；另一方面，深入乡村进行田野调查，采访经历集体化时期的老人，不仅仅是老年女性，也包括男性，并搜集基层档案、日记等民间文献。（3）宏观研究和个案分析相结合。以太行山区为个案，总结妇女参加社会化生产这一运动的利弊得失、历史经验与教训。

3. 内容上的创新。新中国成立初期，中国共产党按照其社会变革的理想和男女平等的图式，以前所未有的深度和广度对传统性别文化和不平等的性别关系进行改造，初步形成了以男女平等为核心的主流意识形态和社会性别关系。国家对性别文化和性别关系的改造实质上是一种社会变革，但由于对如何构建社会主义条件下的性别关系缺乏准确认识，男女两性的性别差异和不同的利益诉求在一定程度上被"消解"和遮蔽，并被蒙上政治色彩，给集体化时期两性关系的和谐发展造成新的困境。集体化时期国家推行和贯彻"男女平等"并进而发动妇女参与社会生产，取得重大成就，但由于传统制约和时代局限，对性别关系建构产生两面性影响，既有削弱传统的一面，又有增强传统的一面。性别关系的改造是一个复杂的过程，既应坚持两性平等，又不能忽视时代背景和客观存在的生理差异。

（三）主要观点

1. "男尊女卑""男主外女主内"是几千年传统文化和男女生理结构差异等因素造成的，国家权力要想实现社会变革，需要一个长期的过程，也需要妇女不懈的努力。

2. 中国共产党如何把妇女从家庭中解放出来参与社会生产，并把全国人民的力量集中起来进行社会主义工业化建设是中华人民共和国成立初期极富挑战性的问题，这需要借助政策、法律和各种具体的社会制度安排，运用行政力量来全面执行自身的社会政治意图。历史证明中国共产党取得了成功。

3. 集体化时期的妇女参加社会化生产运动是以群众运动的形式开展的，经过政府引导、宣传、组织、发动，群众积极参与，这一运动取得了很好的成效，对妇女解放有极大促进作用，这其中有成功的经验，但同时也有教训值得吸取。

4. 两性关系是一个永久的话题，两性之间有冲突，也有合作，怎样实现两性的和谐发展应是社会发展的最终目标，这需要国家政权和男女两性的共同努力。

（四）重点和难点

集体化时期妇女参与社会化生产对妇女解放有着非常积极的影响，但也存在一些问题。本课题的重点是分析农村妇女是如何由家庭人变为社会人的，国家政策对妇女自身、家庭和社会的影响到底是怎样的，有什么历史经验值得总结；难点在于"男女同工同酬""男女平等"是对性别关系的重新建构，由于各方不同的利益诉求，国家、集体、个人都对"男女平等"有不同的认识和理解，这就需要从不同的视角去解读和理解。另外，资料的搜集也是一个难点。

四、研究范围的界定

1. 时间范围：集体化时期

对于集体化时期的起始时间，学界目前有不同的意见。行龙认为集体化时代是指从抗日根据地建立起互助组到农村人民公社解体之间的特殊历史时期。[①] 翟一达认为土地改革至合作化运动前的农村不属于集体化，集体化时代应在合作化运动之后，当然考虑到历史时序的完整性，这段历史不应该遗漏。[②] 也有学者将上限向后延伸，吴毅认为始于初级社的成立，从初级社便开始了集体化的过程。[③] 王跃生也认同这一说法，但解释更为详细，他认为从土地改革到高级社之前为新中国农村的过渡时期。集体所有制运动始于初级社的成立，其完成标志是高级社的成立，大体是在 1956 年，其下限一直延伸到20 世纪 80 年代土地联产承包责任制实行之时。[④] 还有的学者则认为始于高级社，加拿大人类学者朱爱岚认为集体化时代为 1956 年到 1980 年前后。[⑤] 李金铮教授认为：概念争论并不妨碍实际的研究，实在的研究总要置于首位。如果仅从新中国成立以后而言，集体化时代大体经历了土地改革、互助组、合作社、人民公社几个历史阶段。[⑥]

由于太行山地区实行土地改革运动较早，因此土改时期暂不列入本书研究范围。为方便起见，本书研究时段为新中国成立后至 1980 年前后，大致包括互助组、合作社和人民公社几个阶段。

2. 地域界定：太行山区

太行山又名五行山、王母山、女娲山，或作太形山，是中国东部地区的重要山脉和地理分界线。跨越北京市、河北省、山西省、河南省 4 省市。北

---

① 行龙：《走向田野与社会》，生活·读书·新知三联书店 2007 年版，第 445 页。

② 翟一达：《传承与嬗变：洽村的嫁妆变迁》，黄宗智：《中国乡村研究》（第 5 辑），福建教育出版社 2007 年，第 242、253 页。

③ 吴毅：《村治变迁中的权威与秩序》，中国社会科学出版社 2002 年版，第 113 页。

④ 王跃生：《社会变革与婚姻家庭变动：20 世纪 30—90 年代的冀南农村》，生活·读书·新知三联书店 2006 年版，第 4 页。

⑤ ［加］朱爱岚著：《中国北方村落的社会性别与权力》，胡玉坤译，江苏人民出版社 2004 年版，第 1 页。

⑥ 李金铮：《问题意识：集体化时代中国农村社会的历史解释》，《晋阳学刊》2011 年第 1 期。

起北京西山，南达豫北黄河北崖，西接山西高原，东临华北平原，绵延四百余公里，为山西东部、东南部与河北、河南两省的天然界山。太行山地区有众多河流发源或流经，使连绵的山脉中断形成"水口"，成为华北平原进入山西高原的要道。太行山区作为一个纯地理概念，是以纵贯南北的太行山脉为主线，包括山西、河北、河南的部分地区。1937 年抗日战争全面爆发，中国共产党、国民党、日本侵略者先后进入这个区域，由于各方的争夺，太行山地区逐渐凸显出其重要的战略位置。太行山区逐渐成为华北革命中心地，继而形成晋察冀和太行这两个全国著名的革命根据地。本书采用广义的"太行山区"这一概念，而这一区域的形成是以特定的历史地理环境为依托，有别于行政区划的具有鲜明革命特色的区域，因为这些县都是地处山区，且新中国成立前都是革命老区，农民的生活方式应该是相近的，生活在这一地理区域中的人们，在长期生产生活中，逐渐形成了特定的语言、艺术、生活方式、思维方式、风俗习惯、宗教信仰等，所以把这一区域作为一个研究区域。

3. 社会化生产：

一般来说，社会化生产是生产力发展的高级阶段，指集中的、大规模的社会生产形式，是相对于个体生产而言的。社会化生产主要表现在三个方面：（1）生产资料的社会化，即由个人使用的生产资料变成社会化的、只能由大批人共同使用的生产资料；（2）生产过程的社会化，即生产本身由一系列的个人行动变成了一系列的社会行动，分工和专业化的发展使分散的生产过程变成彼此不可分割的统一的社会生产过程；（3）劳动产品的社会化，即产品从个人劳动的成果变成了许多人共同劳动的成果。

按一般的规律，社会化生产是生产力高度发展后形成的社会生产形式。在新中国成立初期，由于生产力水平较低，所以这只能是低水平的社会化生产，这不但不可能促进生产力的发展，反而会给生产力的发展带来桎梏。

第一章 新中国成立前太行山区 妇女的农业生产与生活

第一节 传统社会太行山区妇女的农业生产与生活

马克思在《〈政治经济学批判〉序言》中指出："物质生活的生产方式制约着整个社会生活、政治生活和精神生活的过程。"[①] 有什么样的生产方式，就有什么样的生活方式，生活方式的发展取决于生产方式的发展。

自有人类社会以来，妇女在农业生产中便发挥了重要作用，但因时代的差异，妇女参与农业生产的程度有所不同，导致妇女在社会生活中的地位也有浮沉。

一、妇女被压迫地位的形成

在原始社会初期——母系氏族阶段，氏族成员按自然分工进行劳动，男子狩猎，妇女负责采集和照料家庭等任务。相对来说，妇女从事的采集业比较稳定，成为人们生活所需食物的主要来源，因而妇女更受到人们的尊重。另外，妇女除从事生产性劳动外，还要担负管理氏族内部各项事物，从事照

---

① 《马克思恩格斯选集》第二卷，人民出版社1972年版，第82页。

料老人、抚育后代等项劳动，这些家务劳动都是直接为全氏族成员服务的，具有重要的社会性，是社会生产劳动的重要组成部分，妇女对氏族成员的生存，对社会生产的发展，对社会的进步都做出了重大贡献，所以在原始社会初期，妇女在生产劳动和家务劳动中的地位和作用决定了妇女受尊敬的地位。

母系氏族阶段毕竟是人类社会的初级阶段。随着社会的发展，伴随着人类第一次社会大分工，农业规模的扩大和劳动强度的增加，男女两性在社会经济生活中的地位发生了变化。男子凭借体力的优势逐渐在社会经济活动中起主导作用，成为谋取主要生活资料的人，妇女则承担某些辅助性劳动。从这时起，妇女在社会生产劳动中的地位降到了第二位。随之而来的是妇女在氏族生活中逐渐失去了崇高的地位，但这并不意味着妇女被压迫、被奴役，妇女同男子仍然处于原始的平等地位。

到了原始社会末期，生产力进一步发展，人类出现了第二次社会大分工，手工业从农业中分离出来。与此同时，剩余劳动产生，剩余产品出现，这是私有制产生的前提。生产力不断发展→剩余产品增多→交换扩大→私有财产范围不断扩大→对生产资料占有→对土地的占有，标志着私有制的确立。随着私有制的产生，人类进入了阶级社会。随之社会各个领域发生了巨大变化，个体家庭成为社会的基本经济单位，妇女逐渐被排除在社会生产劳动之外而失去对生产资料的占有权，在经济生活中失去了独立性而依附于男子。家庭内部分工加剧，谋取生活资料逐渐成为男子的专利，妇女则被束缚在繁琐的私人家务劳动之中。这也决定了家庭财产分配的变化，男子取得了对家庭财产的所有权、管理权和支配权，而妇女则因在经济生活中失去了独立性，丧失了对家庭财产的所有权而被迫处于从属地位。

私有制的确立是妇女受压迫地位形成的根源。从此，形成了以男子为中心的社会，男权制的确立使妇女地位由原始的男女平等演变为依附于男子。

恩格斯在《家庭、私有制和国家的起源》中明确指出："母权制的被推翻，乃是女性的具有世界历史意义的失败。丈夫在家中也掌握了权柄，而妻子则被贬低、被奴役，变成丈夫淫欲的奴隶，变成生孩子的简单工具了。"[1]

---

[1] ［德］恩格斯：《家庭、私有制和国家的起源》（1884），《马克思恩格斯选集》第四卷，人民出版社1995年版，第54页。

父系氏族产生以后，即在原始社会末期，就已经出现了男女不平等，而这种男女不平等产生于私有制萌芽时代，是原始公有制向私有制发展的量变过程，是由于男女社会分工不同而引起的。

二、农业生产与生活状况

（一）农业生产状况

主流观点一般认为，在传统社会"男主外、女主内"的劳作分工模式下，女子"大门不出、二门不迈"，终生在家庭中从事繁琐的家务劳动。纵向来看，在历史的长河中，传统社会妇女的整体地位低于男子，这一点是不容否认的，但是否如原先所说，妇女完全脱离农业劳动，并由此而导致妇女地位低下，这仍是一个值得深入研究的问题。近年来，不少学者已经开始涉猎相关的研究。系统梳理学者们的研究成果，可以看出，虽然传统社会中妇女大部分时间从事家务劳动，主要从事煮饭洗衣、编织缝纫、料理家务、养育孩子等劳动，但妇女一直没有完全脱离农业生产。在某些地方，农村妇女甚至是农业劳动中的重要力量。在不同的历史时期，妇女也因参加农业劳动的程度不同，她们的家庭和社会地位也随之不同。下面我们按历史发展的顺序来梳理妇女参加农业劳动的状况以及妇女的社会经济地位。

朱晓鸿认为，在汉代，妇女不但在农业生产中和男子一起耕作，而且妇女的手工业劳动所得还成为家庭的主要经济来源，在汉代的社会经济中妇女占有相当重要的地位。[①] 王翠改认为，在唐宋时期，大部分农村妇女从事农业劳动，虽然她们的社会地位不高，但相对社会地位而言，由于她们的一生在家庭经济中起着很重要的作用，所以在家庭中的地位比较高。[②] 战秀梅认为，宋代普通家庭的妇女不仅广泛参与农业、商业和服务业的活动，而且在家庭生计中起着重要作用，她们占据整个社会女性数量的绝大部分，

---

① 朱晓鸿：《汉代妇女生活探析》，硕士学位论文，郑州大学，2001 年。
② 王翠改：《唐宋时期妇女的家庭经济地位》，硕士学位论文，河北师范大学，2002 年。

特别是在农业领域的耕织活动中，妇女的参与和作用与男性并无明显差异。① 王剑虹认为，元代的时候，在下层劳动群众之间，妇女和男子一起劳动，同甘共苦。农忙时，妇女与男子一起下田；冬闲时，妇女昼夜纺绩，一月实际有 45 天的劳动量。她们用自己的辛勤劳动换来了家庭中的地位，所以在劳动群众家庭中具有较多的男女平等的成分。只有在上层官宦人家的妇女，她们大门不出，二门不迈，对家庭经济毫无贡献，才不得不对舅姑、丈夫言听计从。②

　　到了封建社会末期，也就是明清时期，这种情况有所改变。从明代始，程朱理学的控制加强，妇女所受的束缚也有所加强，而且到了明代，妇女缠足之风进入兴盛时期并在各地迅速发展。清代，妇女缠足可谓到了登峰造极的地步，社会各阶层的女子，不论贫富贵贱，都纷纷缠足。受此影响，与封建社会前中段相比，妇女参与农业劳动的人数有所下降，在家庭经济中的地位有所下降。陈宝良认为，明代家庭生活大抵表现为一种男主外、女主内的关系。家庭结构中的女性，虽然参与田作、纺织及其他手工等生产活动，但她们在经济生活中所扮演的角色，仍然不过是家庭经济的一种补充。③ 到了清代，能看到的北方妇女从事农业生产的资料就已经很少。据李华丽的研究，即便是难以糊口的家庭，女子所从事的用以维持生计的劳动也大部分以针黹、纺织为主，少部分靠佣工度日，有的则靠勤稼穑、种菜为生，更有甚者有的以乞讨为生。④ 可见，随着程朱理学控制的加强和缠足之风的兴盛，妇女从事农业劳动的人数在封建社会末期达到最低。

　　这种情况一直持续到民国时期。据吕美颐研究，20 世纪二三十年代，从全国范围来看，南部东部地区（妇女）承担的农业劳动量大于北部地区，因为江浙一带农村妇女缠足的相对较少。在北方，妇女参加农业生产的人数很少，如山西省大部分地区妇女从事农业劳动较少。究其原因，一是缠足妇女多，不便田间劳作；一是性别比例失调，男多女少，长时间形成了女子不下

---

① 战秀梅：《宋代妇女经济活动探析》，《中国社会经济史研究》2010 年第 1 期。
② 王剑虹：《元代妇女的社会经济地位》，硕士学位论文，河北师范大学，2003 年。
③ 陈宝良：《明代妇女的社会经济活动及其转向》，《中州学刊》2011 年第 1 期。
④ 李华丽：《清代妇女的家庭生计问题研究》，《历史教学问题》2009 年第 5 期。

地劳动的习惯。地处太行山区的武乡县和五台县妇女田场工作量占田场工作总量的百分比分别为0.42%和0.00%①。卜凯的研究也表明，20世纪30年代在华北地区所有的农活中，只有5%的活是由妇女干的。② 20世纪二三十年代的一些资料中也显示，华北农村妇女主要做家务劳动，除少数贫农妇女到田间搞些辅助劳动外，一般没有到田间劳动的习惯，否则会遭人耻笑，说男人养活不了老婆。妇女到田间劳作甚至被认为会冲了风水财气，被视为"邪恶"。因此当地风俗阻碍妇女走出家门，参加劳动。③

在太行山区，因为山多、人多、地少，"男外女内"的劳作分工模式更加明显一些，甚至男人们普遍歧视妇女下地劳动。如在山西黎城，称下地劳动的妇女是"马匹"，意思是不安稳、在家到处乱跑，丢人现眼，不像个女人。妇女本身也以参加劳动为羞耻，所以有"箩头离不了担，揩杖离不了案，老婆离不了汉"的俗语。她们所能做的就是在家看孩子，做饭缝衣服，"炕头坐，锅台转，一生一世没个完。"④ 在山西省左权县，社会上传播着污蔑妇女的流言蜚语："妇女下地、上场就会少打粮或不打粮；妇女打井不出水……"⑤ 山西省武乡县妇女由于从小缠足，体质虚弱，没有参加农业劳动的习惯。一般妇女的劳动主要是做饭，推碾磨，做针线活，饲养家禽，纺花织布等家务劳作，下地劳动者极少。⑥

（二）生活状况

根据学者们的研究，妇女在封建社会前期和中期是经常从事农业劳动的，地位也相对较高，但从封建社会末期到抗战前这段时期，由于妇女参加田间劳动较少，终年忙碌于家务琐事。由于家务劳动难以被量化且不具有交换性，

---

① 吕美颐：《20世纪二三十年代中国农村妇女状况的历史考察》，《妇女研究论丛》1996年第1期。

② ［美］约翰·卜凯：《中国土地利用》，南京金陵大学出版社1937年版，第293页。

③ 晋察冀边区北岳区妇女抗日斗争史料编辑组编：《烽火巾帼》，中国妇女出版社1990年版，第5页。

④ 王新泰主编：《黎城妇运史》，山西古籍出版社1987年版，第23页。

⑤ 《左权二区妇救会关于五年来妇女工作的总结》（堡则村），1942年12月，山西省档案馆藏，档案号：A122—1—137—2。

⑥ 武乡县妇运史办公室：《武乡妇女运动史料汇编》（上），内部资料，1985年，第5页。

其价值在传统观念中被大打折扣，所以妇女在家庭中一直被视为"吃闲饭的人"或"无用的人"。对绝大多数农家的妻子来说，丈夫往往是家中能够决定一切的人物，而妇女则处于受支配的依附地位，经济上依赖丈夫而生活，妇女被认为是男子的私有财产。许多地方流传着"女人不是人，母鸡不是禽""女人是枕头上的人""娶到的妻，买到的马，由我骑由我打"这样的谚语。

太行山区交通闭塞、经济贫困、文化落后，因此这一地区的农村妇女的地位更加低下，她们被束缚在沉重的封建枷锁下，直到全面抗战爆发前夕，她们仍处在封建宗法制度束缚之下，仍然被禁锢在封建文化浸染的传统女性空间中。

在经济上依附于男人。家庭经济权利由男人掌握着，妇女没有财产继承权，也没有支配日常生活上的经济权利。她们的经济、生活状况是由男人的地位和生活能力决定的，"未嫁从父，已嫁从夫，夫死从子"。在贫苦农民家庭，素有"男耕女织"的传统，虽然妇女参加家庭劳动，创造了一定财富，但经济的支配权仍在男人手里。"妇女一年的零花，有的是两口较好男人亦当家给些，或娘家给，或养鸡等，另外还有一些是由相好给一部分，或者是自己做鞋卖。"[①] 有的妇女终身没有用过钱，有的甚至没见过钱是什么样子。在太行山区的左权县，妇女娶过 3 年内不给衣穿，一般家庭妇女很少能穿新衣服，"每年给几尺布，几寸鞋面"[②]，在贫苦的农民家庭，妇女的处境更加艰难、窘困。她们每日不辞劳苦、起早贪黑，日常活计包括做饭、做针线、看孩子、推碾磨、喂牲畜等；除了日常的家务劳动，还要纺织，农忙时也要参加田间劳动。她们的劳动强度并不比男子轻，却并没有享受到与男子同样的权利，她们的劳动仍然被认为是无价值的。另外，妇女在家庭中被剥夺了家庭财产权和遗产继承权。一般农村的习俗是儿子继承财产，"亲女不分财产"，如只有女儿而无儿子称绝户，"户绝财产，只有充公办法，而无亲女分析遗产

---

①　《左权二区妇救会关于五年来妇女工作的总结》（堡则村），1942 年 12 月，山西省档案馆藏，档案号：A122—1—137—2.

②　《左权二区妇救会关于五年来妇女工作的总结》（堡则村），1942 年 12 月，山西省档案馆藏，档案号：A122—1—137—2.

之权，谚语所谓'儿承家女吃饭'者是"。①

在家庭生活中，妇女毫无地位，被轻视。在左权县，新媳妇一下轿，大家就开始乱撒草和料，且念念有词："一把草，一把料，打发媳妇下了轿。"其意为娶到的媳妇好比买来的牲口，一进门就给吃的，等喂饱了以后便可以拉套，以供驱使了。女子一过门，其所受的有形的和无形的痛苦便与之俱来，如影随形，不离左右。② 结婚后，媳妇在家庭里的规矩是：大家庭的媳妇，早上给婆娘扫地、打洗脸水，一天三顿饭都得问婆婆。有人到家里不能随便说话。平日是不能在大门口出现的，只有娘家人来接去住娘家时路过大门一次，从娘家回婆家时路过大门口一次，行动非常不自由。吃饭时只能先在旁伺候公婆和丈夫，只有等大家吃完才轮到她吃饭。③ 传统婚姻有两大职能，一是上以事宗庙，二是下以继后嗣。媳妇的职责就是生男育女，服侍丈夫，伺候公婆。女人不生孩子，则认为对家庭"无功劳"而被人轻视。生了男孩像过年，生了女孩都说是"赔钱货"。如果妇女死了丈夫就更受歧视，地位更低下，可是妇女怎样受气也没有提出离婚的权利。妇女从小没名字，出嫁后，嫁给张三，就叫"张三家"，嫁给李四就叫"李四家"，直到男人死后，也还是这个叫法。同时，由于社会观念的影响，妇女自己也轻视自己，不把自己当人看。有时妇女在家看门，有客来问："有人没有？"她必定说："我们家一个人也没有"。妇女在家庭中不仅是丈夫的奴隶、生育的工具，还是全家的仆人。婆婆们脑筋里的"媳妇样子"是"头上梳上笤帚把，下边两只粽子脚，沏茶做饭、碾米磨面、端汤捧水、扫地抹桌……从早起倒尿壶到晚上铺被子，时刻不离，唤着就到；见个生人，马上躲开，要自己不宣传，外人一辈子也不知道自己还有个媳妇。"④ 直到多年以后年轻的媳妇熬成婆，才可能有发言权和决策权。

---

① 前南京国民政府司法行政部编：《民事习惯调查报告录》（下册），中国政法大学出版社 2000 年版，第 762 页。
② 《左权二区妇救会关于五年来妇女工作的总结》（堡则村），1942 年 12 月，山西省档案馆藏，档案号：A122—1—137—2.
③ 《左权二区妇救会关于五年来妇女工作的总结》（堡则村），1942 年 12 月，山西省档案馆藏，档案号：A122—1—137—2.
④ 赵树理：《小二黑结婚》，华夏出版社 2008 年版，第 241 页。

　　到 20 世纪 60 年代，山西平顺县西沟村的妇女回忆起新中国成立前的生活仍然是唏嘘连声，摇头叹息："呵呀，可甭提啦，那时节妇女的生活，真和牛马一样。"那阵子，妇女是"做到人前，吃到人后，死到锅前，埋到锅后。"当时，媳妇过了门，稍稍多吃一点，公婆就会恶狠狠地说："咱家来了口猪，好吃不做……"① 张二妮新中国成立前嫁给了一个羊倌，因为家里穷，她整天钻在家里做活，从来没有吃过一顿好饭。全家 6 个人只有一条被子，腊月里，张二妮也只能和衣倒在一旁睡觉。因为她的脚大，邻居们议论，她男人也责怪。挨骂受气，就成了她的"家常便饭"。②

　　在婚姻方面，存在着很多不合常理的婚姻形式，早婚、换婚、冥婚等买卖婚姻比比皆是。"尤其在那些交通落后、文化闭塞的地区，旧的婚姻制度更是有不可动摇的垄断性优势，很少受到外来新的婚姻思想观念及行为的影响和冲击"。③ 有的二三岁就做了童养媳；有的十二三岁就做了过门媳妇；有的还没有出生，父母就给订了胎亲。④ 早婚致使妇女依赖于丈夫，依赖于家庭，这样她们很少受到人们的尊重，她们的价值主要体现在生育儿女的生殖角色中。农村有句俗语，"嫁鸡随鸡、嫁狗随狗、嫁个扁担挑着走"。在半封建经济基础上构建起来的农村宗法制度、各种传统道德观念和社会习惯普遍歧视女性，致使女性在婚姻家庭中处于弱势地位。虐待、残害女性的事件也屡屡发生，正所谓"娶下的媳妇买下的马，打死骂死由人家"。农村中流行着"婆家宰猪杀羊，不如在娘家喝口米汤"，"当一天姑娘修一天仙，当一天媳妇坐一天监"这样的谚语。从这些俗语中可以清楚地窥探到广大妇女在传统的婚姻制度中受到的压迫，尤其是在闭塞的贫困地区，这种情况更加严重。

　　妇女们也被剥夺了受教育的权利。太行山区妇女绝大部分没有受教育的机会，"家长认为供女子上学是白搭，让男孩子上学，可以求名求利，一个女

----

① 《集体化是妇女彻底解放的道路——记集体化前后的平顺金星公社西沟大队妇女》，《山西日报》1963 年 3 月 8 日第 3 版。
② 《集体化是妇女彻底解放的道路——记集体化前后的平顺金星公社西沟大队妇女》，《山西日报》1963 年 3 月 8 日第 3 版。
③ 傅建成：《论华北抗日根据地对传统婚姻制度的改造》，《抗日战争研究》1996 年第 1 期。
④ 盂县文史资料委员会：《盂县文史资料》（第一辑），内部资料，1985 年，第 116 页。

子上学，对父母的生计吃饭穿衣，不关紧要"。① 如"阜平县在'七七'事变前，全县上过学的妇女，只有70多个，在阜平的19万人口中，只占0.03%的比例。"② 全面抗战初期，曾有不少笑话，"唐县极偏僻的小山沟里，花盆村一个妇女干部，到村里问妇女们是哪国人？一个三十多岁的妇女说'花盆国的'，一大堆人没有一个纠正她，连是哪国人都不知道"。③ 失去受教育的机会不仅使她们的思想愚昧，而且更加减少了她们参与社会劳动的机会和能力。

在政治上，更是没有任何地位。"妇女政治上无地位，没有受到法律的保护，不能参加政治生活"。④ 妇女不能出头露面，她们的名字不上纸墨，她们没有公民选举权和被选举权。"以娘儿们家不能办事，便取消妇女的选举权和被选举权。妇女们没有参政的资格，限制了妇女在政治上的自由，坐在家里很难听到国家大事，更无权过问"。⑤

在社会习俗上，许多的条规律法也限制着妇女的思想和行为。如：一不准妇女进学堂念书，二不准妇女们上庙赶会，三不准妇女们到井口停站，四不准妇女们从人前头走过，五不准妇女们在街上和男人说话，六不准妇女们和男人们站在一起看戏，七不准妇女们先端碗吃饭，八不准妇女们当家作主，九不准妇女们在街上闲聊天，十不准妇女们受虐待起而反抗。据《山西和顺县妇女生活概况调查》一文记载："妇女在社会上能说话的机会很少，对内对外，无论大事小事全由男子主持，偶有性情宽大，稍明事理者，有事向妻子商议，但最后决定，仍在其夫。"⑥

毛泽东说，"中国的男子普遍要受到三种有系统权力的支配，即政权、族

① 晋察冀边区北岳区妇女抗日斗争史料编辑组编：《晋察冀边区妇女抗日斗争史料》，中国妇女出版社1989年版，第735页。
② 晋察冀边区北岳区妇女抗日斗争史料编辑组编：《晋察冀边区妇女抗日斗争史料》，中国妇女出版社1989年版，第736页。
③ 晋察冀边区北岳区妇女抗日斗争史料编辑组编：《晋察冀边区妇女抗日斗争史料》，中国妇女出版社1989年版，第736页。
④ 中华全国妇女联合会妇女运动历史研究室编：《中国妇女运动历史资料（1937—1945）》，中国妇女出版社1991年版，第693页。
⑤ 晋察冀边区北岳区妇女抗日斗争史料编辑组编：《晋察冀边区妇女抗日斗争史料》，中国妇女出版社1989年版，第479页。
⑥ 《晋绥社会经济调查统计社年刊》，山西省档案馆1936年版，第82页。

权、神权。至于女子，除受上述三种权力的支配以外，还受男子的支配（夫权）。这四种权力——政权、族权、神权、夫权，代表了全部封建宗法思想和制度，是束缚中国人民特别是农民的四条极大的绳索。"[1] 他在《寻乌调查》一文中又指出，妇女"是男子经济（封建经济以至初期资本主义经济）的附属品。男子虽已脱离了农奴地位，女子却依然是男子的农奴或半农奴。她们没有政治地位，没有人身自由，她们的痛苦比一切人大"。[2]

到了 20 世纪初，中国沦为半殖民地半封建社会，妇女除了要受上述四大绳索的束缚外，还要受到帝国主义、封建主义和官僚资本主义三座大山的压迫。如果说在半殖民地、半封建社会中，深受三座大山压迫的中国人民的贫困和不自由程度是世界少有的，那么中国妇女受压迫的程度则更为世界所罕见。几乎在同时，伴随着新民主主义革命的蓬勃发展和西方女权运动的开展，中国的妇女解放也受到各界的高度关注，尤其是在新文化运动开始后，全国各大中城市都出现了大范围、高层次宣传并开展的妇女解放运动，城市中的妇女逐步取得了一些政治、经济、婚姻生活以及一些受教育的权利。与此同时，占据中国人口四分之三的乡村社会却并没有受到太大冲击，广大农村妇女仍然被禁锢在封建文化浸染的传统女性空间中，她们仍然因袭着传统的生活方式，没有任何经济、政治、婚姻、受教育的权利。"在乡村经济中，妇女之异乎寻常的困苦状况，过分的劳动，在家庭及社会风俗上完全没有权利等"[3]。太行山区更因为其经济文化落后、交通信息闭塞，当五四运动以后的妇女解放运动在大中城市轰轰烈烈开展时，在这些山区农村，直到抗日战争全面爆发前还没有人会对几千年来的妇女地位提出质疑。

太行山区农村妇女的解放应该说始于 1937 年抗日根据地的建立，中国共产党把妇女的解放同中国革命的进程紧密地联系在了一起，把发动妇女参与生产作为解放妇女的第一步。

---

① 《毛泽东选集》第一卷，人民出版社 1991 年版，第 31 页。
② 《毛泽东农村调查文集》，人民出版社 1982 年版，第 177—178 页。
③ 中华全国妇女联合会妇女运动历史研究室编：《中国妇女运动历史资料（1927—1937）》，中国妇女出版社 1991 年版，第 17 页。

第二节　新民主主义革命时期太行山区妇女的农业生产与生活

一、抗日战争时期太行山区妇女的农业生产与生活

（一）中国共产党倡导农村妇女参与农业生产的历史背景

1. 中国共产党解放妇女的历史使命

中国共产党认为，在经济和文化相对落后的中国，中国革命的基本问题是农民的解放。农村妇女占农民的几近一半，并且农村妇女占到中国妇女总数的80%左右，农村妇女得不到解放，就谈不上农民的解放和中国妇女的真正解放，也会制约整个国家解放的进程。因此，中国共产党自成立以来，就始终把实现妇女的解放作为自己的重要使命，并把妇女参与劳动作为妇女解放的前提。

中国共产党从成立早期就很关注妇女解放与妇女劳动问题。1922年7月，中共二大通过的《关于妇女运动的决议》指出："妇女解放是要伴着劳动解放进行的，只有无产阶级获得了政权，妇女们才能得到真正的解放。""劳动妇女的解放与整个阶级的胜利是分不开的，只有阶级的胜利，妇女才能得到真正的解放。"① 二大后，中共的妇女部长向警予也曾撰文指出："妇女解放与劳动解放，是天造地设的伴侣。""必劳动解放了妇女才能真正的解放。"② 在大革命时期，中国共产党也提出了关于妇女运动的思想，如在1925年党的四大通过的《对于妇女运动之议决案》中，最早提到农村妇女运动问题，"凡本党开始农民运动之地方，即宜注意做农村妇女运动的准备工作。""农妇是妇女群众的一大部分，且她们同受一般农人们的生活压迫的苦痛，其操作那无报酬的长久劳动，是一般妇女群众受压迫最深的妇女……农妇运动与国民革

---

① 中央档案馆：《中国共产党第二次至第六次全国代表大会文件汇编》，人民出版社1981年版，第25—26页。

② 中华全国妇女联合会妇女运动历史研究室编：《中国妇女运动历史资料（1921—1927）》，人民出版社1986年版，第111—112页。

命，有很大的关联。""中国是有大多数农民的国家，因此我们对于农妇运动，在我们党的主观观察上，是一重大的使命。""将来的农妇运动在中国妇女运动上一定要占有个很重要的位置。"①"妇女解放与劳动解放实有极大关联"②，但那时的农村妇女运动还不是妇女运动的主体。1928年6月，中国共产党召开的第六次全国代表大会在《农民运动决议案》中指出："在农民革命运动求得胜利的斗争中，吸收农民妇女群众加入斗争有极大的意义。她们直接参加农村经济，在农民队伍中间占重要的部分，而且在农民的生活中有伟大的作用。因此她们必然参加到运动中来。过去许多区域中农民运动的经验告诉我们，农民妇女乃斗争着的农民中最勇敢的一部分，轻视吸收农民妇女到运动中来，必然会使农村革命减少力量。党的最大任务是认定农民妇女乃最积极的革命的参加者，而尽量的吸收到一切农民的组织中来，尤其是农民协会及苏维埃。"③ 土地革命时期，由于共产党建立了农村根据地，在以家庭为单位、血缘地缘为核心、相对独立封闭的农村社会，没有妇女的支持和参与，革命活动寸步难行。1931年苏维埃政府颁布了《中华苏维埃共和国宪法大纲》，明确规定，在苏维埃政府领域的工人、农民、红军战士及一切劳苦民众和他们的家属，不分男女种族宗教，在苏维埃法律面前一律平等。16岁以上的公民均享有选举权和被选举权，妇女享有参政权等一切与男性平等的权利，④ 为了进一步保障妇女的平等权利，苏维埃政府随后颁布了《苏维埃暂行选举法》和《中华苏维埃共和国婚姻法》等法规，为广大妇女获得平等的社会地位，提供了法律依据。

从以上的决定和决策中不难看出，正是由于中共对妇女问题的重视，把妇女解放作为中国革命的一个不可或缺的重要组成部分来看待，其保障妇女切身利益的政策法令贯穿了各个时期，为根据地妇女工作指明了方向和道路。

---

① 广东妇女解放协会：《农妇运动的议决案》（1925年12月），《中国妇女运动历史资料（1921—1927）》，人民出版社1986年版，第400页。
② 中华全国妇女联合会妇女运动历史研究室：《中国妇女运动历史资料（1921—1927）》，人民出版社1986年版，第279页。
③ 《中国共产党第六次全国代表大会农民运动决议案》，《中共中央文件选集》（第4册），中共中央党校出版社1989年版，第358—359页。
④ 韩延龙、常兆儒：《中国新民主主义革命时期根据地法制文献选编》第一卷，中国社会科学出版社1981年版，第9页。

2. 根据地时期妇女解放的曲折发展

在建立根据地初期，中共妇女工作的重点并没有在生产方面，而是在男女平等、妇女参政、婚姻自主、废缠足以及妇幼卫生等方面，对经济方面的工作涉及很少或基本没有涉及，而且在有关妇女政策执行的过程中，也发生了忽视农民整体利益的片面妇女观点，还有一些过激的斗争手段，例如给虐待媳妇的婆婆戴高帽子游街，在大会上批斗打骂妻子的丈夫，轻率地处理婚姻纠纷等，使家庭关系、夫妇关系、妇救会与群众的关系变得紧张起来，使妇女反封建斗争失去了群众的同情和支持。再加上国民党反动派长期对人民进行反动宣传，他们造谣说："共产党共产共妻"，"参加妇救会就是给八路军当媳妇"，① 等等，因此造成了当地农民对妇女工作有很多误解，甚至排斥。有的农民认为"八路军来了就是让妇女离婚"等。

为了调和这些矛盾，毛泽东在 1940 年给中共中央妇女运动委员会的一份指示信中指出："妇女的伟大作用第一在经济方面，没有她们，生产就不能进行。而边区妇女工作之少成绩，我看主要在没有注意经济方面，提高妇女在经济、生产上的作用，这是能取得男子同情的，这是与男子利益不冲突的。从这里出发，引导到政治上、文化上的活动，男子们也就可以逐渐同意了。"② 显然，在这里，毛泽东已经意识到，发动妇女革命这一行为可能带来的一系列政治上的、文化上的效应，以及由此可能带来的对于原有社会格局和家庭格局的冲击，因而他选择"生产"作为妇女工作的突破口，以"取得男子同情"，要使得他们"逐渐同意"。这是覆盖着多重考虑的，是希望能够将抗战的需要、妇女活动以及同一阶级的男性利益都结合在一起的。也正因为有如此多的共同加盟，"妇女参加生产劳动"某种意义上可以被视为是多种力量博弈的结果。

另外，对妇女来讲，在经济上的解放，主要是取得经济上的独立，享有切实参加社会公共劳动并相应获得按劳分配报酬的权利。妇女参加生产，是妇女本身求得解放和有效地支援战争的一个重要形式，妇女参加生产不仅仅

---

① 河北省妇女联合会：《河北妇女运动史资料选辑》（第二辑），（内部资料）1983 年版，第261 页。

② 《毛泽东周恩来刘少奇朱德论妇女解放》，人民出版社 1988 年版，第 46 页。

是一个增加产量、获得利益的问题，它还有更广泛的含义，"提高她们的教育水平和政治地位，改善她们的生活水平并使她们得到进一步的解放，这都依赖于经济的独立和繁荣。如果妇女努力生产和厉行节约，她们以及她们的家庭将生活得更好，不仅能在根据地的经济建设中起很大的作用，而且还能为妇女摆脱封建压迫创造物质条件。"①

3. 战争和灾荒给根据地带来的困境

（1）战争导致劳动力缺乏

抗战开始后，在太行山区的广大农村，许多青壮年参军参战，支援前线和地方抗日救亡工作，男劳力明显减少，加之战争中人力畜力的伤亡，敌人抓丁拉夫，男劳力更加缺乏。在太行根据地的古城村"民国26年，全村人口2500人，劳力300人，每个劳力平均耕地12亩。次年日军侵入后，百姓背井离乡。劳力不足百人"。② 据统计，1939年北岳区有些地区劳力比战前减少了40%—70%。无劳力的抗属、烈属和干部家属生活更加困难。③ 男劳动力的减少造成了大量土地荒芜，后方农业生产停滞，农村经济凋敝。这不仅加重了农民的生活负担，也影响了抗日前线的物质供给，所以充分利用所有能利用的劳动力是十分必要的。1939年3月8日，晋东南妇女救国会成立大会上，就提出了当前妇女工作的任务是"发动妇女参战——组织慰劳队，积极参加生产"。④ 1940年7月7日，刘亚雄为纪念"三八"节发表了《晋东南妇女工作的检查与布置》，对当前妇女生产提出的口号是：纪念"三八"，努力参加春耕！纪念"三八"，发展生产小组！纪念"三八"，每人养鸡一只！纪念"三八"，三人养猪一只！纪念"三八"，组织难民收容所！⑤ 1941年2月，晋冀豫党委在《关于妇女工作的指示》中更是明确提出发动妇女参加生产，从

---

① 这是1947年2月中央委员会关于边区妇女工作的重要决定中的阐述，引自［瑞］达格芬·嘉图著，杨建立译《走向革命——华北的战争、社会变革和中国共产党（1937—1945）》，中共党史资料出版社1987年版，第280页。

② 王云洲主编：《古城村志》，中华书局1999年版，第38页。

③ 晋察冀边区北岳区妇女抗日斗争史料编辑组：《烽火巾帼》，中国妇女出版社1990年版，第63页。

④ 武乡县妇女运动史办公室：《武乡县妇女运动简史》，（内部资料）1985年编印，第12页。

⑤ 刘亚雄（1901—1988），山西兴县人，时任山西省军政训练班女兵连的指导员、晋东南妇女抗日救国会主席，1941年任晋东南第三专署专员。引自中华全国妇女联合会妇女运动历史研究室编《中国妇女运动历史资料（1937—1945）》，中国妇女出版社1989年版，第411页。

生产中广泛组织妇女是领导妇女解放及妇女组织工作的一个基本趋向。"长期战争和根据地建设，要求妇女在各方面尤其是在经济方面表现力量。"①

1945 年抗日战争取得胜利，但由于战争原因，男劳力大量减少，缺乏劳动力已成为普遍现象。群众要想生活下去，能再生产，只有动员妇女来补助劳力的不足。冀晋、冀察的阜平、唐县、定县、涞源等老根据地村中的青壮年男子也很稀少，因此领导与扶助妇女参加生产已成为广大群众的迫切要求。②

（2）灾荒的困扰

全面抗战初期，自然灾害连年不断。1939 年北岳区发生了特大水灾，仅冀西就冲毁良田 44 万亩，老百姓生活更加困难，没有吃的，只好用树皮、树叶、糠菜充饥。③ 从 1939 年秋开始，华北各地一直被各种自然灾害所侵袭，有的地方甚至接连遭受水、旱、病、雹、蝗五灾之害，特别是 1942—1943 年，华北遭受了百年来未遇的大旱灾，仅晋冀鲁豫边区，受灾的地区就包括太行、冀南的全部、太乐的大部和冀鲁豫的一部分。在晋察冀的北岳区，灾荒波及三十余县，灾民达 18 万人，其中重灾区冀西的阜平、曲阳、易、完、唐等中心根据地，难民达七八万人。1943 年秋，根据地又发生严重的蝗灾，飞蝗滚滚而来，所到之处，墙壁、道路都染成了褐色，一棵高粱上竟有六七百个蝗蜉。太行区有 23 个县，共 3000 平方米的土地受到蝗灾侵袭。④ 饿死、自缢、溺婴、逃荒的现象普遍发生，灾荒严重威胁着根据地的生存。

为了战胜灾荒，华北抗日根据地政府相继发出了一系列救灾工作的指导，号召人民紧急动员，共渡难关。晋冀鲁豫根据地为克服空前严重的灾荒，提出救灾工作的中心环节是发展生产，特别是农业生产。⑤ 在 1942 年 10 月 10 日，晋冀鲁豫边区政府在发布的关于团结友爱、互助互济、度过灾荒的报告

① 太行革命根据地史总编委员会：《太行革命根据地史料丛书之七——群众运动》，山西人民出版社 1989 年版，第 411 页。
② 晋察冀边区北岳区妇女抗日斗争史料编辑组编：《晋察冀边区妇女抗日斗争史料》，中国妇女出版社 1989 年版，第 636 页。
③ 晋察冀边区北岳区妇女抗日斗争史料编辑组编：《烽火巾帼》，中国妇女出版社 1990 年版，第 63 页。
④ 贾林放：《太行区 1944 年生产建设的一般情况》，《抗日战争时期晋冀鲁豫边区财政经济史资料选编》（第 2 辑），中国财政经济出版社 1990 年版，第 278 页。
⑤ 魏宏运、左志远：《华北抗日根据地史》，档案出版社 1990 年版，第 139 页。

中，提出了边区政府的救灾措施，即"减轻被灾区域本年之财粮负担；并将
调剂粮食，以供给民食；组织运输，奖励纺织合作，实行以工代赈；发放水
利、纺织、救济各种贷款；以安置逃亡，藉维人民生业"。① 接着，晋冀鲁豫
边区工商总局、救济联合总会在发出的《关于五、六分区灾情严重举行生产
救济的联合指示信》中更明确提出了"在灾情特别严重地区，开展妇女纺织
工作，以资救济"的生产救济措施。②

鉴于战争和灾荒等原因，中央妇委在根据地做了有关妇女生活的调查后，
总结了抗战以来根据地妇女运动的经验和教训，及时向中央提出了根据地妇
女工作新方针的建议，为中共中央起草了《关于各抗日根据地目前妇女工作
方针的决定》。1943 年 2 月，毛泽东亲自审改了中央妇委起草的决定稿，并在
2 月 26 日《解放日报》上全文发表了中共中央这个关于妇女运动的重要历史
文献（简称"四三决定"）。"四三决定"明确提出了组织妇女参加生产是各
抗日根据地妇女工作的新方向，"广大妇女的努力生产，与壮丁上前线同样是
战斗的光荣的任务。而提高妇女的政治地位、文化水平、改善生活，以达到
解放的道路，亦须从经济丰裕与经济独立入手，多生产、多积蓄，妇女及其
家庭的生活都过得好，这不仅对根据地的经济建设起重大的作用，而且依此
物质条件，她们也就能逐渐挣脱封建的压迫了；这就是在整个群众工作中广
大农村妇女的特殊利益的中心所在。"③

"在日益接近胜利而又日益艰苦的各抗日根据地，战斗、生产、教育是当
前的三大要务，而广大的农村妇女能够和应该特别努力参加的就是生产"，
"提高妇女的政治地位、文化水平、改善生活，以达到解放的道路，亦须从经
济丰裕与经济独立入手"，并进一步提出了"多生产、多积蓄"口号。"四三
决定"并对如何开展妇女生产运动作了具体的指示：第一，深入农庄，了解
妇女生产中的困难；第二，根据具体情况制定生产计划，特别强调生产计划

---

① 魏宏运：《抗日战争时期晋冀鲁豫边区财政经济史资料选编》（第 2 辑），中国财政经济出版
社 1990 年版，第 332—333 页。
② 魏宏运：《抗日战争时期晋冀鲁豫边区财政经济史资料选编》（第 2 辑），中国财政经济出版
社 1990 年版，第 333 页。
③ 中华全国妇女联合会妇女运动历史研究室：《中国妇女运动历史资料（1937—1945）》，中国妇
女出版社 1991 年版，第 648 页。

一定要和妇女家庭的生产计划结合起来，要动员妇女实实在在参加到广大群众的生产中去；第三，根据妇女群众实际需要组织生产，反对有名无实的组织方式；第四，妇女的文化和政治教育，通过组织生产的方式进行。[①] 1943年3月8日，蔡畅为《解放日报》写了社论，指出每个妇女工作者都应该认识到"经济工作正是今天妇女对抗战贡献最大与最适宜的工作"[②]，吹响了妇女运动向生产领域进攻的号角。

以"四三决定"为起点，各抗日根据地妇女运动进入到以生产运动为中心的新阶段。可见，根据地妇女生产运动的开展是中国共产党在总结妇女运动经验、探索妇女运动规律的基础上，为妇女运动取得更大成果、战胜根据地的财政经济困难而采取的重要举措，是中共妇女工作走向深入的表现，也为新中国成立后妇女工作的开展奠定了基础。

（二）中国共产党对妇女劳动力的开发

"四三决定"后，根据地开始了轰轰烈烈的大生产运动，但由于几千年来传统惯习的影响，发动和组织妇女参加农业生产进行的并不是一帆风顺的，为此中共采取了多种措施动员妇女参与农业生产。

1. 利用夜校、识字班、黑板报及各种会议，向广大妇女进行宣传教育，树立劳动光荣的思想。北岳区在宣传中，反复强调妇女参加生产有利于挽回自然灾害所造成的损失，克服根据地经济困难；同时可以改善家庭生活；有利于抗日救国斗争；有利于抗日根据地的巩固和建设；对妇女自身来讲，妇女参加生产，有利于改变妇女受歧视，受压迫，受公婆丈夫打骂、虐待的不合理状况；参加生产后，经济上有支配权，能提高自己在家庭和社会上的地位。在宣传中，还结合本村、本县、本地区妇女参加生产的典型，激发广大妇女参加生产的积极性，如把妇女参加生产的先进事迹编成歌曲、歌谣、快板、顺口溜，到处演唱。经常是一面劳动，一面唱歌，田野里到处歌声嘹亮，

---

① 中华全国妇女联合会妇女运动研究室：《中国妇女运动历史资料（1937—1945）》，中国妇女出版社1991年版，第648页。
② 蔡畅：《迎接妇女工作的新方向》，《晋察冀日报》1943年3月8日。

振奋人心。①

2. 采取抓典型、树劳模，以干部为带头的形式，激励广大乡村妇女参加生产劳动，使其认识到劳动是光荣的而不是"丢人"的事，从思想上彻底清除阻碍妇女参加生产劳动的封建意识，如五台县"七区妇女队干部刘俊月，在宣传发动工作中，发现松林村青年寡妇韩林梅，虽是小脚，又有三个子女，但她既能参加劳动，又能积极救护伤兵员。刘俊月便抓住这个典型，走家串户，开小型座谈会积极宣传这个典型"②。沁源县定湖村，过去有妇女担水、挑柴都被称为"二杆子"，但全面抗战爆发以后，在劳动模范程秀亭影响下，妇女们转变了观念，"逐渐增加了参加劳动的人数及劳动的强度"③。再如涉县某村女劳模申雪花，开始组织了 7 个妇女，参加地里的劳动。在她的带动下，该村又有三十多个妇女参加了生产劳动。④ 1940 年 7 月，晋察冀边区妇女第四次代表大会上，表彰了 100 名劳动模范，以此激励和带动妇女参加生产运动。⑤ 这样既树立了典型，又宣传了劳动光荣观念。利用开大会、树劳模的活动，改变了乡村妇女认为劳动"丢人"的观念，乡村妇女参加生产劳动的人数逐渐增多。

根据地的各级领导也主动参加生产劳动，以身作则，为妇女参加生产做出表率，如 1943 年 4 月，八路军总部直属机关响应毛主席"生产自救"的号召，在彭德怀总司令和滕代远参谋长亲自率领下搞大生产运动，先后在左权县武军寺的后山、下武村的马鞍山等地开荒种地。彭德怀亲自带领机关人员帮助麻田镇开渠一条，安装人力水车一架，并组织和资助驻地军民开荒自救。在总部首长和部队指战员的带领下，左权县军民纺花织布、养鸡喂猪、开荒种地的运动轰轰烈烈地开展起来。⑥ 五台县一区钱沟村自卫队长刘含英，率先

---

① 晋察冀边区北岳区妇女抗日斗争史料编辑组编：《烽火巾帼》，中国妇女出版社 1990 年版，第 65—66 页。

② 《记五台县妇女抗日自卫队》，《山西文史资料》编辑部编：《山西文史资料》（第 44 辑），山西省政协文史资料研究委员会 1986 年，第 125 页。

③ 《绵上县妇女救国会定湖村调查材料》，1943 年，山西省档案馆藏，档案号：A148—1—9.。

④ 《晋绥分区群众生产总结》，1944 年，山西省档案馆藏，档案号：A27—1—5。

⑤ 晋察冀边区北岳区妇女抗日斗争史料编辑组编：《烽火巾帼》，中国妇女出版社 1990 年版，第 63 页。

⑥ 中共山西省左权县委党史研究室编：《中国共产党左权县历史大事记述（1937.7—1949.9）》，山西人民出版社 1993 年版，第 101 页。

带上娃娃下地劳动。她跟队员们常说："为了抗日，咱就得站出来干，宁愿累死，也不让鬼子杀死……"①

3. 组织妇女变工组，既开发了劳动力又提高了生产效率。劳动力组织，是补救劳动力不足的唯一办法，适当的组织可以减少劳动力的浪费，提高劳动情绪，增加劳动效能，发展生产量，这在劳动力开发上具有重要意义。

为使广大妇女都能参加生产劳动，各根据地组织起妇女变工互助组。主要有四种类型：（1）推碾、抬水、做针线活儿等家务劳动的变工，开始是小型的个别互换工，逐渐变为有组织的变工；（2）季节性的临时变工（如麦收、锄苗等），这种变工组，主要是以青壮年的男女劳力为主，在突击某一农活上作用较大；（3）农副业与家务活相结合的变工组，这主要由劳力、积极分子、劳模等组成（包括村干部），能在各方面起核心带头作用。（4）以家庭为单位的一元化的变工（包括妇女），如五台暖窑村 10 户大变工，共有 21 个妇女，分 3 个组，老年妇女是家务组，青壮年妇女组织两个农业组，春天青壮年组和男人们一起刨地、送粪等，老年组在家做饭、看孩子等。妇女被组织起来能够发挥不同特长，节省更多劳动力，特别是和男劳力结合，补救了妇女在重活上不适宜单独劳动的弱点。在太行区，"堡下川村组织了妇女以碾盘为中心的碾谷互助运动，节省了主要劳动力专事秋耕"。② 1944 年，盂平抗属梁春莲，以前她靠代耕生活，日子过得很紧张。与男人变工后，她向别人学习种地的生产技术，结果比上年多打粮一石四斗。五台一、二区的妇女们组织起来锄苗、拔谷，腾出男劳力开荒。忻定炭窑沟在青黄不接的季节，群众生活困难，妇女组织起来锄苗，男人搞运输，度过了春荒。③ 1945 年，唐县张家庄张银花，是该村妇女联合会主任，以她为核心建立了一个 4 人的拨工组，4 家共种地 70 亩，一开春就拨工翻地，共压了 6 亩地的肥，锄苗 60 亩。把自己家中苗锄了后还集体包工，共挣得 800 元。唐县劳动英雄张小丫的拨工组在锄苗时 6 个人锄 119 亩。她们的拨工组在农忙时以农业为主，冬天时

---

① 《记五台县妇女抗日自卫队》，《山西文史资料》编辑部编：《山西文史资料》（第 44 辑），山西省政协文史资料研究委员会 1986 年版，第 127 页。

② 孔繁芝主编：《太行党史资料汇编》第七卷，山西人民出版社 2000 年版，第 356 页。

③ 《晋察冀边区冀晋二专区 1944 年妇女工作总结》，晋察冀边区北岳区妇女抗日斗争史料编辑组编：《晋察冀边区妇女抗日斗争史料》，中国妇女出版社 1989 年版，第 444 页。

即转入副业拨工。① 阜平水泉村杨德芬的互助组内，她的针线活较好农业较差，另外一个妇女针线活较差农业较好，她们两家都没有其他劳动力，就以她俩为主组织了拨工组。根据劳力技术来拨工，这样更节省劳力。② 阜平土岭自然村瓜地沟老年妇女曹得安，她的丈夫不在家，家里有两个孩子，而农会主任没老婆有一群孩子，儿媳年岁尚小，两家就拨起工来，农会主任在针线活儿上需要换工，曹得安需要农业上的互助，两家换工后生产和生活问题都得到了解决。③ 妇女变工互助基本上解决了一些农户劳畜力和农具不足的困难，促进了妇女劳动力的开发，提高了劳动生产率。

总之，在太行山区，中共通过各种有效的方法，使绝大多数乡村妇女冲破几千年封建束缚，摆脱了单一的家务劳动，参与各项抗日生产建设，为抗日战争的胜利提供了较为充足的人力资源，也为中国农村妇女解放创造了良好的前提和条件。

（三）太行山区妇女积极参与生产

在中共的倡导和宣传下，妇女从战前的"养儿抱蛋"，到战后纷纷走向田间劳动，开始转变以前"依赖男人吃饭"的思想，认识到妇女解放必须从生产中获得，必须获得经济上的独立。妇女参加生产的过程是随着边区工作的三个阶段展开的。第一个阶段从 1939 年到 1941 年，是动员妇女参加生产时期。这一时期由于男子参军、参战，劳力减少，需要动员妇女投入开荒、修滩、筑堤、开渠、植树、田间管理等农业劳动。第二阶段从 1942 年到 1943 年。这一阶段，战争形势严峻，灾荒严重，群众生活十分困难，除了继续发动妇女搞好农业生产外，又开展纺织和各种副业生产的自救运动，这一时期妇女以纺织为主业。第三阶段是 1943 年到 1945 年，是大生产运动时期。根据"四三决定"，逐步帮助群众发展起拨工互助、推广家庭会议、制定户生产

---

① 晋察冀边区北岳区妇女抗日斗争史料编辑组编：《晋察冀边区妇女抗日斗争史料》，中国妇女出版社 1989 年版，第 639 页。
② 晋察冀边区北岳区妇女抗日斗争史料编辑组编：《晋察冀边区妇女抗日斗争史料》，中国妇女出版社 1989 年版，第 640 页。
③ 晋察冀边区北岳区妇女抗日斗争史料编辑组编：《晋察冀边区妇女抗日斗争史料》，中国妇女出版社 1989 年版，第 640—641 页。

计划和改造懒婆等工作，进而形成大生产运动。

第一阶段（1939—1941）：从 1939 年开始，特别是从 1940 年，各地动员广大妇女参加了开荒、植树、春耕、收割等农业生产劳动。一直很少参加农业生产的晋察冀边区妇女，在妇救会的领导下，大批地从厨房走上田野。五专区 75%、四专区 67%、二专区 40% 的妇女都参加了田间劳动。[①] 1939 年，晋察冀边区参加春耕的妇女，被组织起来的有 1400 余人，平山一带的妇女劳动团和劳动小组松土送饭，开荒抬粪。在春耕运动中，她们号召每人养 1 只鸡，每 3 人养 1 口猪，每人种 5 棵棉花，多植树。[②] 涞源县妇女在各级妇救会的组织领导下，踊跃入股，参加生产合作社，如"二区集股 50 元，一区集股 10 多元。在开荒植树方面也有很大成绩，二区妇女开荒地 16 亩，六区开荒地 5 亩。全县妇救会员平均每人种树三株。"[③] 在黎城 XX 村，只有 20 余户，在生产运动的热潮中，男女老少，大家一起上山开荒，一天开了百余亩荒地，超过预定计划，获得全县的奖励。[④] 1940 年，平山县春耕期间约有 50%—60% 的妇女，三夏三秋约有 70%—80% 的妇女参加了农业生产劳动。[⑤] 曲阳云山组织春耕突击队，共八十多名青年妇女。她们背着锹、镐等工具帮助抗属淘粪。[⑥] 行唐一区开展春耕运动后，各村自动地组织垦荒团。十南庄妇女最先组织起来，团长陈凤英 56 岁，领导 7 个小组，每个组 7 人。该村的大闺女、小儿童，60 多岁的老婆婆全参加了。每天早饭后，都扛着锄头排成队伍到地里去开荒，并提出与男同志竞赛，与其他村竞赛，保证每组每天开荒 2 亩，植树 25 株。[⑦] 灵寿县妇女在妇救会的积极推动下，春耕工作也取得了很大的

---

① 魏宏运编：《晋察冀边区财政经济史料选编》（农业编），南开大学出版社 1984 年版，第 328 页。

② 康克清：《三年来的华北妇女运动》，晋察冀边区北岳区妇女抗日斗争史料编辑组编：《晋察冀边区妇女抗日斗争史料》，中国妇女出版社 1989 年版，第 75 页。

③ 《1939 年各地妇运再发展》，晋察冀边区北岳区妇女抗日斗争史料编辑组编：《晋察冀边区妇女抗日斗争史料》，中国妇女出版社 1989 年版，第 342 页。

④ 康克清：《三年来的华北妇女运动》，晋察冀边区北岳区妇女抗日斗争史料编辑组编：《晋察冀边区妇女抗日斗争史料》，中国妇女出版社 1989 年版，第 78 页。

⑤ 晋察冀边区北岳区妇女抗日斗争史料编辑组编：《烽火巾帼》，中国妇女出版社 1990 年版，第 124 页。

⑥ 《曲阳妇女组成春耕突击队》，晋察冀边区北岳区妇女抗日斗争史料编辑组编：《晋察冀边区妇女抗日斗争史料》，中国妇女出版社 1989 年版，第 586 页。

⑦ 《行唐老妇陈凤英组织妇女垦荒团》，晋察冀边区北岳区妇女抗日斗争史料编辑组编：《晋察冀边区妇女抗日斗争史料》，中国妇女出版社 1989 年版，第 586 页。

成绩，开荒地 5.17 亩，修垦 7.2 分，植树 80211 株，修堤 200 道，代耕地 267 亩，参加人数达 13152 人，并已种好庄稼 79 亩。① 井陉二区方山村的妇女，每天有 80 余人在妇救会干部领导下集体参加开荒。每人平均开荒三亩半，并已完全撒上种子。② 完县七区 XX 村（距敌人据点仅 7 里）妇女组织了拔麦队，整天轮流拔麦，并且先帮助抗属拔麦子。她们在一天工夫，拔了十六七亩。XX 村青年妇女 27 人，半天拔了 18 亩。③

到 1941 年，晋察冀边区妇女参加田间生产达到高潮并取得了卓越的成绩，开荒 39355.5 亩（19 个县的统计），植树 805483 株，妇女林 7043 处（20 个县），菜园 353 个（10 个县），代耕 14084.1 亩。④ 在晋察冀边区，"参加农业生产的妇女人数较以前增加，五专区占全体有劳动力妇女的 65% 以上，三专区占 60% 以上，一、二专区的许多地方也有增加，据 3 个县不完全统计，有 15000 多名妇女，这些妇女中很多都是以前没有参加过农作的。生产技术进一步提高，如翻土、平地、种菜、下种、锄禾苗，很多青壮年妇女都学会了。"据不完全统计，平山妇女春耕已取得了很好的成绩，开新荒 3221 亩，旧荒 3023 亩，共 6244 亩；植树 110251 棵，妇女林 48 个；配合修渠 77 道；代耕 1270 亩；妇女菜园 45 个。完县妇女开荒计 1410 亩；植树共计 8939 棵，妇女林五六个，妇女干部林 3 个；打井 13 眼；开渠 10 里。阜平开荒 1014 亩，植树 30407 棵，妇女菜园 22 个，代耕 3161 个工。井陉（四月份）妇女参加生产人数 1059 人，开荒 135 亩，植树 753 棵。⑤

一些地方的妇女成了生产的主力，解决了由于男子参军造成的劳动力困难问题，甚至还出现了很多女劳动英雄和劳动模范。1940 年晋察冀边区妇救会第四次代表大会上，评选出边区女劳动英雄 100 名，每人都发了奖品和奖

---

① 《灵寿妇女春耕成绩好》，晋察冀边区北岳区妇女抗日斗争史料编辑组编：《晋察冀边区妇女抗日斗争史料》，中国妇女出版社 1989 年版，第 586 页。

② 《井陉游击区妇女也积极开荒》，晋察冀边区北岳区妇女抗日斗争史料编辑组编：《晋察冀边区妇女抗日斗争史料》，中国妇女出版社 1989 年版，第 587 页。

③ 《完县妇女帮抗属拔麦》，晋察冀边区北岳区妇女抗日斗争史料编辑组编：《晋察冀边区妇女抗日斗争史料》，中国妇女出版社 1989 年版，第 587 页。

④ 康克清：《三年来的华北妇女运动》，晋察冀边区北岳区妇女抗日斗争史料编辑组编：《晋察冀边区妇女抗日斗争史料》，中国妇女出版社 1989 年版，第 288 页。

⑤ 晋察冀边区北岳区妇女抗日斗争史料编辑组编：《晋察冀边区妇女抗日斗争史料》，中国妇女出版社 1989 年版，第 590—592 页。

状。例如，平山焦全英是全边区妇女劳动英雄第一名。她的成绩是：整滩 21
亩，开荒（坟地）10 亩，植树 17 棵，开渠 2 天，集体开荒 8 天，养猪 1 口，
鸡 5 只。灵丘齐青莲和焦全英同是边区妇女劳动英雄第一名。她的成绩是：
（1）集体的垦荒团（36 人）垦荒 120 亩，植树 1000 余棵。（2）个人垦荒 16
亩，植树 20 余棵，修筑房子一间，周围并种了 400 余棵南瓜，种玉黍 10 亩，
拉秸子 4 亩，管理菜园一个。曲阳王杏玉，是全边区妇女劳动英雄中的老英
雄之一。成绩是：参加集体开坟地（32 人）15 亩，植树（40 人）580 棵，种
菜园半亩，苗圃 10 亩，给抗属驮粪 1000 余担，集体养小鸡 417 只；个人开荒
2 亩，植树 40 棵，养小鸡 20 只。井陉刘连娥，撒种 20 亩，给抗属代整 2 亩，
挖沟一个月，送粪 2 天，浇园 4 天，做鞋两双，做裤子二件，为保卫春耕参
加了破路七次。[1]

　　第二阶段（1942—1944）：1942 年，太行山区很多妇女都掌握了赶车、
牵牲口、刨茬、整地、割、捆、撒、锄等农业技术，甚至还出现了很多妇女
劳动模范。沁源妇女焦金英一个人开了 31 亩荒地，政府奖励了她一匹骡一头
驴，是全边区"劳动英雄"第一名。[2] 女劳动英雄周成梅一个人种着十六七
亩地，养活全家 5 口人，被选为村春耕委员会委员。[3] 1943 年，敌人对北岳
区进行最为残酷的"大扫荡"，持续了 3 个月，北岳区广大妇女群众和全体军
民一起，一面战斗，一面生产，巧妙地运用"劳武结合"，完成了秋收、秋
种、征粮和救灾工作，并涌现出大批妇女劳动英雄，如晋察冀边区劳动英雄
韩凤，地里的活，耕、种、锄都能干，在家里纺纱、喂猪、养鸡、管家务，
生产积极，带头推动妇女生产。刘金荣领导全村妇女下地，还组织了 5 个妇
女拨工队，农闲时组织了 50 多个妇女搞运输，通过层层封锁线，没有丢一点
东西，1943 年组织全村妇女纺织，解决了春荒。[4]

　　第三阶段（1944—1945）。1944 年，根据地开展了轰轰烈烈的大生产运
动，这对于妇女参加生产具有很重要的历史意义。

---

[1] 晋察冀边区北岳区妇女抗日斗争史料编辑组编：《晋察冀边区妇女抗日斗争史料》，中国妇女
出版社 1989 年版，第 585 页。
[2] 《话春耕——妇女们瞧瞧焦金英》，《太岳日报》1941 年 4 月 21 日第 4 版。
[3] 师力：《女劳动英雄周成梅访问记》，《太岳日报》1941 年 5 月 18 日第 4 版。
[4] 《晋察冀边区各种模范妇女大会宣言》，《晋察冀日报》1944 年 4 月 25 日。

1943 年 10 月毛泽东发出了"组织起来"的号召，北岳区掀起了以互助合作为中心的轰轰烈烈的生产高潮，开始了大生产运动。当时妇女干部下乡，背着粪筐，带着锄头，与当地妇女群众一起参加劳动。妇女群众生产情绪高涨，她们成群结队，家无闲人，村无懒汉，互相开展竞争，参加生产的人数达到女劳力的 60%—70%，有的达到了 80% 以上。妇女参加生产的种类增多，时间延长，由季节性劳动变成全年性的劳动。[1]

山西晋中榆社县的郝二蛮和男人们一样劳动，她组织全村 208 户成立互助组，并且成为全县的劳动英雄。[2] 1944 年，榆次县一、二区 9 个编村，成立生产互助组 49 个，参加互助组的妇女有 883 人，共开荒 3102 亩；成立纺织互助组 61 个，参加纺线妇女 320 人，纺花 2624 斤。1945 年二区有 260 多名妇女参加了变工队。在村干部的组织下，妇女变工队承担了"龙口夺食"的麦收任务。区长郝三乐在总结麦收工时激动地说："二区如果不是妇女参加劳动，麦收生产就要受到影响"。1945 年的大生产运动中，涌现了崔翠莲、禹改赋、梁姣子、赵二婆等一批纺织模范和劳动英雄。[3]

武乡县妇女也积极投入到农业生产中。1944 年东堡村红旗大队的妇女们在秋收中快收、快打、快藏，以史兰珍为首的 8 名妇女，动员老弱妇女和其他辅助劳力，三天收割谷子 292 亩，受到县政府的表扬。[4]

另外，在太行山区，还出现了许多著名的女劳动英雄。涉县峧口的孟祥英就是其中一位，在她的带领下，妇女们逐渐克服了以劳为耻的观念。涉县峧口是个贫困的村庄，全村有 351 人，中共到来之前，妇女们都缠着足。1942 年该村成立了妇救会，孟祥英被选为了主任，首先自己放足，不怕别人笑话，后来全村的妇女跟着慢慢都放了脚。在她的带领下，到 1943 年秋天，该村的妇女都自己过河下地、挽菜的，已成了平常事。1944 年，该村的妇女打柴担水也成了习惯。不只青年妇女这样干，就是老婆婆和小女儿们也都如

① 晋察冀边区北岳区妇女抗日斗争史料编辑组：《烽火巾帼》，中国妇女出版社 1990 年版，第 67—68 页。
② 山西省妇联晋中地区办事处：《太行革命根据地妇女运动大事记述（征求意见稿）》，1985 年，第 100 页。
③ 榆次市妇女联合会：《榆次妇女运动史（1937—1987）》，内部资料，1990 年，第 13 页。
④ 武乡妇女运动办公室编：《武乡妇女运动史料汇编》（上），内部资料，1985 年，第 35—36 页。

此干。① 在孟祥英的带领下，太行根据地的几次度荒斗争中，妇女也都起了很大的作用。在 1942 年至 1943 年的生产度荒中，孟祥英带领本村妇女锄麦子、刨地、打蝗虫、割草、采菜叶、打白草，组织互助运输，向政府贷棉花纺纱，团结大伙儿一起度过灾荒，使得全村人在饥荒年代奇迹般没有一人饿死。1944 年，孟祥英"做出来的成绩更出色：春天领导妇女锄麦子 293 亩，刨平地 12 亩，坡地 46 亩。夏天打蝗虫，只割草一项，妇女们就割了 18000 斤。其余割麦子、串地、捞柴、剥楮条、打野菜……成绩很多。"② 妇女们在孟祥英的号召下，共有 6162 人参加到生产线上。太仓妇救会主任学习孟祥英的办法，"领导着村里妇女修了 3 里多水渠，开了 15 亩滩地。"③ 孟祥英遂成为太行山上半边天的一面旗帜。1944 年 4 月 9 日，《新华日报》（太行版）发表了涉县妇女救国会题为《开展孟祥英运动是涉县妇女运动的新方向》的文章，提出了她们的口号："大家组织起来，开荒去、种菜去、打柴去、拾粪去、纺织去、锄苗去，到一切生产部门中去。"④

在妇女参加生产和各种政治斗争中涌现出大批英雄模范。在河北省太行山区，有模范干部吴贵英、生产模范刘汉英、拥军模范刘二妮等，都在生产中和各项工作中起了模范带头作用。⑤ "涉县七区妇女生产很积极，女劳动英雄特别多，有许多是受到孟祥英的影响才起来的。"⑥ 1944 年太行区群英会上，孟祥英（河北涉县）、郝二蛮（山西榆社）、郭凡子（河北磁县）、郭恒的（河北武安）等被选为一等劳动英雄，出席会议，接受奖励。1946 年太行区第二届群英会受奖女英雄有 33 名，其中劳动模范 5 名、翻身英雄 2 名、纺织英雄 22 名，还有文教模范英雄、模范干部、模范军属、拥军模范各 1 名。⑦

由上可知，在抗日战争根据地建设时期，妇女已经开始普遍参加农业生

---

① 《五分区劳动英雄孟祥英》，《新华日报》（太行版）1944 年 3 月 19 日第 4 版。
② 赵树理：《小二黑结婚》，华夏出版社 2008 年版，第 242 页。
③ 赵树理：《小二黑结婚》，华夏出版社 2008 年版，第 242 页。
④ 涉县妇女救国会：《开展孟祥英运动是涉县妇女运动的新方向》，《新华日报》（太行版）1944 年 4 月 9 日第 4 版。
⑤ 《晋察冀边区冀晋二专区 1944 年妇女工作总结》，晋察冀边区北岳区妇女抗日斗争史料编辑组编：《晋察冀边区妇女抗日斗争史料》，中国妇女出版社 1989 年版，第 446—447 页。
⑥ 赵树理：《小二黑结婚》，华夏出版社 2008 年版，第 242 页。
⑦ 师德清：《烽火太行半边天》，中央文献出版社 2005 年版，245 页。

产，并在太行山区经济建设中发挥了重要作用。对于妇女来说，她们逐渐从封建禁锢和几千年"男耕女织"的小农经济思想束缚下解放出来，这是妇女取得解放的第一步。

二、解放战争时期太行山区妇女的农业生产与生活

抗战胜利后，中国革命进入解放战争时期。1947 年 7 月 17 日至 9 月 13 日，中共中央工委在河北平山县西柏坡召开全国土地会议。会议在总结各个解放区土改工作情况时，妇女工作被提到前所未有的重要地位。会议制定的《中国土地法大纲》充分体现了男女平等分配土地的原则。大纲明确了妇女的土地权，使妇女获得了翻身解放的经济条件。10 月 10 日，中共中央正式公布了《中国土地法大纲》。

到 1949 年春，土地改革在解放区基本完成，约有一亿多农民获得了土地。在结束土改颁发土地证的过程中，中共中央十分重视妇女的土地所有权问题，强调"要由政府明令保障妇女的土地所有权。在以家庭为单位发土地证件时，须在土地证上注明男女均有同等的土地权。全家成员有民主处理财产之权，必要时，还可单独另发土地证给妇女。"[1] 华北、华东、西北各解放区的行政委员会分别发出颁发土地所有证的指示：土地改革后，分给个人所有的土地均发给土地证，以户为单位确定各阶层一切男女老少人口的地权，保障其不受侵犯。以后遇有土地转移、买卖、分家、嫁娶等情形，准予分领或换取土地证，以便确保妇女的土地所有权。[2] 太行区规定："寡妇改嫁时，可自由处理其家庭中应分之一份土地；离婚后，尚未改嫁的妇女，应分予一份土地，归其所有；父母死亡之未婚妇女，因弟兄不和，不能共同生活者，家庭中应分予一份土地归其所有。"[3]

当妇女拿到写有自己名字的土地证后，参加生产的积极性空前高涨，出

---

① 《中国共产党中央委员会关于目前解放区农村妇女工作的决定》，中华全国妇女联合会：《中国妇女运动历史资料（1945—1949）》，中国妇女出版社 1991 年版，第 302 页。

② 中华全国妇女联合会：《中国妇女运动史》（新民主主义时期），春秋出版社 1989 年版，第 23—24 页。

③ 《太行区党委通知关于处理妇女地权问题》，《中国妇女运动历史资料（1945—1949）》，中国妇女出版社 1991 年版，第 295—296 页。

勤率大幅度上升，参加生产的范围也扩大了。北岳区 1947 年参加夏季生产的妇女已达到妇女劳力总数的 30%—80%；太行区三分区的 5 个县，参加生产的妇女高达妇女劳力总数的 80%。[①] 山西省长治五区的太义掌村，贫农妇女高兴地说："过去吃糠咽菜还下地，现在能发家致富，还能不下地吗？"中农妇女开始怕挨斗，后来明白了政策，生产情绪也提高了。地主家的妇女过去是"横草不拿，竖草不捏"，土改后，也大量的参加了生产。[②] 妇女们改变了过去"劳动可耻"的看法，从春耕到夏锄，除种谷摇耧以外，掘地、掘岸、打坷垃、就地盘肥、担大粪、点籽、拉耧、拉榜、拉砘子、拔谷、间玉茭、锄苗、耦地等活计都参加了。太义掌村有 159 个妇女（半劳力、辅助劳力和全劳力计算在内）参加掘地，共掘 481.4 亩地；148 个妇女参加掘岸，共掘岸655 道；71 个妇女盘肥，共盘 122.8 亩，合 4180 担；有 22 个妇女担大粪 257担；拉耧妇女 15 人，共拉 32.2 亩；拉榜妇女 6 人，共拉 6.5 亩；拉砘子的 8人，共拉 15 亩；耦地 14 人，共耦 37.3 亩。全村妇女总计有全劳动力 184 人，参加下地的 132 人，占 71.74%；半劳力及辅助劳力折合成全劳力 265 人，下地的有 169 人，占 63.77%。由于 169 个有劳动力的妇女下地生产，完全解决了农业生产中缺乏劳动力的困难，仅仅 34 天就完成了春耕生产。[③] 榆次县广大妇女在参加农业生产方面也起了很大作用。庄窝村成三妮亲自点种棉花 1亩，种豆子 2 亩，种谷子 5 亩，担粪、浇地样样农活都能干，并主动帮助支前民兵下种锄苗 25 亩。下黄彩村妇女干部赵二婆带领本村妇女给解放军运粮，供驻村部队吃水，还抽出时间来下地锄苗，让男劳力安心参战。[④] 在平山县 1949 年秋收工作中，一区、八区全部，三、四、六区的一部分地区参加一般生产的妇女占到 95% 以上，参加主要生产的 65% 以上。二、五、七区参加一般生产的达到 75% 以上，参加主要生产的达到 35% 以上。[⑤] 一区中胡村妇

① 河北省地方志编纂委员会编：《河北省志·妇女运动志》，中国档案出版社 1997 年版，第 87 页。
② 中华全国民主妇女联合会筹备委员会编：《中国解放区农村妇女生产运动》，苏北新华书店1949 年版，第 26 页。
③ 中华全国民主妇女联合会筹备委员会编：《中国解放区农村妇女生产运动》，苏北新华书店 1949年版，第 27 页。
④ 榆次市妇女联合会编：《榆次妇女运动史（1937—1987）》，内部资料，1990 年，第 17 页。
⑤ 建屏县妇女联合会：《十月份各种工作总结报告》，1949 年 10 月 4 日，平山县档案馆藏，档案号：1—1—58。

联主任杨会妮，1949 年春天包地 3.5 亩，齐吉瑞包地 3 亩、锄草 3 亩，杨志瑞包地 2 亩多，还到地里打柴 39600 斤。另外，刘家沟的妇女大部分都组织起来，四区北坪村赵英兰是一名抗属，因为生产好，被选成生产组长，在领导生产上起了很大作用。她自己垒坝一道，修埂一个，修水沟两道，浇麦子 1.95 亩，担粪 48 担，刨地 2 分，刮麦畦 6 分，在 1948 年冬天与秋天割柴 30 担。她和别人结合拉犁耕地 35 亩，1949 年种麦 5 分，植树 4 棵，种大麻子 8 分，种南瓜 6 分，锄麦子 8 分，耧地 9 分，家中一切都是她掌握。①

三、参加社会生产与妇女生活

马克思主义认为，妇女参与社会劳动是妇女解放的关键所在。在解放区，农村妇女开始走入田间参加生产，不仅为自己的家庭增加了收入、实现了自身经济上的自立，也支援了战争，为根据地提供了物质保证。这使妇女们认识到了自身的价值，增强了自信心，同时也提高了她们的家庭和社会地位。

（一）新的劳动观念形成

抗战前妇女参加农业生产被认为是羞耻的，根据地建立后反认为不参加生产羞耻了，如山西省崞县九区，过去青年妇女不出门，现在扛着大锄在街上走来走去，觉得很光荣。妇女们很羡慕女劳动英雄，孟平梁春莲的一举一动，青年妇女都跟着学。② 河北省阜平十区的李玉林和王喜凤，1943 年 4 月 20 日结婚，经过简单仪式后，新媳妇王喜凤就拿起镰头下地劳动了。婆婆不让去，喜凤说："咱不要那套老规矩了，抗战快要大反攻了，多生产一点，早一点反攻。"说完夫妻二人共同下地劳动去了。③

1944 年，灵寿县新开村的一位妇救会主任说："不要说咱妇女不中用，就我自己说，俺孩子爹在北平坐了九年狱，我自己拉扯着一个孩子，养种十几

① 建屏县妇女联合会：《建屏县生产报告》，1949 年 5 月 18 日，平山县档案馆藏，档案号：1—1—58。
② 《晋察冀边区冀晋二专区 1944 年妇女工作总结》，晋察冀边区北岳区妇女抗日斗争史料编辑组编：《晋察冀边区妇女抗日斗争史料》，中国妇女出版社 1989 年版，第 445 页。
③ 晋察冀边区北岳区妇女抗日斗争史料编辑组编：《烽火巾帼》，中国妇女出版社 1990 年版，第 39 页。

亩地。起先一点也不沾，愁的啼哭，以后慢慢学会了耕地、种地。以后也能担粪、推车子了，什么都学会了。我说只要大家干，什么都行，比男人一点也不差，古语说：铁杵磨绣针，功到自然成……"[1] 灵寿县西庄窝妇救会主任说："我们说要争取男女平等，光空说不沾，我们要学生产，不依靠男人，那么男人就不会看不起我们了，也就不敢压迫我们了"。新开村青年妇女张玉梅在大会上受到表扬。她在正月里参加了运输小组，运输了十六七次，每次都背 60 多斤。在正月一个月就赚了四五百元。大家都很羡慕地望着她。当场就有好多妇女提出要参加运输小组，和张玉梅比赛。[2]

在山西省长治五区的太义掌村，有 4 户地主，共有妇女全劳力 6 人，其中 5 人下地生产。6 户富农中，有妇女全劳力 4 人，3 人下地生产。中农 66 户，有妇女全劳力 77 人，有 58 人下地。土改后，由贫雇农上升的新中农 79 户，有妇女全劳动力 56 人，下地的妇女有 39 人。尚有贫农 30 户，有妇女全劳力 43 人，有 27 人下地，有的进行其他生产。贫农冯起手的老婆王秋芝过去很懒，在生产动员中和男人一块下地干得很起劲，自动参加了互助组。新中农军属郭仁好的老婆，过去靠老汉过活，地边都不踏，1948 年春耕中，也很积极，家里 19 亩地，除少数代耕外，其他掘岸、锄地，都是自己去干，平常的吃水也自己挑。[3]

（二）改善了家庭关系

1. 婆媳关系

由于妇女在生产中的重大作用，大大改变了婆媳关系。在山西省长治五区的太义掌村，有的说："要不是我媳妇劳动，我家的房子就修盖不了了！"有的说："现在不敢惹媳妇了，媳妇走了，家里就没人种地啦！"[4]

---

① 吕朗、肖马、孙廉贞：《灵寿县纪念"三八"节号召妇女争当生产先锋》，《晋察冀日报》1944 年 3 月 21 日。
② 吕朗、肖马、孙廉贞：《灵寿县纪念"三八"节号召妇女争当生产先锋》，《晋察冀日报》1944 年 3 月 21 日。
③ 中华全国民主妇女联合会筹备委员会编：《中国解放区农村妇女生产运动》，苏北新华书店 1949 年版，第 28 页。
④ 中华全国民主妇女联合会筹备委员会编：《中国解放区农村妇女生产运动》，苏北新华书店 1949 年版，第 28 页。

2. 夫妻关系

妇女参加了生产，也促进了家庭团结和睦。离婚的大大减少了，崞县、五台、忻定全年解决婚姻问题案件十二三件，都是因生理不健全和感情再不能维持者。因穷而提出离婚的极少，如五台二区红石头村妇女 XX，原先因贫困双方都愿意离婚，后由政府发救济粮 70 斤，动员男方刨地，女的播种，做鞋卖，度过了春荒，夫妻感情和好了。① 山西省长治专区太义掌村的好多男人议论："妇女今年顶了大事，要不是妇女可不行！" 还有 24 户因人口多，实行了分红制，33 名妇女批了红，共批钱 4 万余元，棉花 6 斤，米 3 斤，这样妇女攒点"体己钱"，更干得起劲，所以村里出现了不少民主和睦的新家庭，代替了封建的家长制度。②

3. 其他关系

1944 年，孟阳县（现归东阳曲县）某村的童养媳祁三妮，原来又脏又笨，不会做针线，又不参加生产。嫂嫂看不起她，不给她吃饱饭。经过村里教育后，俩人互相提了意见，各自分了工。三妮开始上地锄刨，割草喂驴，嫂嫂做针线，替三妮看孩子。嫂嫂看见三妮干起活来能顶半个长工，对她的态度有了好的转变，做饭先让三妮吃，有时她自己吃糊糊，给三妮吃干粮。现在祁三妮不再被人看不起。她生产积极，穿得干干净净，人们说祁三妮变成了另一个人。③

（三）政治地位提高

妇女在参与生产的过程中，不仅改变了劳动观念和家庭地位，而且她们的政治地位也有了一定程度的提高。在《孟祥英翻身》这本小说中，孟祥英被选为妇女干部，这成为孟祥英"翻身"的标志，但"妇女干部"只是一个角色，并没有被村里的人真正认同。她真正被村人认同是她领导村民们开始

---

① 《晋察冀边区冀晋二专区 1944 年妇女工作总结》，晋察冀边区北岳区妇女抗日斗争史料编辑组编：《晋察冀边区妇女抗日斗争史料》，中国妇女出版社 1989 年版，第 445 页。

② 中华全国民主妇女联合会筹备委员会编：《中国解放区农村妇女生产运动》，苏北新华书店 1949 年版，第 28 页。

③ 《晋察冀边区冀晋二专区 1944 年妇女工作总结》，晋察冀边区北岳区妇女抗日斗争史料编辑组编：《晋察冀边区妇女抗日斗争史料》，中国妇女出版社 1989 年版，第 444 页。

"生产度荒"。当孟祥英组织妇女靠采野菜、割白草并因而度过灾荒之后，她的妇女干部身份才得到了众人的认可。也可以说，孟祥英之所以能"翻身"，能被众人认可，并不是建立在她反对婆婆、提倡放脚等一系列经典"妇女解放"行为的坚持上，而恰恰是建立在看起来似乎与"妇女解放"并不直接发生关系的从事生产劳动上的。正是在"生产度荒"中的巨大作用，孟祥英才被承认了"妇女干部"的身份，才被默认为是"公家人"。由此，在孟祥英这件事情上，"生产度荒"在很大程度上成为妇女能否得到解放的实践基础和动力源泉。

小　结

自有人类伊始，妇女在社会中所处的地位即与参加劳动的程度有密切关系。母系氏族社会，妇女在农业生产中的作用大于男子，因此在社会中的地位也高于男子。在阶级社会中，妇女逐渐脱离农业生产，沦为男人的附庸，处于社会的最底层。马克思主义认为"妇女解放是衡量人类解放的天然尺度"，恩格斯说："妇女解放的途径是让妇女重新回到公共劳动中"。正是在这些指导思想下，中国共产党自成立起，就把妇女解放当作自身的使命，并把让妇女参加社会劳动作为解放妇女的途径。革命时期，中共为开发妇女劳动力做了大量的工作，成功地发动妇女参加了农业生产，提高了妇女的经济、社会地位，同时对根据地的经济建设起了一定的作用，也为新中国成立后中共妇女工作的开展奠定了基础。

对新民主主义革命时期妇女参加农业生产的状况也不能估计过高，毕竟传统不是一下能改变的东西，它仍然要持续相当长的时间。虽然从某个区域看，妇女参加农业劳动的人数和范围都有大幅度增长，但是这一时期太行山区处于战争地区，兵荒马乱，妇女要付出相当多的精力才能应对这一时期的生存问题。因此，从总体上说，新民主主义革命时期太行山区妇女参加生产的人数和范围还处于较低的水平。

第二章 解放妇女：新中国成立初期国家对农村妇女的生产动员

新民主主义革命时期，太行山区妇女开始走出家庭，走入田间，参与农业生产，为根据地的经济建设贡献了力量，但是我们也必须看到，在新民主主义革命时期，妇女参加生产的程度，无论是从参加的人数、参与生产的范围、还是生产的社会化程度来衡量，都还处于较低的水平。这种较低程度的劳动参与还远远不能满足新中国成立后国家工业经济建设对劳动力的需求，因此，新中国成立后，发动妇女参加生产仍然是中共妇女工作的一项重要任务，但新中国成立后中共中央所处的环境与根据地时期已不能同日而语，这一时期中共对妇女的发动又有了新的时代特征和内涵，发动的方式也比新中国成立前更加多样和高效。

第一节 国家倡导农村妇女参加社会生产的原因

一、马克思主义者的妇女解放理论

恩格斯指出："只要妇女仍然被排除于社会的生产劳动之外，而只限于从事家庭的私人劳动，那么妇女的解放，妇女同男子的平等，现在和将来都是不可能的"。① "妇女的解放，只有在妇女可以大量地、社会规模地参加生产，

① 《马克思恩格斯选集》第四卷，人民出版社1995年版，第162页。

而家务劳动只占她们极少的工夫的时候，才有可能"。① 列宁也说："要彻底
解放妇女，要使她与男子真正平等，就必须有公共经济，必须让妇女参加共
同的生产劳动。"②

　　毛泽东继承和发展了马克思主义的经典理论，更为精辟地论述了妇女参
加生产对中国革命和妇女自身解放的重大意义。在新民主主义革命时期，他
就提出："广大妇女的努力生产，与壮丁上前线同样是战斗的光荣的任务。而
提高妇女的政治地位、文化水平，改善生活，以达到解放的道路，亦须从经
济丰裕与经济独立入手。多生产、多积蓄，妇女及其家庭的生活都过得好，
这不仅对根据地的经济建设起重大的作用，而且依此物质条件，她们也就能
逐渐挣脱封建的压迫了。"③ 1948 年 12 月，毛泽东又在《中国共产党中央委
员会关于目前解放区农村妇女工作的决定》中强调："只有妇女积极起来劳
动，逐渐做到在经济上能够独立并不依靠别人，才会被公婆丈夫和社会上所
敬重，才会更增加家庭的和睦与团结，才会更容易提高和巩固妇女们在社会
上和政治上的地位，也才会使男女平等的各项法律有充分实现的强固基础。"④
1949 年毛泽东为《新中国妇女》杂志题词："团结起来，参加生产和政治活
动，改善妇女的经济地位和政治地位"。⑤

　　在马克思主义妇女解放理论指导下，新中国成立前后，中共突出强调
"妇女只有积极参加生产，才能巩固并提高妇女的地位"。

　　1950 年，刘少奇在《关于土地改革问题的报告》中明确指出："农民协
会应切实注意吸收农民家庭中的妇女来参加，并吸收妇女中的积极分子来参
加领导工作。"⑥ 同年，华东局发出的《关于土改准备时期妇女工作的指示》
强调："只有发动妇女群众积极参加土地改革，使妇女同样分得一份土地和生

　　① ［德］恩格斯：《家庭、私有制和国家的起源》，《马克思恩格斯选集》第四卷，人民出版社
　　　　1995 年版，第 162 页。
　　② 《列宁选集》第四卷，人民出版社 1995 年版，第 47—48 页。
　　③ 《中国共产党中央委员会关于各抗日根据地目前妇女工作方针的决定》，中华全国妇女联合
　　　　会：《中国妇女运动重要文献》，人民出版社 1979 年版，第 7 页。
　　④ 《中国共产党中央委员会关于目前解放区农村妇女工作的决定》，中华全国妇女联合会妇女
　　　　运动历史研究室：《中国妇女运动历史资料（1945—1949）》，中国妇女出版社 1991 年版，
　　　　第 299 页。
　　⑤ 《新中国妇女》（创刊号），1919 年 7 月 20 日。
　　⑥ 刘少奇：《关于土地改革问题的报告》，《人民日报》1950 年 6 月 30 日第 1 版。

产资料，并领导妇女积极参加劳动生产工作，才能使妇女与男子同样获得平等的经济权利；才能解除千百年来封建制度所给予中国妇女的压迫和束缚；才能使中国广大劳动妇女获得真正的解放。"①

新中国成立后，面对轰轰烈烈的社会主义建设，毛泽东说："中国的妇女是一种伟大的人力资源。必须发掘这种资源，为了建设一个伟大的社会主义国家而奋斗。"②"为了建设伟大的社会主义社会，发动广大的妇女群众参加生产劳动，具有极大的意义。"③ 他还曾形象地比喻，在社会主义建设中要充分发动妇女，这好比一个人有两只手，缺少一只不行，缺少了妇女的力量是不行的，两只手都要运用起来。几十年的实践充分证明，无论在战争年代或经济建设时期，妇女都是不可缺少的重要力量。因此，继续发动妇女参加生产成为新中国建立初期中共的必然选择。

1950 年，蔡畅在《全国民主妇联一年来的工作概况及今冬明春的主要工作任务》中提及"组织教育妇女参加各种工业和农业生产，仍是各级妇联的中心任务。""在土地改革已完成地区的农村，大量动员妇女参加秋收秋耕与冬季副业生产，在自愿的条件下组织她们参加生产互助小组，准备明年春耕。在进行建立与改造合作社运动中要积极动员妇女参加合作社。正在进行土地改革的地区，必须注意到土地改革中结合生产。"④ 1950 年，中央人民政府农业部的生产计划及全国妇联发布的全国妇女运动方针与任务都提及，"在基础较好的老区对于发动妇女参加农业生产，要求达到妇女劳动力的 50%—70%，较差的地方达到妇女劳动力的 40%。"⑤ 1950 年 3 月 8 日召开的"河北省第一次妇女代表大会"，也明确了"发动妇女参加生产是压倒一切的中心任务"⑥ 的妇女工作指导思想。1950 年 5 月 17 日，山西省民主妇联筹委会举行第二次

---

① 《中共中央华东局关于在土地改革准备时期加强妇女工作的指示》，《新中国妇女》1950 年第 14 期。
② 《毛泽东文集》第六卷，人民出版社 1999 年版，第 452—453 页。
③ 《毛泽东文集》第六卷，人民出版社 1999 年版，第 458 页。
④ 蔡畅：《全国民主妇联一年来的工作概况及今冬明春的主要工作任务》，《新中国妇女》1950 年第 15 期。
⑤ 中国妇女管理干部学院：《中国妇女运动文献资料汇编》（第二册）（1949—1983），中国妇女出版社 1988 年版，第 78 页。
⑥ 河北省地方志编纂委员会：《河北省志·妇女运动志》，河北人民出版社 1997 年版，第 201 页。

筹备委员会全体会议。会议"着重总结检查全省三个月来的妇运工作，讨论今后发动妇女参加生产"等各种工作的具体方针计划。①

二、填补国家经济建设中的劳动力缺口

20 世纪 50 年代，中国政府直接介入农村妇女的社会生产运动。这既是无产阶级革命意识形态逻辑发展的必然，也是国家在新中国初期大力推进工业化发展的资本诉求。

20 世纪上半叶的中国，经历过军阀混战、抗日战争及解放战争，社会经济遭到严重破坏，因此新中国成立后的首要任务便是尽快恢复国民经济。在这种情况下，动员一切能利用的劳动力参加国内经济建设成为首要任务。妇女，尤其是大多数农村妇女，作为"潜在的劳动力""伟大的人力资源"受到政府的高度关注。

随着合作化运动的开展，劳动力不足的情形日益显现。1955 年毛泽东在《中国农村的社会主义高潮》一书中指出了在合作化以后劳力不足的必然趋势。他说："对于很多地方说来，生产的规模大了，经营的部门多了，劳动的范围向自然界的广度和深度扩张了，工作做的精致了，劳动力就会感到不足。这种情形，现在还只是开始，将来会一年一年地发展起来。农业机械化以后也将是这样。"因此，他指出："中国的妇女是一种伟大的人力资源。必须发掘这种资源，为了建设一个伟大的社会主义国家而奋斗。"②

不仅是整个国家的经济建设需要发动妇女参加生产，各基层社、队同样也程度不同地存在着劳动力不足的问题。

初级社时期，有些社队就已经开始出现劳力不足的情况。阜平县南五农业生产合作社是在一个小社 7 个互助组的基础上建立起来的，成立于 1955 年春，全社共 113 户，共有耕地 712.4 亩（水地 63.91 亩，旱地 649.4 亩）；劳力共 408 个，其中男劳力 192 个，女劳力 261 个，女劳力占总劳力的 52.7%。1955 年春天生产形势很紧张，合作社通过计算发现，如果不发动妇女参加生

---

① 《山西妇联四十年》编委会：《山西妇联四十年》，山西省妇女联合会 1996 年，第 6 页。
② 见毛泽东《发动妇女投入生产，解决了劳动力不足的困难》一文的按语（1955 年），《中国农村的社会主义高潮》（中册），人民出版社 1956 年版，第 674—675 页。

产，男劳力每人平均耕种 3.7 亩土地，同时也不能抽出男劳力进行农田水利建设和有利于农业增产的其他建设。① 这就使发动妇女参加生产成为必然选择。

高级社后，这种情况更加凸显。以昔阳县大寨新胜社为例，1957 年春天，社领导在组、队会议上进行了算账，全社只耕地用工一项，就平均需劳动日 305 个，加上修渠等基本建设工作，每个男人需投工 340 个劳动日才能完成生产任务，而 1956 年的实际是每个男人仅可做劳动日 260 个。这样还有 15000 个劳动日没有人做，如果不发动妇女，就完不成生产计划。②

山西省潞安县五星社有男劳力 450 个、女劳力 493 个、土地 6031.78 亩、耕畜 158 头。除去搞副业的 61 人外，只有 389 个男劳力，每人平均耕地 16 亩。全社仅农业工即需 88752 个，再加上新拓土地和增产任务，所以需工很多，只靠男劳力是不可能完成这一计划的，必须发挥妇女劳力的作用。③

1958 年 5 月 "大跃进" 运动开始后，为了促进经济发展，中共开始采取劳动密集型战略，这就使劳动力需求量急剧上升，劳动力不足的情形更加明显，人民公社 "大规模的农田基本建设和先进的农业技术措施，要求投入更多的劳动力，农村工业的发展也要求从农业生产战线上转移一部分劳动力"。④

据不完全统计，1958 年河北省农业人口数为 3299.2 万人⑤，抽调到钢铁战线上的劳力达到 400 多万人，各种运输车辆达 11 万多辆，派去专门修建水库的劳力也有六七十万人⑥。1958 年，邢台县人民公社化后，"以钢为纲" 的工业建设的发展需要投入两万多名劳力，另外还需要七千多名劳力经常为钢铁搞运输，再加上国家建设的外调工人和长期修公路搞水利的劳力，共需抽

① 阜平县妇女联合会：《关于三区平阳铁岭村南五农业生产合作社发动妇女参加生产的报告》，1955 年 4 月 22 日，阜平县档案馆藏，档案号：3—1—3.
② 昔阳县妇女联合会：《大寨新胜社妇女参加生产推向了高潮》，1957 年 8 月 23 日，昔阳县档案馆藏，档案号：16—1—23.
③ 山西省妇联长治专区分会：《潞安县南贾村五星社在妇女中加强社会主义思想教育的报告》，1957 年 6 月 15 日，长治市档案馆藏，档案号：8—1—18.
④ 中华人民共和国国家农业委员会办公厅编：《农业集体化重要文件汇编》（下册），中共中央党校出版社 1981 年版，第 540 页。
⑤ 河北省地方志编纂委员会编：《河北省志·人口志》，河北人民出版社 1991 年版，第 48 页。
⑥ 《河北省农村人民公社大放光芒》，《新华半月刊》1959 年第 17 期。

调劳力 5 万人，约占全县原有的 11 万名男女劳力的一半。①

随着各行各业的大干快上，男劳力的使用迅速达到极限，因此发动妇女劳动力成为弥补劳动力缺口的唯一现实选择。这就需要教育妇女，让她们相信自己的智慧和力量，打破"妇女总归不如男子"的传统迷信观念……相信妇女什么都能干，什么都会干，什么都能干得好。②

弥补经济建设中的劳动力缺口是国家发动妇女参加农业生产的最直接、最根本的原因。直到 1978 年，在全国妇联第四次代表大会上，康克清的讲话再次呼吁中国妇女要"当好实现四个现代化的后勤兵，精心培养革命的后代"。③ 这些事实说明，妇女工作要围绕着党和国家的中心工作，妇女解放的目标往往要服从民族和国家建设的需求。

三、苏联经验的借鉴

新中国走社会主义道路是以苏联为楷模的，因此新中国初期许多政策和法规的制定都是参照苏联模式。中国的妇女解放道路也不例外，在很多方面都是参照了苏联的做法。《新中国妇女》是 1949 年创刊的第一个国家级妇女刊物，代表了中国共产党和中国政府在通过宣传苏联妇女来动员中国妇女方面所做的努力。

斯大林曾写了题为《论劳动妇女》的文章，刊登在《新中国妇女》的创刊号中。斯大林提出："劳动妇女，是被压迫群众中的最受压迫者，从来未曾也不可能徘徊在解放运动的大路之外。""劳动妇女，妇女工人和农民是工人阶级的伟大的后备军。这一后备军代表着整个人口的半数。妇女后备军拥护工人阶级抑或反对它，关系着无产阶级运动的整个命运，关系着无产阶级革命的胜利与失败。因此无产阶级及其先锋队——共产党的第一个任务，就是为从资产阶级影响下彻底解放妇女工人和农民，为在无产阶级旗帜下，进行

---

① 《公社劳动分工大调整——邢台县统筹安排分工分业保证工业农业同时并举红旗社二十几种职业以女代男把强劳力送到第一线》，《人民日报》1958 年 12 月 15 日第 1 版。

② 曹冠群：《1957 年 9 月 9 日在中国妇女三次全国代表大会上的工作报告》，中国妇女管理干部学院编：《中国妇女运动文献资料汇编》（第 2 册），中国妇女出版社 1988 年版，第 376 页。

③ 康克清：《新时期中国妇女运动的崇高任务》，《康克清文集》，中国妇女出版社 1997 年版，第 137—139 页。

政治教育与组织妇女工人和农民进行坚决的斗争。"① 这里斯大林提到了三点：其一，劳动妇女是被压迫群众中的最受压迫者；其二，妇女工人和农民是工人阶级的伟大的后备军；其三，共产党的第一个任务就是彻底解放妇女工人和农民。斯大林写的《集体农庄对妇女解放的作用与意义》，主要讲集体农庄的女庄员是建设社会主义农庄的巨大力量。② 1953 年《新中国妇女》专门刊登了这篇文章。

在动员农村妇女参与生产这一问题上，中国政府也是借鉴苏联妇女参与劳动并获得解放来动员中国妇女。《新中国妇女》1956 年后改名为《中国妇女》，在《新中国妇女》和《中国妇女》中多篇文章提到了苏联妇女参与劳动后的全新生活。1950 年《新中国妇女》刊登了《苏联妇女给中国妇女的信》，义中提到"我们的集体农场主要是种蔬菜。我们除了有一个五公顷地果园外，还种植小麦与裸麦。我们有良好的牧牛场和家禽场。我们建筑了一个壮丽的俱乐部和集体农场人员的住宅。我在家禽场工作，我非常喜欢我的工作。此外我还执行了社会与公共的任务。我是人民法庭的人民陪审推事。我的个人生活是与我的祖国不可分离的"。③《新中国妇女》刊登的《工农妇女常识课本》基本反映了中国政府对一般工农妇女所构建的中苏友好话语的主要内容，其中一篇《幸福的苏联妇女》对苏联妇女的生活做了整体性刻画："世界上的妇女，要算苏联妇女顶幸福，因为她们已彻底解放了。苏联早就废除了男女不平等的制度，取消了对妇女的一切限制，她们和男子同样地管理国家、做工作、受教育、得到休假和报酬。苏联现在正向共产主义社会迈进，他们工厂里的女工和男工一样在为自己更大的幸福而努力生产。农村妇女在政治上和文化上，都有很大的进步，在建设集体农场中，他们出了很多力，有 20 万妇女任集体农场的主席和队长，有些成了优良的拖拉机手。"④《新中国妇女》力图让中国妇女明白的是：作为劳动者，苏联妇女和男子一样，为自己的幸福而劳动。她们通过不断学习、积极劳动来争取自身的彻底解放。

---

① 《新中国妇女》，1949 年创刊号，第 6—7 页。
② 《新中国妇女》，1953 年第 4 期，第 6—12 页。
③ 《苏联妇女给中国妇女的信》，《新中国妇女》1950 年第 12 期。
④ 《工农妇女常识课本》之《第三十六课——幸福的苏联妇女》，《新中国妇女》1950 年第 9 期。

《新中国妇女》和《中国妇女》在不断宣传，在苏联这样一个社会主义国家中，妇女无比充实而幸福地生活着，同时也在提醒着中国的妇女们，苏联妇女是中国妇女学习的榜样。1952 年前后，《新中国妇女》多期都辟有"苏联妇女是我们的榜样"专栏。这些专栏对苏联妇女的介绍，在广大中国妇女面前打开了一扇窗户，使她们看到了未来的美丽景象，对参与社会活动并改善自己的处境充满了希望。"苏联的妇女是我们的榜样""苏联的今天就是我们的明天"既是专栏标题，又成为日益深入人心的口号。[1]

为了鼓舞农村妇女参加生产，20 世纪 50 年代初期，《新中国妇女》在宣传苏联妇女获得某一方面解放的同时，也会刊登相应的中国妇女通过同样的方式获得解放的例子，来证明中国妇女正在追随着苏联妇女的脚步，在发动妇女参加生产方面亦是如此，例如《新中国妇女》中介绍苏联农村妇女在建设集体农场中出了很多力，有 20 万妇女是集体农场的主席和队长，有些成了优良的拖拉机手。在 1952 年 1 月号上，宣传苏联女拖拉机手成为社会主义劳动模范、获得斯大林奖章的同时[2]，也介绍了中国女拖拉机手梁军、董力生成为农村妇女的榜样[3]。《新中国妇女》介绍了苏联有良好的育儿教育机构和体制以解决参加工作妇女的家务之忧[4]，1952 年也介绍了中国妇女为了解决带孩子问题，农村成立了抱娃娃组。[5] 总之，通过《新中国妇女》的宣传，中国政府成功地把苏联妇女的榜样移植入中国妇女的心中，使她们树立起只有参加生产才能获得解放的信念。

20 世纪 50 年代，中国政府主张学习苏联，实现妇女全面就业，这一过程虽然仅仅只有 1949 年至 1956 年的几年时间，但对于社会主义制度刚刚确立、一切都百废待兴的中国来说，其影响是重大的。学习苏联的结果，使"妇女与男人享有同样的工作权利"，逐渐在大多数中国人心中占据主导位置。

---

① 《新中国妇女》，1951 年第 25、26 期合刊，第 32—33 页。
② 《新中国妇女》，1952 年第 1 期，第 25 页。
③ 《新中国妇女》，1952 年第 1 期，第 22 页。
④ 《新中国妇女》，1952 年第 11 期，封面。
⑤ 《新中国妇女》，1952 年第 8 期，封面背面。

第二节　中国共产党动员妇女参加社会生产的方式

塑造新时代的妇女形象是中国共产党实现社会变革的重要一环。要实现这一目标，中国共产党就势必要借助于政策、法律和各种具体的社会制度安排，运用行政力量来全面执行自身的社会政治意图。发动妇女参与社会生产的方式包括制度上的促进和思想上的发动，具体包括思想教育、家庭内解决后顾之忧、利用示范效应、帮助妇女学习农业技术、实行男女同工同酬等。

一、思想教育

思想是行动的先导，思想发动是最本质的发动。传统社会的男女劳作分工模式是"男耕女织""男主外，女主内"。一直以来，无论是社会上还是女人自己都认为女人应该在家里从事家务劳动，认为这是天经地义的事情。在新民主主义革命时期，中共就已经开始发动妇女走入田间参加农业劳动，但从妇女参与的程度上讲，还相当不普遍，仅从事一些简单的农业劳动。在新中国成立初期，还有相当一部分农村妇女思想上存在"以劳为耻"的观念，如1953年，在晋中地区部分青年妇女找对象的条件是"薪水多，干部大，出门就能带上咱"，"一工、二干、三商人，死也不嫁受苦人"。在黎城上桂花村，妇女说："谁有能耐还在农村?"[①] 河北省井陉县贵泉村妇女王占香，公公、丈夫都是好劳动力，她说："妇女作地里的活不沾，他们爷俩多劳动两天，就有咱们娘们吃的了。"1957年她只参加13天场里活，一天地也没上。该村像她这样基本不出工的妇女有10人。[②] 青年妇女王黑妮，她丈夫是个临时工，在井陉煤矿上班，一个月收入五六十元，她认为不劳动也可以吃饭，1957年她一个工作日也未出。董全生全家3口人，她、婆婆和丈夫，丈夫是个好劳力，人口又少，参加不参加都不影响生活，组长给她派活儿，她不是

---

① 全国妇女联合会：《华北目前妇女参加农业生产中的几个问题》，1953年，河北省档案馆藏，档案号：899—2—46。

② 河北省妇女联合会：《井陉县贵泉村农业社的妇女参加生产的情况》，1957年，河北省档案馆藏，档案号：899—2—98。

不去就是挑轻活儿，1957 年她刚出工了 21 天。①

要发动妇女全面参与农业生产，就必须转变农村妇女的依赖思想。为此，中共也采取了一系列措施从思想上扭转她们对劳动的看法。

（一）前途教育

进行前途教育通常采用的方法是"想过去，看现在，望将来"，通过对比的方式让妇女们展望将来的幸福生活，并提出只有辛勤劳动才能过上幸福的生活。1955 年，山西省平顺县西沟村金星社的副主任申纪兰，经常启发女社员"想过去受尽困难，比现在吃穿有余，望将来幸福美满"，鼓舞她们参加生产的积极性。许多女社员都认识到"过去不生产，男人小视咱；现在上高山，男女都一般。"她们了解，到农、林、牧全面发展以后，如果完成了社里的 15年计划，每人每年将要收入粮食 7100 斤。那时候，真是"吃不完，穿不尽，自由幸福没穷人"。她们也知道这个美好的远景必须依靠自己的双手来建设。她们一致提出："社会主义好，坐着等不着，要想享幸福，大家要勤劳。"②

1955 年，邢台县东川口合作社办了两年后，由于连年增产，增强了妇女对合作社的热爱。这时有部分妇女对"糠窝窝办成了黄窝窝很满足"，认为这样的生活就算顶天了。为克服社员的自满情绪，引导社员认识山区发展的远景，社里又提出"数数咱们的羊群，看看咱们的河滩与荒山"。社员们清楚地看到，由于组织起来，60 只羊发展到 370 只，荒山就要变成菜园，河滩变成密林，河水引上了山，变旱田为水田……尚成妮说："咱山多、石厚、地块小，使不了拖拉机，但还能使小的机器，咱山里发展果园，放羊比平原还强。"刘淑珍的奶奶说："要过好日子，还得咱们大家加油干，睡大觉到不了社会主义，我虽然 60 多岁了，我还要努力生产建设社会主义呢!"③

1958 年"大跃进"时，邢台东旺乡王快村有的妇女对跃进认识不深，说

---

① 河北省妇女联合会：《井陉县贵泉村农业社的妇女参加生产的情况》，1957 年，河北省档案馆藏，档案号：899—2—98。

② 杨树培、陈杰：《金星农林牧生产合作社怎样运用妇女劳动力》，《人民日报》1956 年 3 月 15日第 2 版。

③ 河北省妇女联合会：《农业合作化运动中妇女宣传工作概况》，1956 年，河北省档案馆藏，档案号：899—1—73.

"什么跃进不跃进的，反正我也下不了地，给大人孩子（下地、上学）应时应响的做做饭，织个席也就够了。"① 针对这种思想，社里将远景教育结合当前即将实现的幸福生活进行教育。经过教育后，妇女们干活儿的劲头都来了，她们热切地盼望着早日使上钢磨、点上电灯、装上有线广播。有的妇女使磨，看着牲口不好好走，就说："你不走，等安上了钢磨，你想拉也不叫你拉了，你不走？"看着邻村东旺村明晃晃的电灯，再看看自己村已经安装好的电灯杆子，就气愤地说："哼，再过几天，买到变压器，咱们妇女也和东旺一样的可以在电灯底下织席了。"② 基于妇女这些想尽快过上幸福生活的想法，妇联就和她们讲幸福生活是要靠劳动得来的，要想今后过更幸福的生活，只有大家共同劳动，多打了粮食，支援了国家建设，国家富了，社富了，大家才能富裕，才能给大家办更多的福利事业，过更美好的生活。同样批判任何轻视劳动，懒惰依赖思想都是可耻的，应该改掉的。③

对妇女进行前途教育后，妇女参加农业生产的信心更坚定了，对贯彻妇女参加农业生产的方针起了很大推动作用。

（二）诉苦

诉苦在抗日战争和土改时期一直就是中共发动群众参加革命的一种方式。郭于华、孙立平认为，中共正是通过诉苦启发农民的阶级觉悟并迅速提升其经济、政治和社会地位，可以使农民感受到一个作为大救星的国家形象，同时也使农民认识并痛恨一个旧制度旧国家的消极形象。"这是一个诉苦→阶级意识→翻身→国家认同的逻辑过程。广大农民是通过成为贫下中农这一阶级的成员而成为新国家的人民或群众的。"④

到了集体化时期，诉苦仍然是发动妇女参加农业生产的一种重要手段。

---

① 河北省妇女联合会：《邢台东旺乡王快村妇女在生产大跃进的政治思想教育工作》，1958 年 5 月 22 日，河北省档案馆藏，档案号：899—1—102。

② 河北省妇女联合会：《邢台东旺乡王快村妇女在生产大跃进的政治思想教育工作》，1958 年 5 月 22 日，河北省档案馆藏，档案号：899—1—102。

③ 河北省妇女联合会：《邢台东旺乡王快村妇女在生产大跃进的政治思想教育工作》，1958 年 5 月 22 日，河北省档案馆藏，档案号：899—1—102。

④ 郭于华、孙立平：《诉苦：一种农民国家观念形成的中介机制》，《中国学术》2002 年第 4 期。

1954 年，昔阳县第一区大寨村举行座谈会，对妇女进行教育。在会上进行了回忆对比，激励妇女们努力生产。在座谈会上，由妇联主任宋立英主动引导妇女回忆了妇女在旧社会里的无数痛苦，不少老、壮年妇女都诉说了过去受婆婆骂、丈夫打的痛苦，说到苦处最深时，有许多人都掉下了眼泪。支部书记陈永贵立即抓住了这一环节，充分讲明在过去受婆婆骂、丈夫打和社会上的各种统治压迫，原因固然很多，但其中的一个重要原因就是因为妇女不参加社会生产，经济不独立，所以才经受了那三重压迫，今后如果再不积极参加各种劳动，经济就永远不能独立，同时也就不能得到彻底解放，仍然还得受到三重压迫。经过讲解，全体妇女的生产情绪空前高涨，大家一致表示，一定要参加各种劳动，争取彻底解放和未来的光明。①

在邢台县东川口村王志琪社，同样运用诉苦的方法发动妇女参加生产。王金梅说："俺十六岁结婚到婆家，扫地、烧火、打零杂，谁也没有把俺当人看待，自从 1948 年学会了纺织供给了全家穿用后，婆婆才待俺好起来，男人夸我说比他强，街坊邻居也都待见，这就是劳动解放自己，不劳动哪有今天……"通过回忆教育，大家认识了劳动光荣的道理，劳动与自己解放的关系，遂纷纷积极参加农业生产。②

易县城关镇营房村人多、地少、劳力少。在合作化前，妇女没有参加田间生产的习惯，只是在家料理家务看管孩子，第三小队就有十多个妇女不参加劳动，其中六个妇女没登过地边，如董桂英等妇女每天照看自己的孩子和做家务，从不下地劳动。③ 1958 年"大跃进"开始后，很多妇女存有观望怕吃亏的思想，董玉璞向其妻说："你别出工啦，怎么也得叫你吃饭。"（因吃食堂未执行饭票，不劳动的照样吃饭），孩子多、劳力少的林永珍说："公社化了，反正饿不死，不劳动也得叫吃饭"，而劳力多、孩子少或无孩子的妇女怕出工多吃亏，如林秀妮说："有孩子的不劳动也吃饭，劳动也是吃饭，就是劳

---

① 昔阳县妇女联合会：《昔阳县第一区大寨村春夏两季妇女工作总结报告》，1954 年 10 月 7 日，昔阳县档案馆藏，档案号：16—1—13.

② 河北省妇女联合会：《邢台县东川口村王志琪农业生产合作社发动妇女参加农业生产情况》，1955 年，河北省档案馆藏，档案号：899—1—57.

③ 河北省妇女联合会：《关于在城关镇营房村搞妇女解放史教育的报告》，1959 年 7 月 20 日，河北省档案馆藏，档案号：899—2—149.

力吃亏。"① 针对这种思想，妇联通过召开群众会、小型妇女座谈会以及结合座谈、大会讲、小会说，通过回忆解放前的遭遇（忆苦），启发教育她们积极生产。在座谈会上，杜金花说："过去我丈夫死了，留下两个孩子，我们娘仨没吃没喝，又没穿的，只好是要饭吃，后来结了婚有了三个孩子，生活上仍旧很苦，旧社会没办法，即便吃也是糠菜半年粮，现在妇女也解放了，要不是毛主席、共产党哪有今天？我的孩子也上学了，不愁吃不愁穿了，困难时村里还补贴我，会后，我一定积极劳动。"高秀兰回忆了过去受公婆、婶婆、丈夫等四个人的打骂虐待和所受的痛苦："冬天婆婆给我往炕上泼冷水，而婶婆还加火，打骂是常事，冬天生孩子屋里生个火就给扔到外边去，吃饭也把饭一把夺过去，不让我的孩子叫我妈，也不让进我的屋和我说话，等等。②

通过诉苦，参加座谈的妇女都流下了眼泪，大家一致表示，过去简直没有活路，如今像是在天堂，吃饭也不能忘了种谷人，会后一定要积极劳动。③易县城关镇营房村三小队 34 名妇女劳力有 10 多名不劳动，经过教育除 3 个有病及特殊情况不出工外，全部参加了生产。高义芝、刘淑芳等永不登地边儿的也积极参加生产了。全村妇女出勤率大大提高，出工的妇女占女总劳力的95.5% 强。干部满意地说："这回可好啦，落后队倒变成先进队，生产也多了，开会不到，也来得早，来的齐了。"④

到了 20 世纪 60 年代，虽然大部分妇女参加了农业生产，但仍有少部分妇女存有依赖男人吃饭的思想，如邢台县南会大队二队女贫农社员张三妮说，"社里没柴扫院子，灯里没油着捻子，锅里没米骂汉子。"⑤ 妇代会副主任尚花伶就引导她回忆过去她的苦日子。她从小家里很穷，母亲去世很早，生活无依无靠，当了童养媳，没过一天好日子，直到解放才翻了身。尚花伶说：

---

① 河北省妇女联合会：《关于在城关镇营房村搞妇女解放史教育的报告》，1959 年 7 月 20 日，河北省档案馆藏，档案号：899—2—149.

② 河北省妇女联合会：《关于在城关镇营房村搞妇女解放史教育的报告》，1959 年 7 月 20 日，河北省档案馆藏，档案号：899—2—149.

③ 河北省妇女联合会：《关于在城关镇营房村搞妇女解放史教育的报告》，1959 年 7 月 20 日，河北省档案馆藏，档案号：899—2—149.

④ 河北省妇女联合会：《关于在城关镇营房村搞妇女解放史教育的报告》，1959 年 7 月 20 日，河北省档案馆藏，档案号：899—2—149.

⑤ 《巾帼英雄看今朝——南会大队妇女参加集体生产的调查》，《河北日报》1965 年 3 月 8 日第 2 版。

"依赖自己男人吃饭是自己往下出溜，只有参加队里劳动，才能真正提高妇女的地位。"张三妮认识到自己的思想不对头，就跟着尚花伶一块儿下地了。①

"文革"时，受"左"的思想影响，妇女也无心生产。针对这一问题，平山县南滚龙沟妇代会在党支部的领导下，针对妇女的思想问题，结合回忆对比进行社会主义教育。高荣秀过去劳动积极，"文革"开始后没有怎么出工。她在回忆起过去被富农逼租全家讨饭挨饿的苦日子时直掉泪，她说："我不能好了伤疤忘了疼，要跟着党干一辈子革命"②（以后成了治山女英雄）。

许多青年妇女听了以前妇女们所受的痛苦后，也表示一定要好好生产，积极参加劳动。解放前，贫农左双的丈夫被饿死了，她被地主逼得搬了5次家，最后没处藏身，带上孩子爬到一千多米高的锆子尖山顶找了一个山洞住，过了三年多"白毛女"的生活，直到解放才下山。在山洞时饿了吃野菜草根，天冷了用乱草围身，一个小孩子被活活饿死……③青年妇女听左双诉苦后，都放声哭了。青年妇女李吉联表示坚决听党的话，要立志学老一辈的艰苦创业精神，将革命进行到底。④

中共通过发动妇女回忆过去的痛苦，使妇女认识到在旧社会受压迫的原因是因为旧的社会制度下妇女没有参加生产，没有独立的经济地位，所以在新社会，妇女应该努力参加生产，只有这样才能彻底解放自己，过上新生活。

（三）算账

算细账，是用群众已经体验到的事实，向妇女生动、具体阐述党的政策，这是容易被群众接受的有效方法。

邢台县东旺乡王快村采用算细账的方法发动妇女参加农业生产。王快村妇女原来依靠编席增加家庭收入，不愿参加农业劳动。为了发动妇女参加农

---

① 《巾帼英雄看今朝——南会大队妇女参加集体生产的调查》，《河北日报》1965年3月8日第2版。

② 平山县妇女联合会：《为革命治山种田的南滚龙沟妇女》，1966年2月13日，平山县档案馆藏，档案号：17—1—29.

③ 平山县妇女联合会：《为革命治山种田的南滚龙沟妇女》，1966年2月13日，平山县档案馆藏，档案号：17—1—29.

④ 平山县妇女联合会：《为革命治山种田的南滚龙沟妇女》，1966年2月13日，平山县档案馆藏，档案号：17—1—29.

业劳动，社里通过算细账让妇女明白参加农业劳动对农业社和家庭都有利。
1957 年，全社分批买苇子共编了 48000 领席，每领手工 5 角，共得手工费
24000 元，可是全年买积肥即用了 37000 元，支出比收入多了 13000 元，而且
织席的钱都零花掉了，成不了大事。如果 1958 年妇女劳力全部投入积肥，就
可以全部解决用肥款项，比织席合算。如果有 11000 捆苇子，可以出 20000 领
席，换手工 10000 元，如果 400 多妇女劳力全部投入编席，每人平均每天编
一领，共需 50 天完成。如果这 50 天都投入积肥，每人每天平均 1000 斤（包
括拆房土、挖坑泥等），就是 5 万斤，400 多女劳力就是 2000 万斤，1000 斤
按 1.5 元计算，价值 3 万元，比编席增加 2 倍收入。再以一个人来说，一个人
一天平均织一领席挣 5 角钱，如果下一天地，即使早晚不出工，一天也能挣 6
分工，一年按 120 个劳动日，一个劳动日按 2.6 元计算，一年即能挣 300 多
元，不但比织席增加两倍收入，而且还能批发超产粮。[①] 通过这两种算账，男
女社员心里都豁亮了，全村由每集出 500 领席变为每集出 200 领席，男人们
也不硬逼着妇女织席了。[②]

另外，王快村通过多劳多得的实际教育，在社员大会上算社和户的账。
1957 年第五队投工多，共投了 1326 个工，分到超产粮 6634 斤，并得超产奖
900 多元。第一队投工少，全年投 1086 个工，只分到超产粮 543 斤，全年按
50% 的赔产，还赔了 161 元，不但影响社员生活，也影响到社和队的巩固。
再拿具体人来说，1957 年一个劳动日全年多分半斤粮，一个普通劳力，一年
出 200 个工，即能分到一百多斤超产粮，例如出工多的耿景玉家 7 口人，只
有夫妇二人是劳动力，1957 年共出 361 个工，其中妇女出工一百多个，全家
分超产粮 180.5 斤，不但够吃，还存款 4.50 元，生活比较富裕。相反，路方
成家 5 口人，也是夫妇两人劳动，二人共出工 147 个工，妇女出工不到 20 个，
全家只分超产粮 73.5 斤，生活比较困难。通过这些事实对比，耿学珍的嫂子
说："再不好好出工，像去年一样，真等于自己拿刀杀自己，'大跃进'一定

① 河北省妇女联合会：《邢台东旺乡王快村妇女在生产大跃进的政治思想教育工作》，1958 年 5 月 22 日，河北省档案馆藏，档案号：899—1—102.
② 河北省妇女联合会：《邢台东旺乡王快村妇女在生产大跃进的政治思想教育工作》，1958 年 5 月 22 日，河北省档案馆藏，档案号：899—1—102.

好好干。谁都知道今年要求亩施 45000 斤肥，亩产 1100 斤粮。如果达到生产指标，一个劳动日能分 2.6 元，大家心中有数，奋斗方向明确。"①

通过给妇女社员算细账的方法，妇女们认识到只有参加生产才能改善自己的生活，才能实现社内增产。

（四）大鸣大放大辩论

大鸣大放大辩论的方式主要流行于人民公社化时期和"文革"时期，当时有的群众说："辩论是透明灯，越辩论越明，什么病也治。"由此可见，这种大鸣大放大字报在当时已成为社会工作和群众运动的一种常态。在发动妇女参加生产过程中，同样使用了这种办法。

在"大跃进"开始后，需要发动大批妇女参加集体生产。在制定和讨论妇女工作的跃进计划时，先进思想与保守思想以及社会上轻视妇女的思想的斗争表现在各个方面，有的妇女说这是"吹大话"，说"妇女有孩子，家务不能跃进"等。在水利建设中，有人说"妇女打井不出水，不懂技术，不能参加水利建设"，有的认为"大跃进与妇女无关"。此外，男社员也对妇女参加生产"大跃进"不相信、不支持，有的甚至拒绝她们参加水利建设、参加远征突击队、搞试验田等。为了解决这些问题，各社队使用"大鸣、大放、大辩"的宣传方式给妇女鼓劲。

在水利建设中提出"搞水库真是沾，防涝、防旱保生产"的口号，对妇女在劳动中的口号是"不怕风、不怕雨，不怕泥水溅满脸，抬大筐，锄大田，干劲赛过男子汉"，生产竞赛中提出"妇女加油干，赛过男子汉，一天顶两天，劳动争模范"。这些口号个个激动人心，使人精神振奋。工地设有黑板报、光荣台、光荣榜、跃进台，及时进行表扬批评，形成人人跃进、生动活泼的局面。②

在发动妇女参加生产问题时，进行大辩论的方法主要有：（1）做什么辩

---

① 河北省妇女联合会：《邢台东旺乡王快村妇女在生产大跃进的政治思想教育工作》，1958 年 5 月 22 日，河北省档案馆藏，档案号：899—1—102.

② 河北省妇女联合会：《生产大跃进中的妇女政治思想工作》，1958 年，河北省档案馆藏，档案号：899—1—101.

什么。这种做法一般是在一件工作开始以前，针对妇女群众中普遍存在的问题进行辩论，这种辩论对推动妇女参加生产作用很大。（2）真人真事对比的辩论，也是实际对比教育。这种方法，一般是对一些不爱参加劳动的人采用的方法。（3）大辩套小辩，辩深又辩透。这主要是辩论的问题，由一般到深入地解决具体思想问题。在大辩论中广泛运用了大字报形式进行表扬批评辩论。

如柏乡县南阳农业社，全社妇女写大字报七千余张，其中表扬批评的大字报564张，如在抗旱播种中表扬杨淑英的大字报是"杨淑英样样行，推起车来一阵风。刮风下雨全不怕，完不成任务不回家。"在批评肖云风的大字报上写着"肖云风不做活，东家串西家坐。脏不干重不干，吃救济你当先。"肖云风见到大字报后，开始积极劳动了。这时又出了一张大字报，写的是"肖云风改的快，又拾粪又拔草，样样活都干了，别人看了都叫好。"① 十四队队长不给妇女派活，六队男女同工不同酬，大辩论中妇女给两个队贴出了批评的大字报"小二黑，真有偏，男女分工不一般，伤害妇女积极性，社里有啥光荣占。"经大字报的批评，各队开始合理安排妇女劳力。②

笔者对顺平县太行山区妇女做过一些访谈，她们对"大跃进"时期这段经历仍然记忆深刻：

> CZH："'大跃进'的时候拿懒婆、拿懒汉，你不去队长堵着你的门嚷，谁敢不去呀。"③

阜平县在开展了大鸣大放大辩论的社会主义教育后，使一些落后的妇女或不积极劳动的懒婆转向了努力生产。大元乡耿耀忠，一直不爱劳动，现在

---

① 河北省妇女联合会：《生产大跃进中的妇女政治思想工作》，1958年，河北省档案馆藏，档案号：899—1—101.
② 河北省妇女联合会：《生产大跃进中的妇女政治思想工作》，1958年，河北省档案馆藏，档案号：899—1—101.
③ 2011年8月8日，笔者在河北省顺平县白云乡白西庄村对农村妇女CZH（生于1937年）的访谈笔录。

生产很积极。① 东下关乡栗元蒲分会侯玉凤等 20 名妇女开始嫌食堂吃饭不习惯，生产上消极，思想疙瘩解不开。通过召开座谈会、鸣放辩论、大字报、表决心等形式，反复讲解了公社、食堂给妇女带来的好处，使这 20 名青壮年妇女的思想疙瘩解放了，由生产消极变成了工作中的骨干。刘振华说："人民公社成立后，我们妇女不围着四台转了，吃饭也不要钱了，再不参加劳动真对不起党"。侯玉凤由被动参加劳动变成主动参加劳动，她所在的生产队由于妇女劳动力发动充分，提前 10 天完成了秋收。②

宣传员们利用田间、饭场、民校、会议空隙进行宣传，或上门包人包户进行宣传。在积肥运动中表扬了妇联委员郝进兰怎样起早贪黑不辞劳苦，发动大家拆房顶、积肥、锄麦等模范事迹，同时也批评了好吃懒做、光吃不干的姚凤妮等人。③ 针对不同时期，提出不同的宣传鼓动口号，鼓舞大家的干劲，比如在跃进规划分布后，社里就提出"亩施 45000 斤肥，亩产 1500 斤粮"和"实现千斤社，人人有责任"等口号。在积肥运动中提出"积肥赛过黄云颠，打粮超过太行山"，"春造万斤肥，秋打万担粮，大家齐动手，人人享幸福"。跃进进入高潮后，又提出"天天搞运动，时时是高潮"，"白天红旗招展，夜晚干到 12 点"，"抓住今天抢明天，小风小雨当好天"，"妇女赛过穆桂英，昼夜不停争先锋。"当青壮劳力支援他乡绿化、修建水库走后，老弱妇女在家提出"青年造山林，壮年修水库，老少在家活不误"，"咬住牙，盘住辫，妇女赛过男子汉，建设社会主义要增产"。春节又提出"全体党团员齐动员，生产飞跃不过年，打破常规过春节，每人积肥 2 万斤，保证亩产千斤粮。"在绿化中，青年们提出"手可破，汗多流，绿化任务不可丢，不用看平地人没有上过山，完成任务保安全"，"天不怕地不怕，加油干，用力挖，绿化不完不回家"。这些生动的口号给妇女带来了很大的力量，使妇女们充满信心地投

---

① 阜平县妇女联合会：《关于 1958 年妇女工作总结报告》，1958 年 12 月 26 日，阜平县档案馆藏，档案号：3—1—9.

② 阜平县妇女联合会：《关于我县广大妇女参加工农业生产的报告》，1958 年 11 月 20 日，阜平县档案馆藏，档案号：3—1—9.

③ 河北省妇女联合会：《邢台东旺乡王快村妇女在生产大跃进的政治思想教育工作》，1958 年 5 月 22 日，河北省档案馆藏，档案号：899—1—102.

入到农业生产跃进中。①

通过上述四种形式的思想教育，基本消除了妇女参加生产的思想障碍。

二、解决妇女在家庭中的后顾之忧

（一）成立托儿互助组

除了思想上的顾虑，照顾孩子和家务劳动也是阻碍妇女参加农业生产的现实障碍，而最大的困难当属孩子无人照管。有的妇女说："小孩像一块石头，绊住脚一步也走不动。"大多数参加生产的妇女都希望有个办法解决孩子的拖累。她们说："庄稼人，不下地干活吃什么？就是孩子没人给带，又不能因为生产就把孩子糟蹋坏。"由此，是否能很好地解决孩子问题成为发动妇女参加农业生产的关键问题。托儿互助组就是在这种情况下诞生的。

中华全国民主妇女联合会（以下简称妇联）最早提出托儿互助是在 1951 年 4 月。在《为发动农村妇女积极参加爱国生产运动，争取今年全国农产丰收，给各级民主妇联的指示》中提到"要注意尽可能地解决妇女参加生产中的困难与满足妇女的合理而又可能实现的要求。""例如提倡组织青壮年和老年妇女变工看孩子，组织抱娃娃组，农忙托儿所等办法，带好孩子，使母亲安心生产。"② 这是笔者见到的最早的妇联关于组织托儿互助的文件。

1. 托儿互助组的成立

托儿互助虽然是为生产服务的，是根据母亲生产需要而建立的，但是在 20 世纪 50 年代初，托儿互助组刚开始建立时，也会遇到一些困难，主要是社员思想上的顾虑。

（1）存在的问题

a. 父母的问题。母亲们顾虑很多，主要是怕孩子受委屈，不愿送孩子入托儿所。有的说："孩子叫人家看，不是自己生的，谁也不心疼，谁愿抓屎抓

---

① 河北省妇女联合会：《邢台东旺乡王快村妇女在生产大跃进的政治思想教育工作》，1958 年 5 月 22 日，河北省档案馆藏，档案号：899—1—102.

② 中国妇女干部学院编：《中国妇女运动文献资料汇编（1949—1983）》，中国妇女出版社 1988 年版，第 93 页。

尿呢？再说自己干了一天活，还得给别人工分。咱的孩子认生，可不叫别人给看。"有的男社员说："自己的孩子叫别人看是瞎胡闹，别说孩子娘舍不得，就是我当爹的也不情愿。"而且他们又怕妇女参加农业生产误了给他们做饭。①

b. 保姆的问题。一些老太太说："我生了一辈子孩子，早看够了；抓屎抓尿的，我才不干呢！下地做点活多干净，要是有时看不好，孩子娘说三道四的，受那个埋怨多不好。"②

c. 干部组织的问题。在组织时，一些男干部认为组织托儿互助是婆婆妈妈的事，不好搞，或认为是妇女的事，因此可管可不管。

（2）解决方法

针对社员们的思想顾虑，各基层社队采取多种方法消除群众顾虑，解决困难，发展托儿互助。

在托儿互助组建立初期，各地采取的方法基本采用算账的办法，解除群众顾虑。

第一笔账：对母亲算明。保姆是群众选出来的，家长应当相信，而且一般老人看孩子耐心、细心、有经验，虽然出一点工分，但比把孩子带到地里风吹日晒，饥一顿饱一顿要好得多。如果孩子生了病，吃药得花钱，也耽误了大人挣工分，孩子还要受罪、大人受累。

第二笔账：对男人算明。孩子入托后母亲投入生产，对社、对家庭都增加了收入，并说明孩子入托后，母亲做饭更安心，更能按时作饭，全家吃个安生饭。孩子入托后，慢慢养成集体主义思想，对国家、对父母、对孩子都好。

第三笔账：对老人主要算明家庭收入的账。

到了高级社以后，土地取消分红，社员收益要凭个人劳动，因此各级妇联向妇女讲明"多劳多得、按劳取酬"的道理，号召妇女把孩子送到托儿组以多挣取工分，多分粮食。平山县妇联向母亲讲明，把孩子送到托儿组，腾

---

① 《邢台县农忙托儿互助是怎样发展和巩固的》，中国妇女杂志社：《几种群众自办的托儿组织》，中国妇女杂志社 1956 年版，第 43 页。

② 《邢台县农忙托儿互助是怎样发展和巩固的》，中国妇女杂志社：《几种群众自办的托儿组织》，中国妇女杂志社 1956 年版，第 43 页。

出手来参加生产，既向社里增加劳力又能增加自己的收入，孩子又有人看管，不受风吹日晒，不喝凉水，不坐凉地，大人能安心生产，工分问题一定根据互利的原则。①

1958 年农业"大跃进"时期，男劳力都外调大炼钢铁、兴修水利，农业生产大部分依靠女劳力，因此在"大跃进"时期，可以说是村村、社社都成立了托儿组。这一时期发动妇女把孩子入托的方法主要有：

第一，组织所有力量，利用各种场合，如召开社员会、保姆、母亲会，宣传托儿互助对促进生产"大跃进"的意义，并进行一切为了社会主义的集体教育，提高广大群众的觉悟。行唐县东安乡的保姆卢晓桥说："为了跃进，全社是一家，我不说工分多少，保证把孩子领好。"

第二，组织妇女干部和社队干部，通过算账，进行个别动员，如行唐县北尾社乔小秀，以前社里召开过多次会议动员她把孩子入托都搞不通，这次队长到她家给她算了算一年收支账以后，她愉快地说："过去一天给保姆一分工嫌多，这一算，一天出一分半，把孩子托出去也比自己弄着强。"②

第三，适当照顾，干部带头。行唐县东安乡提出尽量分配有孩子的母亲们拣种、翻粪、种菜、锄草、烧山药秧、炒粗饲料等近活、轻活，并做到社队干部带头送孩子，有力地鼓舞了妇女送孩子的信心。卢大云说："这回可好了，能做社里活，还能得工分，比个人抱着强的多。"十队队长先动员妻子把 2 岁的孩子送托后，带动了本队米俊法等 20 户给孩子报名送托。③

第四，召开母亲、保姆见面会议，互相提保证条件。行唐县东安乡在大部分思想问题解决后，以社队为单位，召开了母亲、保姆联席会议，通过座谈、交心，互相提出保证条件，保姆们提出"尽其力，讨本心，比自家的更关心，多想法，不急躁，不怕拉屎和拉尿，一律相待，心端平，不出事故，讲卫生。"母亲们提出"孩子有人管，安心去生产，不说西、不道东，起早贪

---

① 平山县民主妇女联合会：《关于如何组织托儿互助组的几点意见》，1957 年 3 月 29 日，平山县档案馆藏，档案号：17—1—14。
② 河北省妇女联合会：《关于行唐县安香乡组织托儿互助的经验通报》，1958 年 4 月 18 日，赞皇县档案馆藏，档案号：9—2—20.
③ 河北省妇女联合会：《关于行唐县安香乡组织托儿互助的经验通报》，1958 年 4 月 18 日，赞皇县档案馆藏，档案号：9—2—20.

黑多出工，决心赛过穆桂英。"①

另外，经过鸣放辩论，社队干部也开放了思想。行唐县东正社支书刘洛说："我把群众估计的太低了，原先我认为她们孩子的事办不成，叫妇女主任刘燕琴一个人去做这是不对的，人家能搞成，俺们也不落后。"回去立即召开了党、团员会议，逐户发动，一昼夜就把应托的 354 个孩子分 6 个小组托管起来。②

解决了人们的思想问题后，各地的托儿互助组如雨后春笋般发展起来。

2. 保姆的工分问题

托儿互助组成立后，保姆的工分问题就成为托儿互助组能否长期举办下去的一个关键。

（1）保姆的工分来源

普遍来看，保姆的工分来源，大致有以下几种情况：有的完全由社里的公益金出，有的社完全由孩子母亲出，还有些社是社里和孩子母亲各出一部分。

邢台县折虎村保姆的工分由父母出。由生产小组统一记工分，再由社内在父母亲的工分中统一扣发给保姆。③

唐县各个地区不尽相同。放水乡幼儿队每一个教养员每天挣 7 分，由于看小孩的效率提高，每个孩子的父母亲每天只出 0.25 分（40 天只出 10 分）；也有的地区幼儿队教养员的工分由社内解决，每年固定下来给教养员七八十个劳动日。④

平山县保姆的工分一般由孩子父母出，但为了激发保姆看孩子的积极性，经社托管委员会研究和社员讨论同意，队里补助保姆按小孩工分另加五分之二，如父母给保姆 4 分，队补 1.6 分，并规定随农活忙闲增减小孩的工分。⑤

---

① 河北省妇女联合会：《关于行唐县安香乡组织托儿互助的经验通报》，1958 年 4 月 18 日，赞皇县档案馆藏，档案号：9—2—20.

② 河北省妇女联合会：《关于行唐县安香乡组织托儿互助的经验通报》，1958 年 4 月 18 日，赞皇县档案馆藏，档案号：9—2—20.

③ 河北省妇女联合会：《为实现高级化高产化必须挖掘妇女潜力的指示》，1956 年 2 月 13 日，平山县档案馆藏，档案号：17—1—12.

④ 河北省妇女联合会：《为实现高级化高产化必须挖掘妇女潜力的指示》，1956 年 2 月 13 日，平山县档案馆藏，档案号：17—1—12.

⑤ 平山县妇女联合会：《关于整顿巩固托儿互助的通报》，1958 年 5 月 3 日，平山县档案馆藏，档案号：17—1—18。

还规定每月每个孩子按25天计算，4岁以下的（母亲出）5个工，如能看3个孩子的保姆，社里奖给1个工，每月能挣到16个工。4至6岁的孩子，每月（母亲出）3个工，如1个教养员能看4个孩子，社里再奖给3个工（按每个孩子），共能挣到24个工。这样就大大激发了保姆、教养员多看孩子的积极性。[①]

完县（今顺平县）妇联规定，各社可以根据自身情况决定保姆的报酬来源，可以采用以下几种办法：一是基本由母亲负责，社内补助其不足；二是完全由母亲负担；三是可根据社的条件，幼儿队、师资的工分由农业社解决，每年固定给一个师资一百二三十个劳动日。有一定数量公益金的农业社，可采用第一种办法，如果社内公益金不具备条件可采用第二种办法，社内公益金充足的可采用第三种办法。[②]

山西省阳城沁水县保姆的工分由孩子父母和大队公益金共同解决。妇联在郑庄公社郎必生产大队解决的办法是，"根据统计往年基础，经群众讨论规定：每送托一个幼儿，给保姆记工3.4个；每送托一个乳儿，给保姆记工16.2个，送多少算多少，这些工分由家长负担70%，大队公益金补助30%。如按孩子的送托情况，不足以达到保教人员的基本劳动日时，不足部分由保教人员利用放假时间，从参加其它劳动中取得劳动日"。[③]

至于完全由大队公益金负担保姆工分的地区，在目前资料中尚未看到。

（2）工分标准

邢台县折虎村农忙托儿所规定，每个2岁以下入托小孩由父母亲名下工分合出2分，2至3岁的合出1.5分，3至4岁的合出1分，5岁的合出0.5分。[④]

平山县根据保姆看管孩子的数量和年龄大小定出记工付酬办法。1—2岁

---

① 平山县妇女联合会：《关于整顿巩固托儿互助的通报》，1958年5月3日，平山县档案馆藏，档案号：17—1—18。
② 完县妇女联合会：《关于组织托儿互助组的几点意见》，1956年1月23日，顺平县档案馆藏，档案号：7—5—5。
③ 山西省妇联晋东南办事处文件：《关于贯彻省妇女工作会议情况和妇女参加夏季生产简报》（1961年8月1日），长治市档案馆藏，档案号：8—1—35。
④ 河北省妇女联合会：《为实现高级化高产化必须挖掘妇女潜力的指示》（1956年2月13日），平山县档案馆藏，档案号：17—1—12。

的 2 分至 2.5 分，3—4 岁的 1 分至 1.5 分，5 岁的 0.5 分或 0.3 分，6 岁的一般不出分。这样每个保姆每天能挣到 4 分多。[①]

行唐县在解决保姆工分时，本着按劳取酬和自愿互利的原则，大体规定的工分标准是：1 周岁以下的 1.5 分，1 至 3 周岁 1 分，3 至 5 周岁的 0.5 分，5 至 7 周岁的全年包工 30 分左右，但具体到一个母亲和保姆身上则因人制宜，灵活掌握，不受标准限制，主要靠母亲、保姆自己充分协商，双方自愿来解决。[②]

完县对保姆的工分标准制定的比较详细。一般应该按一个中等女劳力的平均劳动工分计算为宜，并根据保姆的工分来源作具体规定。A、基本上由母亲负责，社内补助其不足的社规定：凡 1 个月到不会爬的孩子和会走路到 3 岁的孩子，受托 1 天由母亲劳动日中扣除 1 分，会爬而不会走的扣除 1.5 分，4 至 5 岁的扣除 0.5 分，母亲扣除的工分支付保姆的工分的不足部分由农业社公益金中解决。B、完全由母亲负担保姆工分的社：凡每个 2 岁以下的受托小孩由母亲名下扣除 1.5 分，由生产小组统一记工分，再由社内在母亲的工分中统一扣发给保姆。如果社内有条件统一解决保姆的劳动日，母亲们就可以不出工分。[③]

3. 托儿互助的组织形式

（1）亲邻相帮，个别寄托。这是群众原有的互助习惯。农忙时抢收、抢割，妇女们短期下地生产，可以把孩子寄托在感情融洽、互相信任的亲邻家中，也可以把亲友家的老年人请到家里，一方面照顾孩子，一方面照顾门户。在互助组里面，户数比较少，只有个别妇女下地生产时，可以临时找平日相好的老婆婆帮着看孩子。采取这样一些办法，亲邻关系互相帮助，看孩子的报酬可以换工、代耕，或者帮着做点零活儿，也可以在过年过节时，给看孩子的老婆婆送些礼物。这种形式虽然不讲什么评工记分，但互相间也不会太吃亏。

---

① 平山县妇女联合会：《关于整顿巩固托儿互助的通报》（1958 年 5 月 3 日），平山县档案馆藏，档案号：17—1—18。
② 河北省妇女联合会：《关于行唐县安香乡组织托儿互助的经验通报》（1958 年 4 月 18 日），赞皇县档案馆藏，档案号：9—2—20。
③ 完县妇女联合会：《关于组织托儿互助组的几点意见》，1956 年 1 月 23 日，顺平县档案馆，档案号：7—5—5。

（2）农忙托儿小组。这是在住得近、感情相投的情况下，奶奶带孙子或者妈妈带自己的孩子同时带邻居的几个孩子，或者几个有孩子的母亲们共同请一个老婆婆带几个孩子，或者在基础较好的互助组或农业生产合作社内，选出年老的或不宜下地的妇女来组成托儿小组。这种托儿小组一到农忙时，就可以由原来带过孩子的几个人组织起来，孩子、保姆和寄托时间也都可以逐渐固定。采取托儿小组的形式，托儿的报酬应采取换工或评工记分的办法。母亲和保姆之间还应该订立制度，或订立"公约"或"双保合同"，如母亲们保证早晚按时接送孩子；保姆保证孩子安全，按时给喝水、吃东西等。

（3）农忙托儿所。在有条件的农业生产合作社中，妇女们经常参加生产，就可以把农忙托儿小组改变为农忙托儿所。采取民主选举的办法，选出社内年老或不宜下地的妇女看孩子。这样的托儿所就成为生产组织中分工的一部分。保姆的报酬，也实行评工记分，由送托孩子的父母负担；还要建立一定的制度，如母亲们在一定时间接送孩子，保姆也按时在一定地点等待母亲来接送孩子。这种托儿所一般要有比较固定的房子，有些简单的设备，有两三个保姆，能看七八个孩子。

（4）常年的日间托儿所。在有些农业生产合作社内，除农业生产以外，还发展其他副业。为了配合生产需要，有的妇女一年四季都有活儿干，于是原来的季节性的农忙托儿小组或农忙托儿所，就改变为常年的日间托儿所，托儿所的管理办法和制度也进一步健全起来。

1954年，妇联在《关于当前农村妇女工作的指示》中也提到成立托儿互助组的这四种形式，其中又提到"在目前一般的互助组、农业生产合作社中，以普遍提倡第一、二种形式为宜。"[①]

4. 托儿互助组织的迅速发展促进了妇女参加生产

在妇联的大力倡导下，太行山区农村托儿互助组织迅速发展起来。

阜平县二区五丈弯乡郑香荣托儿互助组，是在1950年3月间春时播种的

---

① 中国妇女干部学院编：《中国妇女运动文献资料汇编（1949—1983）》，中国妇女出版社1988年版，第197页。

基础上组织起来的，共有保姆3名，母亲8名，小孩9名，其中包括满月至1周岁的5名，1周岁至2周岁4名。组织托儿互助组后，妇女可以随着不同的季节参加不同的生产，促进了生产的发展。①

　　1951年，在开展爱国丰产运动的前提下，邢台专区各级领导认识到了托儿互助工作的重要性。由邢台劳模郭爱妮介绍创办较大型托儿组的经验，并通报推广各县，故各地在1951年麦收、夏季及秋季生产中，均进行了推广。1951年邢台专区部分县的托儿互助推广情况，统计如表2.1：

表2.1　1951年邢台专区各县托儿互助发展情况统计表

县别	村数	组数	保姆数	母亲数	受托孩子	备考
邢台	39	86	163	329	362	
临城	20	63	97	112	220	
柏乡	3	7	7	12	25	
沙河	10	18	20	87	88	
内邱	17	75	80	152	291	

资料来源：《1951年邢台专区妇女参加生产情况的总结》，1952年1月23日，河北省档案馆藏，档案号：899—1—33.

　　由于组织了托儿互助，解决了母亲受孩子牵累的困难，大大增进了孩子的健康，如郭爱妮社托儿互助12个孩子，整个夏天没有生病的，所以全村在秋收时组织了10个托儿组，共14个保姆看管69个孩子，解决了60个母亲的生产困难，该村全年都组织了托儿互助，妇女生产已全力转向农业。②

　　邢台县东川口村王志琪农业社，1952年春天首次发动妇女锄麦时，妇女在生产队的统一领导下结成了两种形式的农忙托儿组：一种是有孩子的母亲互助；另一种是老婆儿（老太太）看孩子（其中有奶奶带着孙子的），保姆们把孩子引到地头场边去玩耍，形式虽简单，但毕竟给一部分母亲解决了孩

---

① 阜平县妇女联合会：《关于托儿互助组的报告》，1953年8月4日，阜平县档案馆藏，档案号：3—1—2。

② 河北省妇女联合会：《邢台县东川口村王志琪农业生产合作社发动妇女参加农业生产情况》，1955年，河北省档案馆藏，档案号：899—1—57。

子牵累，为生产提供了劳动力。1953 年，随着生产扩大、劳力需要量的增多，托儿工作又向前发展了一步。奶奶不仅看孙子，还兼看别人的孩子，几乎所有的母亲都下地生产了，如 1952 年共有奶奶看孙子的 4 户，到 1953 年除 1 户因为病弱不能多看孩子以外，其余 3 户都多看了几个孩子。全社 4 岁以下的小孩 42 个，32 个受托，腾出了 26 个母亲经常参加田间生产。①

1956 年，平山县大力组织多种多样的托儿互助组，在原有的 7 个托儿互助组的基础上，组织 30 个托儿互助组，450 个孩子，保姆 112 个；大型托儿互助组 10 个，孩子 300 个，保姆 70 个。1957 年有托儿所 100 个，孩子 1500个，保姆 375 个，大型托儿互助组织 70 个。② 由于组织了托儿互助，解决了有孩子母亲下地生产的实际困难，使得参加生产的人数超过了任何一年。据城关、贾壁两乡的统计，共有妇女整半劳力 2940 人，其中参加生产的有 2649人，占 90% 以上。妇女参加生产的范围也逐渐扩大，她们参加摸首坯、起圈等以前很少从事的工作。王子村贾敬娃以前有孩子牵累没有下地生产的经历，自组织了托儿互助后，她每天下地生产，工作也比以前积极了。③

完县下叔乡新新农业社自建立托儿组织以来，母亲们生产更有劲了，积极参加了耕地保墒、打井等生产，全社妇女劳力 70% 以上参加了生产。吕金姑有 3 个小孩，全部托管起来了，她积极参加了耙地、拉滑车、植树等劳动。在生产中，通过开展评比竞赛活动评比出 60 名女生产模范，其中有小孩的妇女有 12 名当了模范，分别得到物质奖励和大会表扬，这更激发了妇女们生产的积极性，发挥了妇女们在生产上的巨大作用。④ 1956 年，全县已建成托儿组 937 个，受托孩子 3083 个，保姆 1406 个；幼儿队 227 个，受托的孩子 6299个，保育员 507 个，腾出了 6165 名母亲安心参加了生产。台鱼乡妇联已建成托儿组 17 个、幼儿队 4 个，共受托的孩子 282 个，腾出了 158 名母亲参加了

---

① 河北省妇女联合会：《邢台县东川口村王志琪农业生产合作社发动妇女参加农业生产情况》，1955 年，河北省档案馆藏，档案号：899—1—57。

② 平山县妇女联合会：《关于发动和组织农村妇女实现我县农业合作化和农业增产的规划》，1953 年 7 月，平山县档案馆藏，档案号：17—1—4。

③ 平山县妇女联合会：《关于如何组织托儿互助组的几点意见》，1957 年 3 月 29 日，平山县档案馆藏，档案号：17—1—14。

④ 完县妇女联合会：《下叔乡新新农业社托儿组织是怎样组织起来的》，1956 年 3 月 24 日，顺平县档案馆藏，档案号：7—5—5。

生产。①

1958 年"大跃进"期间，阜平县安香乡全乡实现了托儿化。全乡共有 1 至 7 周岁的小孩 1935 个，其中应受托的 881 个，组成 82 个小组，托管起孩子 705 个，腾出 530 个母亲投入生产。全乡妇女出勤由原来的 1930 人（占 80%）上升到 2219 人（92%），有效地推动了生产工作，仅 7 天时间就完成了 13460 亩小麦的二次追肥、浇水和 7714 亩玉米、谷子播种任务。②

在山西省太行山区，托儿互助同样有了很大的发展。黎城县蒋小女社 32 个女劳力中就有 18 个妇女劳力因孩子拖累不能参加劳动。社里组织了 8 个保姆看管孩子，使这些妇女参加了生产。陵川张小果社，由于解决了孩子拖累，原计划开坡 12 亩，结果开了 28 亩，春季下种等各种活计都超过原计划。③

昔阳县第一区大寨村有 56 个妇女劳力，其中有 20 个有劳动能力的妇女因解决不了小孩问题，不能参加生产。根据这种情况，村里在男女农民自愿的基础上，并根据本村的实际条件，共组织了 4 个托儿组，由张德荣、李好妮、张义妮等 6 个不能上地的妇女分别看 15 个小孩。看小孩的问题解决后，原来有 33 个妇女参加拔苗，后来逐步增加到 52 个。④

1955 年，平顺县西沟乡金星社组织了 5 个季节托儿组，使 37 个有小孩的妇女都参加了生产，比 1954 年有小孩妇女的劳动利用率提高了 40% 以上。一部分社员住的分散，不便组织托儿组，就让年老的妈妈在家做饭、看孩子，青年妇女上地劳动。马俊召家虽有两个孩子，一年还做了 60 多个劳动日。⑤

潞安县南贾村五星社的孩子托管问题，主要依靠实行家庭成员分工，互

① 完县妇女联合会：《关于第一季度的妇女工作总结向县委的报告》，1956 年 4 月 8 日，顺平县档案馆藏，档案号：7—5—5。
② 河北省妇女联合会：《关于行唐县安香乡组织托儿互助的经验通报》，1958 年 4 月 18 日，赞皇县档案馆藏，档案号：9—2—20。
③ 全国妇女联合会：《山西省长治专区农业生产合作社中女社员活动情况》，1952 年 9 月 19 日，河北省档案馆藏，档案号：899—2—44。
④ 昔阳县妇女联合会：《昔阳县第一区大寨村春夏两季妇女工作总结报告》，1954 年 10 月 7 日，昔阳县档案馆藏，档案号：16—1—13。
⑤ 杨树培、陈杰：《金星农林牧生产合作社怎样运用妇女劳动力》，《人民日报》1956 年 3 月 15 日第 2 版。

相轮流看管和个别寄托的办法来解决，如 55 个孩子实行家庭成员分工由奶奶看着，43 个孩子由母亲个别寄托互相看着，另有 7 个在自愿基础上组成一个小型托儿组，由两个保姆看管。全社划分了责任小组 18 个，加强具体领导，帮助解决具体问题，因此 85 个母亲高兴地上地劳动。她们满意地说："上地有了营生，孩子有人看管，劳动不起劲，真来不由人"。①

托儿互助组的建立，为妇女参加农业生产解决了孩子无人照管的问题。

（二）家务上，进行分工和简化

1. 妇女参加农业生产的现实矛盾

随着互助合作和农村多种经济的发展，日益要求更多的妇女投入农村生产，但由于传统社会中男女劳作分工模式是"男主外、女主内"，再加上新中国成立初期生产力水平低下，家务劳动仍然是压在妇女肩上的一副重担。这样就出现了矛盾，国家经济建设和妇女自身解放需要更多的妇女劳动力投入生产，而在现实面前，妇女又无法摆脱必须做家务劳动的现状。如何解决这种矛盾，是摆在党和政府面前的一项重要任务。章蕴于 1952 年 12 月 10 日做的《关于当前妇女工作问题的报告》中指出，在处理农业劳动与家务劳动的矛盾的时候，一方面应该有条件地、逐渐地、适当地解决这一矛盾，不应该把妇女完全束缚在家务劳动上；另一方面，又必须在社会上展开教育，说明家务劳动是社会不可缺少的劳动，某些家庭手工劳动在目前条件下也是社会不可缺少的劳动，打破那种不承认家务劳动和家庭手工劳动的成果的错误观念。②

2. 简化家务负担

妇联提出了两种办法帮助妇女减轻家务负担：（1）按照农业季节，利用农闲及天雨时准备好全家的衣服鞋袜，使农忙季节妇女集中较多力量从事农业劳动。一般日常家务应实行家庭成员之间的合理分工，抽出较强的女劳动

---

① 山西省妇女联合会长治专区分会：《潞安县南贾村五星社在妇女中加强社会主义思想教育的报告》，1957 年 6 月 15 日，长治市档案馆藏，档案号：8—1—18。

② 中国妇女管理干部学院编：《中国妇女运动文献资料汇编》（第二册）（1949—1983），中国妇女出版社 1988 年版，第 143 页。

力，从事农业劳动。（2）随着农业互助合作运动的发展和可能，可适当采用互助合作的办法，处理某些家务劳动。① 在妇联的号召下，各地基层组织采取了一些具体措施减轻妇女的家务负担。

邢台县东川口村王志琪农业社采用了两种办法解决妇女参加田间生产与从事家务劳动的矛盾。一方面是有计划地替妇女安排家务劳动时间，提出"闲时做好忙时用"，号召妇女充分利用冬、春两闲做好针线活儿。据 1955 年阴历二月底对李香文、刘德民、尚成妮、张宝荣等 4 户调查，鞋已普遍做好，棉衣随脱随拆随做，53 丈粗布已经织好，估计春播前能完成一年需穿的单衣服和夹衣服（两层）。② 另一方面是农忙时合理安排家务，全社除了 3 户柴火多的户，其他户全部生了煤火。妇女们对烧煤很满意，说："晌午一回来，煤火一通开，连歇带做饭就熟了，又省劲又省工夫"。③ 1955 年春在棉花播种的时候，社队领导注意了家庭内部成员的合理分工，家中有老人的负责看孩子、做饭，没老人的则在晚上推好碾磨，做好第二天的饭；不下地的妇女或家里有人照顾的户，碾磨一律放在白天。这样，就进一步保证了女劳力在农忙时参加田间生产的时间。

1956 年，平山县为了腾出更多的妇女劳力投入生产，如果要求每个社队都买上缝纫机，并通过算细账，打通妇女群众的思想。妇女们自己用手工做衣服，好手一天只能做一件。一台缝纫机一天能做 10 件衣服，这样腾出工夫参加劳动，每一个劳动日挣 4 元，妇女一天按半个劳动日计算也能挣到两元，使妇女们真正懂得缝纫机的好处。另外，县妇联还提出各农业社可根据本社条件组织做鞋组、洗衣队。参加做鞋队的人员应是身体较弱的、孕妇等不适合参加农业劳动而针线活较好的妇女，把她们组织起来做鞋，按劳取酬，由社内统一记工，这样就可以解决社员们的穿衣问题。洗衣队的参加人员主要

---

① 中国妇女管理干部学院编：《中国妇女运动文献资料汇编》（第二册）（1949—1983），中国妇女出版社 1988 年版，第 197 页。
② 河北省妇女联合会：《邢台县东川口村王志琪农业生产合作社发动妇女参加农业生产情况》，1955 年，河北省档案馆藏，档案号：899—1—57。
③ 河北省妇女联合会：《邢台县东川口村王志琪农业生产合作社发动妇女参加农业生产情况》，1955 年，河北省档案馆藏，档案号：89—91—57。

是不适合参加农业生产的老年妇女和身体不方便参加农业劳动的妇女等。① 总之，本着简化家务的目的，根据妇女的身体条件进行分工分业，发挥了大家的生产积极性。

1956 年，昔阳县也适当地解决了妇女田间劳动与家务劳动的矛盾。磨面，大部分社冬天就开始准备夏天要食用的面，来年不够吃的在休息日抽出空隙磨面。做饭，采取了家庭成员分工，亲邻互相帮助，或迟去早回等方法解决。做针线，部分社组织了缝纫组，如瓦邱乡买了 8 架缝纫机，组织了 5 个缝纫小组，解决了社员的穿衣问题。还有不少社组织了做针线小组，如洪水、松树社组织了做衣、做鞋小组，这样既能使妇女挣钱，又能解决单身汉穿鞋、穿衣的困难。②

1961 年，山西省沁县为了切实帮助群众解决粮食加工问题，以城关粮食加工厂为中心，开展了广泛的加工业务，而且做到了服务周到，手续简便，成品率规定合理而又收费低廉。西河底妇女贾胖孩说："人家想的真周到，这可把咱妇女白天上地，晚上推磨的问题解决了"。③

1960 年冬天，河北省涉县西符公社龙虎生产队为了照顾妇女们做针线活，放了一个月的假，因此 1961 年春耕开始后，妇女下地没有误田间劳动的。社员们说："领导关心我们，只有积极搞生产。"④

由于采取了以上措施，解决了妇女的实际困难，大大激发了妇女参加生产的积极性，有力地促进了生产的发展。

农村社会在"大跃进"这一特殊时期实现了较低水平的家务劳动社会化。应该承认，这些尝试在特定时段内，一定程度上减轻了农村妇女的家务负担，对她们走向田间参加农业劳动起了一定的推动作用，但对此也不能估计过高。在集体化时期 30 年，家务劳动社会化只能说是"星星之火"，

① 平山县妇女联合会：《为实现高级化高产化必须挖掘妇女潜力的指示》，1956 年 2 月 13 日，平山县档案馆藏，档案号：17—1—12。
② 昔阳县妇女联合会：《1956 年入春以来妇女工作总结》，1956 年 11 月 18 日，昔阳县档案馆藏，档案号：16—1—19。
③ 山西省妇联晋东南办事处：《关于贯彻省妇女工作会议情况和妇女参加夏季生产简报》，1961 年 8 月 1 日，山西省长治市档案馆，档案号：8—1—35。
④ 《安排生产照顾妇女——涉县西符公社龙虎生产队妇女劳动保护工作的经验》，《河北日报》1961 年 5 月 10 日第 3 版。

却不能造成"燎原之势"，托儿互助组、公共食堂在"大跃进"结束后也随之结束，并没有留下太多的痕迹，这与当时极低的生产力水平有关。20 世纪 60 年代以后到集体化时期结束，孩子主要还是由自己带，家务还是要自己做。家务劳动社会化即便是在现在，仍然是一个难以实现的目标，更遑论集体化时期。家务劳动社会化只有在生产力发展到一定水平，人们的职业高度专业化以后才能成为社会的主流。

三、培养妇女骨干

"骨干"指某事物的主要部分、主要支柱或最实质性的成分或部分，比喻在总体中起主要作用的人或事物。"妇女骨干"这个词源起于新民主主义革命时期，当时中共广泛发动妇女参加革命，"妇女骨干"指在革命中起主要作用的妇女。从新民主主义革命时期直到新中国成立后，"妇女骨干"一词大量出现在妇女运动的文献中。随着互助合作运动的迅速开展和生产发展的需要，党和政府更加深刻地认识到妇女骨干是联系政权和农村妇女之间的一条纽带，要完成增产及其他各项工作，必须在农村妇女中培养骨干，利用妇女骨干发动和带动广大农村妇女，所以培养和配备妇女骨干一直是集体化时期妇联工作的一项重要任务。

1955 年，全国妇联提出《农业合作化运动中必须贯彻男女农民一齐发动的方针》，其中第四条提到"要有意识地培养妇女骨干，参加合作化领导，特别要注意培养贫农和下中农的妇女积极分子，做到社社有骨干、乡乡有旗帜"。[1] 1956 年 3 月，全国妇联在《全国妇女为实现 1956 年到 1967 年全国农业发展纲要的奋斗纲要（草案）》中提出，"各级妇联必须协助合作社重视培养妇女骨干，做到社社有女的正或副社长，队队有女的正或副队长，并且在社务管理委员会、监察委员会内逐年增长提拔培养女委员、女股长、女技术员、女会计员。"[2] 1956 年 6 月 22 日，全国妇联副主席邓颖超在第一届全国

---

① 《农业合作化运动中必须贯彻男女农民一齐发动的方针》，中国妇女管理干部学院编：《中国妇女运动文献资料汇编》（第二册）（1949—1983），中国妇女出版社 1988 年版，第 223 页。

② 中国妇女管理干部学院：《中国妇女运动文献资料汇编》（第二册）（1949—1983），中国妇女出版社 1988 年版，第 247—248 页。

人民代表大会第三次会议上的发言中进一步强调，要继续培养和提拔农业社妇女干部，提出凡是尚未配备妇女干部的社，应当按社章60条的规定，"在合作社的领导人员和工作人员里面，女社员要占有一定的名额。在合作社主任和管委会副主任当中，至少要有妇女一人。"① 全国妇联确定的培养选拔女干部的目标以及为实现这个目标所做的努力，使一大批妇女积极分子被提拔到基层领导岗位上来，既推进了妇女参政的进程，也推进了妇女参与社会发展的进程。

在各基层妇联文件中，也都能看到培养妇女骨干、配备妇女干部的字眼。1953年，平山县就作出规划，有计划地培养劳动好、思想进步、有一定能力的妇女干部。党委要训练妇女骨干，占全县妇女总数的20%；妇联要通过妇女代表会训练150名，并把全县分成3个片进行训练，达到普训的目的。在原有49个妇女正副社长的基础上，要求1956年培养正副妇女社主任350个。1957年在原有的350个女社主任的基础上再培养50个，共达到400个女社主任（妇女社主任人数根据社的扩大而决定），平均每社一个。1956年全县社务委员培养1100个，二、三区的妇女有生产习惯，拟培养700个，山区拟培养400个。② 在1957年整社时，平山县要求注意妇女骨干的配给工作，没有配齐女社长和女队长的社，通过整社要争取配齐，并注意争取妇女所占比例。规定要根据妇女骨干条件，女社务委员争取达到20%—30%，负责领导全社妇女工作。在劳力组织中，每个队、组选出妇女队长、组长带动妇女参加社内各项生产。③ 1958年，又规定在公社配备干部时要特别注意配备一定数量的妇女干部。一般的要求每社要有一个女主任（正主任或副主任）；在社委成员中，妇女一般不少于25%；公社的各部门，有条件的尽量有妇女部长或副部长，条件不足者可配备干事；各队要配一女队长，妇女代表应占30%左右。④

————————

① 中国妇女管理干部学院：《中国妇女运动文献资料汇编》（第二册）（1949—1983），中国妇女出版社1988年版，第259页。
② 平山县妇女联合会：《关于发动和组织农村妇女实现我县农业合作化和农业增产的规划》，1953年7月，平山县档案馆藏，档案号：17—1—4。
③ 平山县妇女联合会：《关于1957年第一季度的工作安排意见》，1957年1月3日，平山县档案馆藏，档案号：17—1—14。
④ 平山县妇女联合会：《关于大办人民公社中有关妇女工作几个问题的意见》，1958年9月3日，平山县档案馆藏，档案号：17—1—17。

1954 年，阜平县提出"社内能否发动妇女，在于有无坚强的妇女骨干"，为此要求各乡妇联必须把培养教育妇女骨干作为重要工作之一。通过中心工作和各个运动，培养选拔政治清楚、劳动好、思想进步、群众拥护的妇女干部或积极分子。在大、中社内，争取配套正社长或社务委员。要求做到社社有骨干、个个起作用，并在大约占一半的社内尽量做到最低要有女队长或女组长。① 要求各乡妇联在巩固农业社中，应十分重视对现有组、社内妇女领导骨干、模范的培养，特别应注意培养一批青年妇女骨干，要使这些骨干成为带动广大农村妇女参加互助合作农业增产的旗帜。除县妇联要突出培养一个典型模范树立旗帜外，还要求各乡妇联主任最少要突出培养一个骨干模范，并要系统地积累她们的经验。通过生产和各中心工作，继续提高他们的政治思想觉悟和工作能力，教育她们努力学习农业科学技术，总结她们的模范事迹，有计划地推广。克服过去普遍存在的对骨干只使用不培养的工作作风，树立经常培养的思想。②

1954 年，邢台县委在扩建社中提出每社要有三分之一的妇女骨干，超过30 户以上的社要配备一个女社长或女副社长，互助组要根据条件设女性组长或副组长。在互助合作骨干训练时，各地都提出要求妇女骨干占到训练骨干的 20%等。③

1956 年，昔阳县妇联要求在已有女副主任的社，要继续帮助提高其领导能力；没有女副主任的社，要求每社至少配备一个。社务委员中女委员要占25%至 30%，监委中要有 1 至 2 个女委员。根据本社的文化基础，适当配备女记工员和队队有女队长、每组有女组长，成为带领妇女生产的依托力量。④

1966 年，平山县南滚龙沟党支部和妇代会在农业生产中注意从培养妇女骨干典型方面下功夫。一是对老骨干不断进行教育培养，提高她们的阶级觉

① 阜平县妇女联合会：《关于 1955 年第一季度妇女工作安排》，1954 年，阜平县档案馆藏，档案号：3—1—3。
② 阜平县妇女联合会：《关于 1955 年第一季度妇女工作安排》，1954 年，阜平县档案馆藏，档案号：3—1—3。
③ 河北省妇女联合会：《邢台县发动妇女参加农业生产中几个主要问题的总结》，1954 年，河北省档案馆藏，档案号：899—1—53。
④ 昔阳县妇女联合会：《昔阳县 1956 年后半年妇女工作计划》，1956 年，昔阳县档案馆藏，档案号：16—1—18。

悟。闫梅廷合作化时一直表现很好，后来曾有一段时间因孩子家务缠身，工作不积极，开会不想参加了，经过个别教育，帮助她学习毛著，提高了她的觉悟，使她树立起一心为革命的远大理想，带头出勤，积极参加社会活动。二是注意培养新生力量，重点放在培养青年骨干上。妇代会主任李吉联、副主任石兵联年龄都在十七八岁，上进心很强，敢想敢干，党支部就从抓"一点红"入手，表扬她们的成绩，调动积极性，组织她们学习毛主席著作，提高阶级觉悟，并通过老骨干带徒弟帮助新骨干。吉联和兵联刚当选妇代会主任，工作没经验，女队长翟淑英就帮助她们出主意想办法，在群众中给她们树威信。①

在各级政府和妇联大力倡导下，太行山区各县积极响应号召，配备了大量的妇女骨干，有力地促进了农村妇女参加生产，促进了生产的发展。

邢台专区一些事例证明，妇女积极分子在生产劳动中起到了很大的推动作用。例如1951年的植棉运动中，内丘县东街开始有的干部有靠天等雨然后播种的思想，认为组织人力担水播种很不容易完成，但妇联主任吴秀英却想把劳力发动起来用人力担水，不靠天等雨，于是她开始组织劳力担水点种。她首先组织了13名妇女、5个男子。第一天参加点种的有9个妇女、3个男子，当天点种4亩。县里对此进行了广播，其他社员听到后也来担水播种。吴秀英组7户中有2户没劳力，原计划种28亩，结果种了35亩。吴秀英三亩半春地全部种上了棉花，十几个妇女和男子一样的担水。社员瞿秋灵带领6个妇女每晚润地1亩才睡觉。壮年代表刘合妮说："越干越有劲。"有两次从地里回来不吃饭就先去开会。在她们的带动下，全村组织起13个小组，参加棉花点种的妇女有80人。全村都提出向吴秀英组看齐。② 北街张洛连也组织起11个抗旱点种小组，其中男63人、女72人，不但白天点种，而且进行了夜种，该村委会主任说："咱村要和全县挑战，有妇女力量呢！"③

平顺县李顺达合作社也非常重视培养妇女骨干（特别是对申纪兰副社长

的培养）与建立评比表彰制度，每年每季都进行评比模范工作，每次都要选上一定数量的妇女，如1953年秋后评模，8个妇女当选，使申纪兰与女社员劳动情绪越来越高。申纪兰劳动很好，她在李顺达的教导下，领导妇女参加社内生产。1952年李顺达出国后，申纪兰经常为社里的工作忙得顾不上吃饭、睡觉，碰了钉子也啼哭过，但想起李顺达的话她就有了勇气，克服一切困难，努力领导社的工作，因此当年被选为全省劳动模范，1953年又出席了世界妇女大会。她常常说自己多年受党的教育，是由社长李顺达一手培养起来的，更要以苏联妇女作为榜样，团结积极分子，发动妇女社员参加社的生产。①

完县（今顺平县）北下叔光明农业生产合作社6个生产队，下设18个小组，配有女生产副队长6个，并且18个组中每组均有女组长，全社共11个社务委员，妇女占4个。社里召开生产会议时，大力吸收男女组长以上干部参加。这些妇女骨干积极地带动全体妇女社员完成社内分配的各项生产任务，并随时向社反映妇女生产情况和妇女社员对社里的意见。如刚建社时，男社干部不愿让妇女参加会议，认为参加也不顶事，所以有关生产方面的决策妇女社干部也不知道，结果分配的活不得当，社员不满意，因此女社干部主动向社里提出意见，她们的意见在干部会上很快得到了解决。社里规定每半月召开一次组长以上干部会议，主要是检查半个月期间人们的劳动态度，开展批评与自我批评，表扬有成绩的社员，并给予精神或物质的奖励（主要是精神奖励多）。在1955年一年当中，共物质奖励4次，受奖的社员18个，其中包括女社员2个。田俊荣、李占荣就是达到了规定的条件，受到了物质奖励。② 北关生产队开展队与队、人与人的竞赛，如老年组和壮年组开展竞赛后，做到了早上班，晚下班，少歇盼儿，结果老年组4个人一起起粪5.5方，壮年组6个人5.5方。对这样的结果，壮年组的妇女进行了反思。她们认为比不上老年组的原因主要是上班叫不齐，歇盼儿多，并表示今后克服，急起直赶。再如青年妇女朱秀花在运粪时，为追赶朱秀珍，每天晚上检查修理一

---

① 全国妇联华北区工作委员会：《李顺达农、林、牧生产合作社是如何发动妇女参加生产的》，1954年2月15日，河北省档案馆藏，档案号：899—1—50。

② 完县妇女联合会：《关于北下叔光明社农业生产合作社一年来发动妇女参加社内生产情况和几点经验向专区妇联的报告》，1955年8月28日，顺平县档案馆藏，档案号：7—5—4。

遍小车，早晨不等打钟就上班，结果评比时二人不分上下，都受到了支部表扬。通过表扬先进带动落后，前后共表扬 36 名生产积极分子。经过表扬，先进的更先进，后进的争上游。如壮年妇女王瑞英受表扬后，更积极了，晚上 8 点 40 分吃饭，9 点就上班了，一直干到 11 点。至少起了半方粪才去睡觉。在她带动下，一贯晚上不出工的罗素春、贾英茹等 5 名妇女也打起夜班了。①

平山县培养了大批的妇女骨干。在 1956 年已有 142 个妇女正副社主任，392 个社务委员、妇女队长、组长，一般小社也都配备上了一定的妇女骨干。这些妇女骨干都以身作则带动妇女参加生产，成为一支不可缺少的力量。②

"大跃进"中，由妇女骨干带动妇女参加生产仍是中共的一种重要工作方法，如沙河县妇女在绿化中出现了"三妮"（郑连妮、刘三妮、郑娥妮），每天挖 17 个坑，创造全工地妇女挖坑的纪录。开展向她们学习后，又出现了"七荣"，每天挖坑 26 个。③

1959 年，为了做到依靠群众优于群众，阜平县在各个战线上都充分培养妇女骨干。在农业战线上，八里庄分会为了突破妇女不会耕地的技术关，先培养妇女骨干，让男技术员教会两个妇女骨干。在这两个骨干的带领下，20 名妇女 3 天就成了耕地能手。④

寿阳县解愁公社尹灵芝专业队是 1975 年根治白马河工程时组建的女子专业队。这个队在开展劳动竞赛中，树立了董桂仙、赵遍栓、闫春花等 7 个模范标兵。在标兵的带动下，由个人对手赛发展为连队连环赛。工地指挥部原规定每天妇女拉石头一方八的任务。在赵遍栓的带动下，天不明就上地，三人一辆车，超额完成任务，指标突到一方九。姑娘们个个争上游，赶先进，天天早出晚归，任务指标一再突破。贾桂平等几个姑娘超过指标，完成了三方任务。这个专业队还抽出 12 名姑娘组成宣传队，她们白天大战白马河，夜

① 完县妇女联合会：《北关生产队发动妇女生产有方》，1960 年 9 月 15 日，顺平县档案馆藏，档案号：7—5—6。
② 平山县妇女联合会：《关于 1956 年妇女工作总结与今后意见的报告》，1956 年 1 月 5 日，平山县档案馆藏，档案号：17—1—12。
③ 河北省妇女联合会：《生产大跃进中的妇女政治思想工作》，1958 年，河北省档案馆藏，档案号：899—1—101。
④ 阜平县妇女联合会：《关于我县广大妇女参加工农业生产的报告》，1958 年 11 月 20 日，阜平县档案馆藏，档案号：3—1—9。

里加班排节目，对工地上的好人好事进行大宣传、大表扬、大歌颂。群众称赞她们说："山河面貌大改变，妇女撑起半边天"。①

笔者所做的口述调查也印证了妇女骨干在生产中的作用。

　　1. 笔者：当时有女队长吗？

　　LJH：每个队都有女队长，主要是领着干活，也有一定权利，也给妇女派活。②

　　ZKF：有。所有的活都是男队长派活，妇女队长就是领着干活。③

　　2. 笔者：妇女队长主要做什么工作？

　　LWX：如果没有男队长，女的管，带头干活。④

　　LJY：妇女队长主要领着干活，队队都有女队长，妇女做的活都是妇女队长派，比如上地、推碾子、看孩子、磨面什么的。⑤

在妇女骨干和积极分子的带领下，广大农村妇女积极地投入到农业生产当中。

四、开展劳动竞赛，评选劳模

除了培养个体妇女骨干外，开展劳动竞赛，在团体间实行红旗流动制、评选红旗手也是激发妇女劳动热情、发动妇女积极生产的一项措施。

从心理学上讲，在一个集体中，每个人都希望获得别人的承认，在别人的承认当中能获得心理上的满足，即使这种满足要付出一定的代价。

1952 年，山西省长治专区发动女社员参加爱国增产竞赛运动。在竞赛中，

① 昔阳县妇女联合会：《全区妇女参加农田基本建设情况报告》，1977 年 12 月 10 日，昔阳县档案馆藏，档案号：16—2—61。

② 2011 年 8 月 8 日，笔者在河北省顺平县白云乡白西庄村对农村妇女 LJH（出生于 1929 年）的访谈笔录。

③ 2011 年 8 月 3 日，笔者在河北省顺平县河口乡东河口村对农村妇女 ZKF（出生于 1944 年）的访谈笔录。

④ 2011 年 8 月 3 日，笔者在河北省顺平县河口乡东河口村对农村妇女 LWX（出生于 1950 年，曾担任妇女队长，曾被评为青年突击手）的访谈笔录。

⑤ 2011 年 8 月 8 日，笔者在河北省顺平县白云乡白西庄村对农村妇女 LJY（出生于 1940 年，曾担任妇女队长）的访谈笔录。

根据全社总的计划提出"女社员做什么"的计划，并依托此计划展开连环竞赛，因此获得了生产上的显著成绩，并涌现出大批的劳动模范。仅据5个县38个社的统计，春季评选中涌现出来的189个劳模中就有54个女劳模，模范社员380人中有妇女138人。由于她们劳动积极，对全社生产有很大贡献，不仅鼓舞了妇女群众的劳动积极性，也教育了男社员。①

1958年，平山县在全县进行检查评比，并以片为单位进行检查，各片组织检查队，各乡妇联正副主任参加。乡与乡之间以片为单位，制红蓝黑旗，社与社采用红蓝黑的方法，队组通过红蓝黑榜，个人也通过戴红布条来表明先进与模范。规定从1958年起，社和队半月一观摩，一月一评比；乡与乡一月一观摩，一季度一评比；全县一年评比两次（六月和十一月），制一面红旗，评比一次流动一次。②

"大跃进"时期，阜平县也广泛开展了学先进、赶先进、超先进的妇女红旗手运动。1959年共建立光荣榜25处、评比表扬台236处，组织宣传员1200名，在广大妇女群众中开展了争上游、争第一、争当红旗手的竞赛运动。1959年，在各个战线上评选出妇女红旗手10081名、红旗单位34个，各乡又召开了妇女红旗手大会，总结经验，并树立教养员娄凤英、劳动模范尹树花、闫秀荣、三兰、四玉、五英丰产专业队等四面红旗标兵。③ 1960年，阜平县砂窝乡妇女联合会在乡党委的指导下，广树标兵，大插红旗，将全社11个生产队划为3个战区，在全乡范围开展了一个战区与另一个战区、队与队、人与人的小秋收"三比三看"竞赛运动，即比思想看行动，比干劲看数量，比技术看质量，并且还建立了"比武台"、标兵台，表彰先进，批评落后。在大搞小秋收运动中，先后表扬了砂窝分会妇女队长刘振连、定庄分会李晓梅、采菜打草模范周凤英，也批评了好吃懒做的陈莲，这样一来先进的更先进，

① 全国妇女联合会：《山西省长治专区生产农业生产合作社中女社员活动情况》，1952年9月19日，河北省档案馆藏，档案号：899—2—44.

② 平山县妇女联合会：《关于认真贯彻县委发动妇女指示的意见》，1958年4月6日，平山县档案馆藏，档案号：17—1—17。

③ 阜平县妇女联合会：《关于1959年妇女工作总结报告》，1959年11月20日，阜平县档案馆藏，档案号：3—1—14。

落后的积极赶先进，陈莲提高了思想觉悟，干劲也足了。[①]

山西省沁水县带贤公社何家庄生产队，在锄苗运动中，采取定时间、定任务、定工分、定地块、定质量、定奖励、定劳力等七定办法，启发妇女人人制订劳动计划，开展劳动竞赛。在女队长张翠莲、董爱仙的带领下，69 个妇女 5 天锄谷 406 亩、玉茭 206 亩、高粱 186 亩、山药 82 亩、豆子 150 亩，人人达到质量要求，人人突破定额，张翠莲一人一天锄苗 1.5 亩，突破定额 40%。政策教育与实例教育的有效结合，鼓舞了妇女的生产情绪，激发了妇女的生产干劲。[②] 陵川县黑山底公社利用思想鼓动与物质奖励相结合的办法，定期总结评比，表扬模范，广树标兵，以实例进行劳动光荣教育。1958—1961 年全大队共评出各种先进人物 49 人、五好社员 37 人，其中妇女占 52.1%。如全把式董小苏、劳动健将董竹叶、勤俭持家模范董桂荣、模范干部张改花、养猪标兵常石榴、军属模范王昌枝等。与此同时，在社员中，还开展了灵活多样的劳动竞赛——队与队、组与组，单项评比，出榜表扬，仅 6 月份的超产日，就评出五好家庭 35 个、五好干部 14 人，其中妇女占 6 人。[③]

赞皇县小石门村，1956 年分得饲草任务 12 万斤，打野草的任务都分给妇女去干，刚开始参加的妇女只是少数。李凤勤（乡妇主任）召开了乡妇联正副主任会，发起了小石门村与齐家庄村的挑战。小石门 50 个妇女 3 天割草 23000 斤，70 个妇女一天半打杏叶 3000 斤，并带领小石门乡的妇女都投入到生产中。[④]

1977 年，昔阳县大寨公社举行会战。会战工程开始后，队与队、组与组、人与人之间广泛开展了比思想看行动、比出勤看劳动、比干劲看工效、比数量看质量、比团结看风格的劳动竞赛，有的地方还实行了五天一小评，一个月搞总结的评比办法，各个工地形成了一派"老年妇女加劲干，青年妇女胜过男子汉"，机声隆隆、人欢马叫、你追我赶、大干快上的竞赛局面。平定县

① 阜平县砂窝乡妇女联合会：《关于砂窝大队妇联会为加速三秋大搞小包工一条龙的汇报》，1960 年 3 月，阜平县档案馆藏，档案号：3—1—18。
② 山西省妇联晋东南办事处文件：《关于贯彻省妇女工作会议情况和妇女参加夏季生产简报》，1961 年 8 月 1 日，长治市档案馆藏，档案号：8—1—35。
③ 山西省妇联晋东南办事处文件：《关于贯彻省妇女工作会议情况和妇女参加夏季生产简报》，1961 年 8 月 1 日，长治市档案馆藏，档案号：8—1—35.
④ 赞皇县妇女联合会：《积极分子会议所交流的工作经验的综合报告》，1956 年 10 月 22 日，赞皇县档案馆藏，档案号：9—1—11.

巨城公社赵家庄水库有个一百多名青年妇女参加的妇女连，妇女连分为三支队伍，一支采石队、一支拉沙运输队、一支打石子队。妇女连开展了比思想、比出勤、比干劲的三比活动，不断地评思想，比贡献，选模范，树标兵。经过两次大评比，妇女连都被评为工地当年的先进集体，而且采石队被树为标兵队，被人们誉为水利工地上的"铁姑娘采石队"，全连 47 个姑娘被评为先进模范，占全体队员的 50％，受到县社党委的表扬。①

开展劳动竞赛、评选劳模在心理上满足了妇女们的自我认同感，有力地促进了妇女积极参加生产。

五、动员妇女学习农业技术

动员妇女参加农业生产是新中国初期党和政府妇女工作的一项首要任务，但由于妇女参加农业生产的时间很短，生产技术水平还很低，只能从事一些技术含量较低的劳动，因此发动妇女学习农业技术成为当时需要解决的一个重要问题。邓颖超在《进一步发挥妇女参加生产的积极性，保护妇女儿童的健康和安全》中提到"随着农业技术改革的发展，应大力提倡妇女学习当地需要的而又适合妇女的技术。学习方法，主要依靠边做边学，男教女学，互教互学；在技术推广站及技术训练班中，应吸收一定数量的妇女参加学习。"②

各基层妇联也把培养妇女学习技术列入农村妇女工作之一。

在 1953 年，平山县就把发动妇女学习农业技术列入规划。规划称，要大力发动妇女参加适合妇女体力的农业技术学习。全县有 6 个乡、社种植经济作物，要求 1956 年大部分妇女学会除治棉蚜和棉花技术管理，全县计划培养 500 个技术员，其中培养 1 至 2 个技术能手，保证人工授粉、棉田管理、浸种、拌种等技术。1957 年计划培养 190 个技术员，在训练班和技能竞赛上使用，其中妇女技术员要达到 40％—50％。计划发动 120 名妇女学习使用双轮铁犁。③

1955 年，阜平县也发动妇女积极参加农业技术改革运动，发动妇女学习

① 昔阳县妇女联合会：《全区妇女参加农田基本建设情况报告》，1977 年 12 月 10 日，昔阳县档案馆藏，档案号：16—2—61.
② 中国妇女管理干部学院编：《中国妇女运动文献资料汇编》（第二册）（1949—1989），第 259 页。
③ 平山县妇女联合会：《关于发动和组织农村妇女实现我县农业合作化和农业增产的规划》，1953 年 7 月，平山县档案馆藏，档案号：17—1—4。

选种、浸拌种、谷子手剔苗、玉米人工授粉、棉花技术管理等妇女体力所能胜任的农业技术。在不同地区，根据妇女技术基础条件，重点进行不同技术的培训，如六区与七区上半部及种玉米多的地区应大力推行玉米人工辅助授粉。一、二、三区和种棉花多的地区要发动妇女更进一步研究提高技术，要求学会棉花整枝打杈技术。县妇联并发出号召，要以农业生产合作社为基础，带动互助组和单干妇女，开展学习农业技术的热潮。可选拔一定数量的妇女社员参加社内技术研究组，以他们为骨干，普遍开展农业技术学习，并普遍推行以师带徒的方法，号召妇女们"找老师"，向能手们学习，向男社员学习，向老农学习，掀起学习技术的热潮。此外，还要注意发现和有意识地培养各种各样的技术能手，有计划地选择一些妇女生产能手及高小毕业生，重点培养学习使用新式农具，以使妇女成为生产战线上一支强大力量。①

在完县，妇女社员农业技术的提高与男社员的耐心教技术是分不开的。凡是妇女不会做的活或不熟练的活，男社员都耐心地教给她们，如在除虫时教妇女如何配药和使用喷雾器，锄地时教她们如何锄地，还教她们如何收拾棉花，什么时候打顶尖，什么时候打群尖、摆风权等技术。通过男社员耐心认真的教导和妇女社员的主观努力，妇女们学会了不少农业技术和生产本领，承担了不少田间的重要工作，并受到了男社员的称赞，完成了增产任务和实现了增产计划。②

平顺县西沟乡李顺达社，李顺达时常说："男人做活是学来的，妇女也能学会的。"特别是李顺达出国参观苏联后，苏联社会主义农业集体化就成为他们社的奋斗方向。在他的教育下，妇女们有了热爱生产合作社与热爱劳动的观念。申纪兰在劳动中常和妇女们说："苏联的妇女和男人一样开拖拉机，开飞机，当工程师……什么都能干。咱们过去说妇女'不行'，是被旧社会像铁链似的把人们的思想行动束缚住了，现在咱们要打破这种束缚，没做过的活计，咱们不要先说不行，试试看，体力不行的咱们慢慢来，这样经过一次、

① 阜平县妇女联合会：《关于1955年妇女工作意见》，1955年，阜平县档案馆藏，档案号：3—1—4。
② 完县妇女联合会：《关于北下叔光明社农业生产合作社一年来发动妇女参加社内生产情况和几点经验向专区妇联的报告》，1955年8月28日，顺平县档案馆藏，档案号：7—5—4。

两次，一年、两年，不行的就会变成能行的了，我自己去年扛起一捆高粱，腿也打颤咧！今年扛起来就很自然啦!"在这种宣传教育下，妇女在劳动中胆子放大了，在劳动实践中改变了男社员轻视妇女的观念。1953 年申纪兰、张胜秀、吕桂兰等参加了妇女从来未做过的农活如盖房子、捆玉菱杆等，男社员说："像这些活并不是妇女不能做，而是不让做，今后再也不敢小看妇女了"，妇女的自信心也因之提高，什么活也敢试着去做。[①]

到了高级社时期，发动妇女学习技术更成为妇联妇女工作的经常事务。

完县妇联大力发动妇女学习农业技术。首先要求乡妇联和社内妇女干部先学会拌种、浸种、药剂拌种、谷子的选种、定苗、锄苗、防除虫害及小麦施追肥和先进的棉田管理等技术，然后再带头和具体组织妇女社员学会这些技术。要求妇女学习技术的占学习总技术员数的 30%—40%。在方法上，除参加党委举办的农业技术学习外，还根据妇女、孩子、家务等特点，利用互教互学、男教女学和带徒弟等方法，使大部分妇女懂得密植和改种南北行增产的科学道理，打破妇女群众中的落后保守思想，并且还要经常不断地鼓励她们认真学习，提高技术水平，以适应新形式发展的需要。[②] 完县妇联还聘请技术人员讲解和参加社内技术小组，以男教女学、互教互学等方法，使所有参加农业生产的妇女都要学会三四门对当地增产有关键性影响的技术，如浸拌种、剔间苗等，并做到学以致用，争取成为学习先进技术的模范。[③] 下叔乡新新农业社六站七队实行了包工制，耐心地教妇女学习技术。凡是妇女能干的活，一定包给妇女去做，腾出男劳力干重活。妇女们能够担当起这些生产任务是与男社员耐心地教技术分不开的。凡是妇女们不会和不熟练的技术，男社员们都耐心地教她们。以前妇女不会的活儿，经过男社员的耐心教导和女社员的认真学习，二十多天妇女就学会了好多生产本领，承担了不少田间

① 全国妇联华北区工作委员会：《李顺达农、林、牧生产合作社是如何发动妇女参加生产的》，1954 年 2 月 15 日，河北省档案馆藏，档案号：899—1—50。
② 完县妇女联合会：《关于大力发动广大妇女积极投入以春播为中心的生产突击运动的意见》，1956 年 4 月 18 日，顺平县档案馆藏，档案号：7—5—5。
③ 完县妇女联合会：《关于当前妇女劳力的安排意见》，1956 年 6 月 9 日，顺平县档案馆藏，档案号：7—5—6。

的重要农活，而且干得很好，男社员也很放心。①

1956 年，平山县明确规定，社内技术员妇女要占到 50% 以上。② 1957 年，平山县要求青壮年妇女普遍学会防治各种病虫害的办法和配制杀虫药剂，并要求广大妇女普遍学会棉花的整枝打杈和玉米人工辅助授粉等。学习方法主要是边学边做、男教女学、地头传授，并组织青壮年和热心学习技能的妇女积极参加农业科学技术讲授，妇女干部和社的妇女主任、妇女队长、小组长要以身作则，积极参加学习，带动别人。③ 1958 年，平山县要求每个妇女新学会一至三手农作物的管理，妇女技术员占到总技术员的 1/2，要求青壮年强劳力一年做 190—280 个劳动日，一般做 130—180 个劳动日，老弱劳力可做 50—100 个劳动日。④

1956 年，河北灵寿县西托乡合作社为提高妇女的农业技术水平，选派了 37 名妇女到技术传授站听课，然后以她们为骨干，以师傅带徒弟的办法掀起了学习农业技术的热潮。这样使全社 80% 的女劳动力经常参加社内生产。全社 3884 亩棉花、1050 亩甘薯的田间管理和 500 亩玉米的人工授粉，绝大部分是由女劳力完成的。既保证了女社员收入的增加，也保证了社内各种农活的完成。⑤

1958 年，中共提出了"鼓足干劲，力争上游，多快好省地建设社会主义"的总路线。在这种形式下，广大农村妇女由农业生产和家务劳动的范围进而发展到参加工业生产战线，由一般的参加生产，进而开动脑筋积极投入以改革农具为中心的技术革命运动。在"大跃进"中，各级妇联不但组织妇女学习普通的农业技术知识，而且发动妇女搞技术革新和发明创造。组织妇女参加技术革命的过程就是向保守思想进行斗争的过程。由于几千年来的歧视妇女的传统思想，在发动妇女参加技术革命运动中开始就遇到了来自各方面的阻碍。一部分

---

① 完县妇女联合会：《下叔乡新新农业社六站七队是如何发动妇女参加生产保证实现出工计划的》，1956 年 4 月 21 日，顺平县档案馆藏，档案号：7—5—6。

② 河北省妇女联合会：《为实现高级化高产化必须挖掘妇女潜力的指示》，1956 年 2 月 13 日，平山县档案馆藏，档案号：17—1—12.

③ 平山县妇女联合会：《关于第三季度的工作安排》，1957 年 7 月 15 日，平山县档案馆藏，档案号：17—1—14。

④ 平山县妇女联合会：《关于全党重视，充分发动妇女参加生产的指示》，1958 年 4 月 1 日，平山县档案馆藏，档案号：17—1—17。

⑤ 《实行同工同酬才能启发妇女的劳动热情——记耿双荣同志的谈话》，《河北日报》1956 年 12 月 12 日第 5 版。

妇女干部和妇女群众还存有很严重的保守和自卑思想，认为妇女的文化技术水平低，学习技术可以，至于搞发明创造就不一定行，因而不敢想，不敢干。还有不少干部男社员歧视妇女，认为妇女看孩子做饭可以，搞技术可是瞎胡闹，因而对妇女的要求不予支持，有的甚至冷嘲热讽，打击、阻拦。针对这些思想，各级妇联在党委的领导下，通过组织辩论、参观等不同方式进行了批判，特别是现场参观的方式收效最大。

行唐县安香乡开始搞农具改革时，有些人公开说妇女只能捉个虱子跳蚤，改革工具没门。笔尾社分会主任尹翠娥去北京参观回来后，经过苦心钻研，创造了水打磨、空中运土机、起场刮板等工具后，乡妇联主任即召开了分会主任和生产能手共49人的群英会，大力提倡和表扬了尹翠娥敢想敢干的精神，并以妇女在技术革命中能不能独创，妇女能不能争上游等为题开展了讨论，有力地批判了妇女不识字，不是木匠铁匠就不能搞创造的思想，一致认识到男人能干的妇女也能干，男人干不了的妇女也可以干得了，问题就在于要解放思想。会议以后，各个分会迅速成立了10个诸葛亮小组，提出"天高要上，地厚要钻，工具改革定占先"的口号，接着就出现了芦和秀创造了万能耕耘，孩子妈惜明义创造碾米机，45岁的孟洪姐创造快速压面机等典型事迹。这些事迹使有保守思想的人开了窍，"人们不都是一样的人吗？""人家能行，为什么我们不行？"于是妇女们提出"姐妹们，使劲干，胜过诸葛和鲁班，技术革新打先锋，八仙过海各显能，勤洗勤做苦钻研，决心要当女状元，敢说敢想又敢干，被窝里头想三遍，冷水泼头不死心，硬着头皮使劲钻，技术革新当尖兵，创造发明打先锋，干劲胜过穆桂英，大发智慧学孔明"等口号，全乡掀起了大搞工具改革的热潮。在很短时期内，创造与改良农具、提水工具、喂猪做饭、米面加工等共100种农具，大大提高了劳动效率。许多开始看不起妇女的人们也转变了，说："真是人外有人，天外有天，想不到这时候的妇女真沾。"[1]

"大跃进"时期，平山县技术革命的内容是以工具改革田园为中心，发动

---

[1] 河北省妇女联合会：《1958年第二季度工作报告》，1958年8月9日，赞皇县档案馆藏，档案号：9—2—20。

全县广大妇女在水利耕作、除虫、收割，家庭中的缝衣做饭、推米磨面等方面来一个工具大改革，积极创造发明，并及时总结迅速推广和积极学习农业科学技术（除治病虫害、农作物新技术、家中饲养）。大量培养机械手，以适应机械化的迅速发展。具体要求是：①全县70%以上的妇女发明创造，要求1958年9月15日前发明创造出9万件（每乡平均3740件），争取12万件。②1958年7月底全县养猪厂实现饲养工具推车化，8月底实现所有猪槽子抽水化，鸡窝干燥清洁空气流通化。③村村户户推广试验山药细作120种，猪饲料1000种，每个妇女每月采集粗饲料，除现有猪吃以外，还存200斤（干），鸡饲料100种。④培养训练各种女机械手4000名（每乡200多名），以乡为单位在8月份训练完。⑤为彻底解放妇女劳力，在7月5号普遍检查托儿互助、缝纫组、磨面组，利用水利安水磨磨面，并创造脚踏快磨，队队作出购买缝纫机的计划和普遍实现互助食堂化。①

小　结

　　中国革命是一组反差强烈因素的产物，一方面是几乎不识字或很少识字、许多人甚至连县城都没有去过的农民大众，另一方面则是由共产主义精英所倡导的宏大意识形态和改造社会的巨大工程。在共产党政权建立后，这种革命的意识形态成为社会基本框架的基础。② 如何把这种革命意识形态基础的社会框架和几乎是文盲的非意识形态化的农民联系起来，是中共革命成功的关键所在。

　　中国共产党在革命实践中，逐渐摸索出了一套发动群众革命的方式方法，这些方法在新中国成立后也被运用于发动妇女参加农业生产的过程中。在国家的动员下，太行山区的妇女开始走出家庭，走上社会。

---

① 平山县妇女联合会：《关于发动妇女向技术革命文化革命进军和大办工业的计划（草案）》，1958年6月26日，平山县档案馆藏，档案号：17—1—17。
② 郭于华、孙立平：《诉苦：一种农民国家观念形成的中介机制》，《中国学术》2002年第4期。

第三章 撑起半边天：妇女全面参与农业生产

马克思在《资本论》中指出"劳动首先是人和自然都参加的一种过程，在这种过程中，人凭自己的活动作为媒介，来调节和控制他跟自然之间的物质交换……他不仅造成自然物的一种形态改变，同时还在自然界实现了他所意识到的目的。"恩格斯在《自然辩证法》中关于"从猿到人"的论述，一开头就说："劳动和自然界一起才是一切财富的源泉……劳动创造了人本身。"著名美学家朱光潜也谈道："这样看来，美就不是孤立物的静止面的一种属性，而是人在生产实践过程中既改变世界又从而改变自己的一种结果。"又说："一切创造性的劳动（包括物质生产与艺术创造）都可以使人起美感。人对世界的艺术掌握是从劳动生产开始的。"① 毛泽东的妇女解放思想中，关于妇女参加社会劳动的作用也包括两方面内容，一是改造客观世界——为社会主义宏伟大业做出巨大的贡献。他明确指出"中国妇女是一种伟大的人力资源，必须发掘这种资源，为建设一个伟大的社会主义国家而奋斗。"二是改造主观世界——实现妇女整体人格的完善，提高自身社会地位做出积极的努力，因而在1949年7月为《新中国妇女》杂志创刊号题词时，号召妇女"团结起来，参加生产和政治活动，改善妇女的经济地位和政

---

① 《生产劳动与人对世界的艺术掌握》，《朱光潜全集》第十卷，安徽教育出版社1993年版，第190、197页。

治地位。"

本章将论述妇女在参加农业生产过程中对客观世界的改造，第四章将论述妇女在参加农业生产过程中对主观世界的改造。

第一节　劳动参与率提高

劳动参与率在经济学上定义为"劳动力人口（包括正在工作的和失业的人口）占适龄可工作人口的比率。"[①] 依照此说法，结合本文将要说明的问题，我们权且给本书涉及的集体化时期农村妇女的劳动参与率定义为："农村妇女整半劳力曾经和一直参与集体劳动的人数占适龄妇女的比率。"这里尤其要注意的是"集体劳动"，因为在集体化时期之前，农村妇女也参加部分农业劳动，但因为其属于小农经济的范畴，故不在本文论述的范围。

许多劳动经济学家表示，妇女劳动参与率的高低并不意味着好坏，但从经济学的意义看，较高的劳动参与率有两个重要的含义，一是对不同经济机制而言，意味着该经济机制具有较强的吸纳劳动力的能力；二是意味着劳动力供给量的增加。从社会学的意义上看，妇女劳动参与率的高低有深刻的社会意义，一是表明妇女的社会参与能力，它成为妇女社会地位高低的一个重要标志；二是表明妇女的经济独立状况和对社会的贡献。[②]

从整个集体化时期来看，农村妇女的劳动参与率是由低到高的，但中间也有曲折的过程。本节试图用妇女劳动参与率的升降反映集体化时期国家政策是怎样影响妇女的集体生产的，并分析其原因。

下面分互助组时期、合作社时期、人民公社三个阶段来说明。

一、互助组时期

劳动互助组是中国劳动农民在个体经济基础上组成的带有社会主义因素的集体劳动组织，土改以后得到广泛发展。互助组的原则是自愿互利，互换

---

① 庄奕琦：《经济学原理》，复旦大学出版社 2006 年版，第 263 页。
② 佟新：《国外妇女的劳动参与和经济地位》，《妇女研究论丛》1996 年第 2 期。

人工或畜力，共同劳动，有农忙、临时互助和常年互助之分。1951年，全国各地农民按照《关于农业生产互助合作的决议（草案）》，根据自愿和互利原则，在农村有组织、有计划地开展了互助合作运动，农业生产互助组如雨后春笋般地建立起来。

我们可以用两个指标来说明互助组时期农村妇女的劳动参与情况，一是妇女参加田间劳动的人数占应出勤妇女人数的比例，也即妇女参与田间生产的出勤率；二是单个妇女全年所做劳动日数。

在太行山区，因为土地少，男劳力有剩余，所以互助合作基础较差。除季节性突击农活外，不需要很多妇女下地劳动。总体来看，在互助组时期，太行山区妇女的劳动参与率还是比较低的。

在互助组成立初期，一般的情况是男的互助，女的不互助，其主要原因还是"男主外，女主内"的思想；还有的是妇女即便加入了互助组，但对加入互助组也还没有正确的认识，有的妇女认为组织起来以后依靠男子就把活做完了，用不着妇女参加生产。

随着互助合作运动的发展和各基层社队对妇女的发动，妇女逐步对互助组有了认识，逐渐地参加到互助劳动中。当时阜平县的互助组有三种形式：一类型组织多系家族、私人关系自愿组成，农忙即互，农闲即散；二类型组织形式，有农业互助副业不互助和副业互助农业不互助两种形式；三类型比较正规，农业生产上长期互助，互助形式有计工、换工等办法，掌握等价交换、互不吃亏、两利共享原则。1953年，据阜平县3个区的统计，男女互助合作组56组、一类型8组、二类型48组，共有人数3593人。白家峪韩小贵是一个寡妇，说："只有妇女参加劳动互助，积极生产才能彻底得到解放"。[1]1953年，阜平县共成立一类型互助组1788个、二类型互助组335个，家庭共有14049户，人数61338人，男整半劳力17073人，占组织起来总人数的27%强，女整半劳力7623人，占组织起来总人数的12%强。[2]据统计，1954

① 阜平县妇女联合会：《关于五月份的生产情况报告》，1953年5月5日，阜平县档案馆藏，档案号：3—1—1。
② 阜平县妇女联合会：《一年来的工作总结及今后意见》，1954年3月2日，阜平县档案馆藏，档案号：3—1—2。

年夏季，阜平县妇女参加生产的人数占到了总人数的30%左右。①

在邢台专区，以邢台108个村、沙河二区互助合作运动的发展情况看，1950年原有互助组1009个，有10068个妇女劳力参加，1951年则发展到1751组，16485个妇女劳力参加，详情见下表3.1

表3.1 邢台专区互助组中妇女劳力发展情况

县别	互助组数		妇女劳力数		五一年增加劳力数	增加率	备考
	五〇年	五一年	五〇年	五一年			
邢台10个村	892	1562	3766	7385	3619	1.96倍	该县半老区情况
沙河二区	117	199	6302	9100	2798	1.44倍	
总计	1009	1751	10068	16485	6417	1.6倍	

资料来源：《1951年邢台专区妇女参加生产情况的总结》，1952年1月23日，河北省档案馆藏，档案号：899—1—33。

在邢台专区，除了参加互助组的人数不断增加以外，妇女的出勤率也不断升高。

我们根据村庄互助组织发展的不同情况来说明。首先来看一类村②，一区黄家屯李志平互助组，在植棉中，全村110个妇女劳力中有82个参加了担水点种，占女劳力的73.2%。该村1950年参加植棉的28人，仅占25%。南广庄村共270个妇女劳力，参加担水点种的220人，占妇女劳力81.4%。沙河县册井村1950年只有9个妇女劳力下地，1951年发展到全部妇女劳力下地点种。以邢台地区17个村的情况了解，共参加点种的男女劳力2301个，其中有妇女劳力1432个，妇女劳力占全部劳力的62%。③

---

① 阜平县妇女联合会：《关于七月份妇女工作总结报告》，1954年7月30日，阜平县档案馆藏，档案号：3—1—2。
② 根据群众参加互助组的情况、封建势力被摧毁的程度以及执行政策程度等情况，划为一、二、三种类型村，不同类型村采取不同的方法进行工作。一类型村的标准是，群众已充分发动、封建势力已彻底摧毁，群众大部分已经参加互助组织；二类型村的标准是，群众大部分已参加互助组织，但尚有若干遗留问题；三类型村的标准是，群众参加互助组织的程度还很低。
③ 河北省妇女联合会：《1951年邢台专区妇女参加生产情况的总结》，1952年1月23日，河北省档案馆藏，档案号：899—1—33。

二三类村在互助组的发展上也有所提高，如邢台 6 个二类村调查，1950 年原有互助组 38 组、126 个妇女劳力，1951 年发展为 44 组，共 220 个妇女劳力。三类村也开始发展了临时性的互助，如邢台六区井裕村，妇女 1950 年上地的仅占妇女劳力的 18%，1951 年出现了 12 个临时互助组，共有妇女劳力 81 人，占妇女整半劳力总数的 42% 强（该村整半劳力共 169 个）。①

表 3.2 是对邢台专区互助基础不同的县组织起来的妇女劳力情况：

表 3.2　邢台专区妇女劳力组织情况比较表

县别＼项目数目	村数	女劳力数	临时互助		长期互助		参加互助劳力合计（合计）	妇女劳力组织起来的百分比	备考
			组数	女劳力数	组数	女劳力数			
邢台	342	41868	3392	16076	708	5612	21688	51.8%	代表好县
柏乡	110	15169	280	531	1	4	535	3.5%	代表基础最差地区
沙河	全县	34634					9100	28.8%	工作较好（妇女参加生产，没习惯县）
内邱	两个区	15228					4909	32.3%	较好县

资料来源：河北省妇联《1951 年邢台专区妇女参加生产情况的总结》，1952 年 1 月 23 日，河北省档案馆藏，档案号：899—1—33。

由表 3.2 可知，1951 年邢台专区妇女参加互助组的情况是不平衡的。在基础好的县，如邢台县，妇女参加互助组的已达到 50% 以上；在基础一般的县，妇女参加互助组的大概有百分之二三十；在基础较差的山区，妇女加入互助组的仅占 3.5%。

另外，妇女的出勤率也有显著提高。见表 3.3：

---

① 河北省妇女联合会：《1951 年邢台专区妇女参加生产情况的总结》，1952 年 1 月 23 日，河北省档案馆藏，档案号：899—1—33。

表3.3　1950年与1951年妇女参加点种（植棉）的统计

数目 县别	1950年村数女劳力参加数 百分比				1951年村数女劳力参加数 百分比				1951年增加率
邢台	446	48997	23390	45.7%	311	27382	15741	53.8%	8.1%
柏乡	3	1026	387	37.9%	58	7255	3997	55%	17.1%

　　注：以上仅统计直接参加点种者。

　　资料来源：河北省妇联《1951年邢台专区妇女参加生产情况的总结》，1952年1月23日，河北省档案馆藏，档案号：899—1—33.

　　表3.3统计的是基础最好和基础最差的县的情况。可以看出，即便是在基础不太好的县——柏乡县，妇女的出勤情况也有显著的提高。

　　综合邢台专区各个地区来看，以县为单位，在互助组时期，妇女参加集体劳动的参与率，最好的地区为50%左右，在某些村某种劳动中甚至达到了90%以上，最差的地区只有百分之几。[①]

　　在山西省太行山区，互助组时期妇女的劳动参与率也逐渐提高。1953年，长治县黑头村共有妇女劳力304人，参加组织起来的妇女劳力293人，占女劳力数的96%，这些妇女随着互助组生产活动参加各种不同的劳动。[②] 解县西张耿村张立秋社，1953年种棉花500多亩，从春到夏，58%的妇女劳力参加了棉田劳动，发挥了很大作用。[③] 在寿阳县，1950年夏季，三区一个区就组织起261个变工组、互助组，参加人数1510人，占上地妇女的33.8%。1950年全县组织变工组1062个、互助组240个，妇女参加变工、互助组的有5548人。到1953年，全县71560名妇女，参加互助合作的就有48103人。[④] 榆次县，1950年全县农村有9251户参加了临时互助组，这些户的多数妇女都参加了变工劳动。1951年参加互助组的妇女占到女劳力数的35%。1952年，在爱国丰产运动的推动下，妇女单独组织的互助组迅速发展，由1951年的16

①　河北省妇女联合会：《1951年邢台专区妇女参加生产情况的总结》，1952年1月23日，河北省档案馆藏，档案号：899—1—33。

②　河北省妇女联合会：《基点县工作座谈会参考资料之四》，1953年，河北省档案馆藏，档案号：899—2—46.

③　全国妇女联合会：《华北区目前妇女参加农业生产中的几个问题》，1953年，河北省档案馆藏，档案号：899—2—46。

④　寿阳县妇女联合会：《寿阳县妇运史资料》（1949—1988），（内部资料）1990年，第3—4页。

组发展为 2041 组。这一年全县参加集体劳动的妇女已达 12089 人，占妇女总劳力数的 44%。① 昔阳县妇女的劳动参与率则更高些，昔阳县妇女在锄苗、抓青、积肥等工作中，能劳动的妇女共有 24362 人，抓青时参加生产的 14857人，占能劳动的人数 60% 强；在锄苗时占能劳动的妇女的 80%（典型村占90%），常年劳动的达到 60% 强。②

　　总体来看，虽然各地互助组的发展不平衡，妇女的劳动参与率也不平衡，但足可以证明，在互助组时期中共对妇女的劳动动员已初见成效。

二、合作社时期

（一）初级社

　　到初级社时期，由于党和政府的发动，妇女的劳动参与率有了显著提高。我们从妇女的出勤情况和妇女的劳动日两个方面进行说明。

　　阜平县东庄乡的妇女历来有从事农业生产的习惯，但她们是根据季节农活的多少来参加的，时间上大致可分三段，春季妇女下地的仅占到妇女总劳力数的 20%，夏季妇女参加的则占到 50%—60%，秋季参加的就能达到 80%以上，这些情况很明显地说明了不同季节对妇女参加生产的要求，夏、秋季适合妇女们做的农活较多，如麦子收割、麦茬的耕锄、锄耪，秋收等多种活计。③ 到 1954 年，全县平均已有 80% 的妇女社员、组员经常性地或季节性地参加田间生产，有效地弥补了劳力不足的情况。七区红光社 1954 年妇女参加生产的劳动日数占全社劳动日数的 10%，到 1955 年则占到了 20%。④

　　邢台县东川口村王志琪农业生产合作社是 1952 年成立的。建社后，妇女的劳动参与率不断增长。1952 年女社员所做的劳动日 2346 个，占劳动日总数

① 榆次市妇女联合会编：《榆次市妇女运动史》（1937—1987），（内部资料）1990 年，第 30 页。
② 昔阳县妇女联合会：《1950 年昔阳妇女参加生产工作的总结》，1950 年 10 月 9 日，昔阳县档案馆藏，档案号：16—1—1。
③ 阜平县妇女联合会：《关于东庄重点乡工作总结》，1954 年 1 月 23 日，阜平县档案馆藏，档案号：3—1—2。
④ 阜平县妇女联合会：《关于训练建社骨干的工作意见》，1955 年，阜平县档案馆藏，档案号：3—1—4。

的 12.5% 。1953 年春、夏、秋三季统计，女社员所做的劳动日已达 5261 个，占同期内农副业总用工数的 29.93% ；如果仅从农业总工数看，妇女所做的农业上的劳动日则占 33.54% 。①

平顺县西沟乡李顺达农林牧生产合作社是在 1951 年冬开始建立起来的。从 1953 年妇女参加生产的情况来看，两年中妇女参加生产的范围与人数逐步扩大。全社共有女劳力 47 人，经常参加农业生产的有 21 人，占妇女总劳力数的 45% ；② 1955 年全社 238 个妇女劳动力，除了 21 个生孩子和生病的妇女以外，其余的都经常地参加了生产。1955 年，她们共做了 9867 个劳动日，占全社总劳动日数的 22.1% 。③

1952 年，榆次县峪头村刘彦互助组试办了全县第一个初级农业合作社。这个社有妇女全半劳力 15 个。到 1953 年统计，这 15 个妇女平均每人做了 193 个劳动日。1953 年全县发展了 8 个初级社，有 129 名妇女入了社。1954 年，全县参加互助组和初级社劳动的妇女占到总劳力数的 60% 。1955 年全县参加互助组和初级社的妇女劳力已达 1.4 万人，占到妇女总劳力的 80% 。④

昔阳县在建立初级合作社后，妇女们的劳动参与率也逐年提高。1953 年昔阳县建立了 38 个农业社，参加农业生产的妇女劳力 895 个，占全县妇女总劳力的 3.15% 。1954 年除原有的 38 个农业社扩大外，又新建了 73 个农业社，共 111 个社，包括 3891 户，参加农业生产的女劳力 3174 个，占全县妇女劳力 20% 强。这些妇女在未入社以前，只是在挽谷、收割中劳作几天。入社后，据 30 个社统计，550 个妇女劳力常年参加农业劳动的 354 个，占妇女总劳力数的 64.1% ，参加夏秋两季农业生产的占到 85% 至 90% ，共做劳动日 17952 个。出工较多的平均每个人做 80 至 90 个劳动日，这类人占 10% 以上；出工一般的做到 30 至 60 个劳动日，这类人占 60% ；出工最少的做到 10 个至 20

① 河北省妇女联合会：《邢台县东川口村王志琪农业生产合作社发动妇女参加农业生产情况》，1955 年，河北省档案馆藏，档案号：899—1—57。

② 全国妇联华北区工作委员会：《李顺达农、林、牧生产合作社是如何发动妇女参加生产的》，1954 年 2 月 15 日，河北省档案馆藏，档案号：899—1—50。

③ 杨树培、陈杰：《金星农林牧生产合作社怎样运用妇女劳动力》，《人民日报》1956 年 3 月 15 日第 2 版。

④ 榆次市妇女联合会：《榆次县妇女运动史（1937—1987）》，（内部资料）1990 年，第 31 页。

个以上，这类人占 30%。1954 年，在武家坪、联中峪、有仁村等 8 个社，共
有妇女劳力 306 个。除老弱、怀孕、坐月子的 60 多人以外，其余 246 个妇女
劳力，共 223 个劳力参加了春耕生产，占妇女劳力的 90.7%。劳力强的配合
男人调剂土壤、耙茬、割炉稍，劳力弱的翻粪、送粪、积肥等，在 4 个月时
间内共做 3278 个劳动日，每个妇女平均做到 15.5 个劳动日，最高的已做到
24 个。① 据 1953 年的统计，全县 34000 多名妇女，即有 28000 余名参加了劳
动，参与率为 82.4%，比 1949 年提高了 40% 左右。②

（二）高级社

高级社以后，取消了土地分红，人们的收益完全是按照出工的多少，因
此妇女的劳动参与率有了明显的提高，而且由于实行了"按劳取酬"，一些从
不参加劳动的妇女也开始参加劳动。

1956 年，阜平县全县 19731 个妇女劳力，有 70% 直接参加了播种、积肥、
农田水利、副业等农事活动，并做出了显著成绩。妇女参加生产的人数比
1955 年增加了 30%，如平阳区有 3700 个妇女劳力，1956 年参加生产的达到
了百分之六七十以上，比 1955 年增加了 30%。③ 完县在没有进入高级社之前，
全县妇女参加生产的平均仅占 30%；实现了高级化以后，全县妇女参加生产
的达 60% 以上，一些从未参加过生产的妇女也都积极地行动起来。④ 邢台县
前炉子村火焰社老中农李凤琴过去从来不参加生产，1955 年只向社投了 5 个
工；转高级社后，懂得了劳动创造价值的道理，转社仅一个月的时间就向社
投工 25 天。⑤ 平山县在 1957 年高级化后，妇女参加生产的人数超过了任何一
年。据城关、高村、贾壁等 10 个村的统计，共有妇女劳力 2940 人，参加生

① 昔阳县妇女联合会：《如何解决同酬和解决的程度》，1954 年 5 月 12 日，昔阳县档案馆藏，档案号：16—1—13。
② 昔阳县妇女联合会：《妇女面貌大改变，十年跃居新阶段》，1959 年 9 月 20 日，昔阳县档案馆藏，档案号：16—1—28。
③ 阜平县妇女联合会：《关于当前妇女劳力托儿互助工作的检查和今后意见》，1956 年 6 月 13 日，阜平县档案馆藏，档案号：3—1—7。
④ 完县妇女联合会：《关于第一季度的妇女工作总结向县委的报告》，1956 年 4 月 8 日，顺平县档案馆藏，档案号：7—5—5。
⑤ 河北省妇女联合会：《初级化转高级化后的变化情况》，1956 年 6 月，河北省档案馆藏，档案号：899—2—79。

产的 2649 人，占总数的 90% 以上。①

1956 年，昔阳县大寨乡黄龙迪等 15 个社，共有妇女全半劳力 2535 个。全劳力 1976 个，全年做 81 个劳动日以上的达 176 人，做 40 个至 80 个劳动日的达 1586 人。半劳力 559 人，做 45 个以上劳动日的 122 人，做 28 个至 44 个以上劳动日的 202 人，最少做 10 个至 27 个以上劳动日的 235 人。② 从全县情况来看，合作社后的 1956 年，妇女的出勤率已由 1954 年的 65% 上升到 80%，比 1949 年增加一倍。③

潞安县南贾村五星社是在 1956 年由三个初级社合并为一个高级社的，共508 户，全社有男劳力 450 个、女劳力 493 个。在高级社的第一年，妇女参加生产就发生了一个显著的变化，493 个女劳力即有 426 个妇女上地劳动，共做劳动日 23175 个，每人平均做 42 个，占全社同年农副业总工数的 22.2%。④

1957 年，寿阳县全县妇女出勤率达 75%，由季节性劳动转变为常年性劳动。1957 年据 27 个乡统计，有 70% 以上的妇女坚持长年参加生产劳动，有150 名妇女做劳动日在 200 个以上，2054 名妇女做劳动日在 180 个以上，2734名妇女做劳动日在 125 个以上。⑤

由此可见，在合作社时期，尤其是高级社时期，妇女已逐渐养成参加生产的习惯。

三、人民公社时期

（一）"大跃进" 时期

1958 年"大跃进"时期，各级政府都制定了超高生产指标。为了完成任

---

① 平山县妇女联合会：《第三届第二次妇女代表会议的工作总结与今后任务的报告（草案）》，1957 年 11 月 20 日，平山县档案馆藏，档案号：17—1—14。
② 昔阳县妇女联合会：《1956 年入春以来妇女工作总结》，1956 年 11 月 18 日，昔阳县档案馆藏，档案号：16—1—19。
③ 昔阳县妇女联合会：《妇女面貌大改变，十年跃居新阶段》，1959 年 9 月 20 日，昔阳县档案馆藏，档案号：16—1—28。
④ 山西省妇联长治专区分会：《潞安县南贾村五星社在妇女中加强社会主义思想教育的报告》（1957 年 6 月 15 日），长治市档案馆藏，档案号：8—1—18。
⑤ 寿阳县妇联合：《寿阳县妇运史资料》（1949—1988），（内部资料），1990 年版，第 23—24 页。

务，各基层政府必须动员一切能动员的劳动力，"家家无闲人，户户都锁门"成为标志性口号。更有甚者，有些干部用"不劳动不让吃饭"的强迫命令方式发动妇女参加各项生产，因此这一时期妇女参加农业生产的人数达到高峰。

在山西省晋东南专区，参加农业生产的妇女人数空前提高，全区实际从事农业生产的妇女劳力达农业劳力总数的55.9%。从投工比重上讲，1958年妇女的农业投工数占农业总工数近40%，1959年则上升到50%以上。从农活上讲，除特种和技术性强的活计一般由男人或技术老农担当以外，其他农活70%至88%是由妇女来做的。[①]陵川黑山底公社，1958年妇女投工的总工数占46%，1959年占50%，1960年则达50.2%。从这三年的妇女投工情况来看，妇女的劳动参与率是上升的，而且农活技术水平的提高也很快，能够实行定额的215种农活，1959年妇女可做150种，而1960年则可做到168种，占定额活的78.9%。[②]平顺县金星人民公社的妇女们在1958年已成为农业生产上的主力军，几乎全部包下了夏种和秋收的任务。在这一年，她们共做了32万多个劳动日，占全社农业总工数的53.8%，每个妇女的劳动日平均比1957年增加两倍多。男社员们都称赞："女将倒比男将行，种起地来赛神农，今年农业大丰收，妇女夺得头一功。"[③]阜平县1959年共有妇女整半劳力22700名，有劳动能力的19800名（占全县妇女劳力总数的80%以上），妇女出勤人数占男女总出勤数的45%，妇女所得劳动日占男女总劳动日的35%，并有35%以上的妇女达到月月全勤、全年满勤、加班多出勤。[④]城关公社1959年男劳力中大部分投入了大炼钢铁、修水库、公路等建设，繁重的秋收、种菜和生活福利事业全部放在了妇女的肩上，因而95%以上的妇女都投入了农业生产和各项生活福利事业，成了农业战线上的一支主力军。[⑤]北庄公社在

①　山西省妇联晋东南专区办事处：《一九五九年全区妇女工作总结》，1959年12月23日，长治市档案馆藏，档案号：8—1—24。
②　山西省妇联晋东南办事处：《关于贯彻省妇女工作会议情况和妇女参加夏季生产简报》，1961年8月1日，长治市档案馆藏，档案号：8—1—35。
③　申纪兰：《妇女种地赛神农农村生产夺大功——积极分子报告农林牧副渔各个战线上的成就》，《人民日报》1958年12月9日第2版。
④　阜平县妇女联合会：《关于一九五九年妇女工作总结报告》，1959年11月20日，阜平县档案馆藏，档案号：3—1—14。
⑤　阜平县妇女联合会：《城关公社三年来妇女工作情况及今后意见》，1961年10月25日，阜平县档案馆藏，档案号：3—1—29。

全部实行小包工的情况下，全乡 520 个妇女有 497 个参加了劳动，并按时完成了各种生产任务。① 下埠公社能上工的妇女劳力占 80% 以上，并且能够经常投入生产。② 上堡公社共有妇女整半劳力 465 名，其中整劳力 318 名、半劳力 147 名。在割麦时，参加割麦的 410 名，占劳力总数的 88.2%。③

1958 年"大跃进"以后，平山县男劳力大部分投入了炼钢运动。妇女们除了支援大炼钢铁运动外，还担起了农业生产的重担。妇女出勤率达 80% 以上，与 1957 年以前相比，提高了 50% 到 70%。像北贾壁生产队，1955 年只有 20 来个妇女下地劳动，并且也不是经常性的。到 1958 年"大跃进"以后，全队 120 名妇女劳力经常下地劳动的达 95% 以上，会口生产队罗树梅每年出勤达 200 多个。④

在昔阳县，妇女的出勤情况各地表现并不平衡。根据农业社的领导情况和生产情况，大概可分为三种类型。第一类社生产先进，领导骨干强。这类社大部分妇女有了劳动习惯，如大寨、白羊峪、城关等 111 个农业社，妇女出勤率达 95%。大寨乡留庄村林海农业社能参加生产的妇女 143 人，实际参加生产的为 132 人，占能上地妇女劳力的 95.8%，不仅青壮年劳力参加了生产，而且年龄小的小姑娘和五六十岁能劳动的老年妇女也参加了生产。1958 年春，该社妇女协同男人打水井，经常参加打井的妇女劳力有 100 个，共投工 13593 个。第二类社生产基础较好，领导骨干较强。这类社共有 182 个，妇女出勤率达 84%。黄岩村农业社共 464 个妇女劳力，除坐月子、有病不能参加生产的外，能参加生产的有 256 人。第三类是生产基础差、领导骨干弱的社。这类社共有 72 个，妇女出勤率仅达到 55%。⑤

---

① 阜平县妇女联合会：《1961 年关于第二季度妇女工作总结报告》，1961 年 12 月 31 日，阜平县档案馆藏，档案号：3—1—29。

② 阜平县妇女联合会：《下埠妇联调查研究工作简报》，1961 年 3 月 26 日，阜平县档案馆藏，档案号：3—1—26。

③ 阜平县妇女联合会：《上堡公社当前生产生活活动情况汇报》，1961 年 6 月 24 日，阜平县档案馆藏，档案号：3—1—26。

④ 平山县妇女联合会：《关于四年来妇女工作总结（草稿）》，1962 年，平山县档案馆藏，档案号：17—1—23。

⑤ 昔阳县妇女联合会：《昔阳县妇联春季生产工作总结》，1958 年 4 月 25 日，昔阳县档案馆藏，档案号：16—1—26。

（二）20 世纪 60 年代以后

与 50 年代末期妇女的高出勤率相比，60 年代初期妇女参加生产的人数、投工量和妇女劳动力的平均工作日，都一度出现回落现象。

从阜平县城关公社 1960 年到 1962 年三年间妇女出勤的情况看，不是逐年上升，而是慢慢下降的。据调查，该公社 13 个大队大体分为三类情况。一类队妇女上工多，如青沿大队全队共有妇女劳力 83 个，在 1958 年"大跃进"时期妇女共出劳动日 12450 个，每名妇女平均出工 150 个。到 1959、1960 年，被派外出的男劳力逐渐抽回，因而妇女参加生产的人数逐渐减少，全年每人平均出劳动日 70 个以上。1961 年妇女出工的人数更少，1 至 9 月份共出劳动日 4980 个，平均每人六七十个，每人每月平均 6.3 个。二类队妇女上工不经常，如法华大队一小队 39 个妇女劳力，1958 年共出工 3252 个，每人平均出工 86 个，1959、1960 年每人平均出劳动日 67 个，1961 年全小队 29 个妇女劳力，实际参加生产的 22 个，1 至 9 月份共出劳动日 689 个，每人平均 3.1 个。三类队妇女出工比较少，如土岭大队共 17 个妇女劳力，因队比较小而且住的偏僻，1958 年至 1960 年这三年的情况大致一样，由于男劳力外出，妇女劳力一年平均出到 40 至 50 个的劳动日。1961 年 1—9 月份 17 个妇女出工 409 个劳动日，平均每人 24 个，每人每月平均 2.7 个。[①] 从阜平全县来看，1958 至 1960 年农村男劳力外出，导致妇女劳力出勤率很高；1961 年妇女出工有所下降，全年妇女出勤占生产队总用工的 9% 至 20%；1962 年妇女出工农忙时变化不大，但常年出工的人数降低很多，一般常年出工的妇女占妇女劳力的 10% 至 20% 左右，妇女出工占生产队总用工数的 5% 至 15% 左右。[②]

不仅是阜平县，其他地区 60 年代初也都存在妇女出勤率降低的现象。

平山县三级公社单杨村，1961 年妇女劳力 97 名，妇女实出勤 88 名，每人平均出工 163 个，占男女出勤人数的 37.5%，妇女出勤占妇女劳力出勤的

---

① 阜平县妇女联合会：《城关公社三年来妇女工作调查情况及今后意见》，1961 年 10 月 25 日，阜平县档案馆藏，档案号：3—1—29。

② 阜平县妇女联合会：《关于在发展农业生产中当前妇联应派的几项工作》，1962 年 9 月 18 日，阜平县档案馆藏，档案号：3—1—31。

90.7%，男女总投工 1 至 8 月份 75321 个，其中妇女投工 14841 个，妇女占男女总投工数的 20.1%。1962 年同期妇女劳力 106 名，比 1961 年增加了 9 名，妇女实出勤 102 名，比 1961 年增加了 14 名，妇女出勤人数占男女出勤人数的 8.2%，妇女出勤占妇女劳力总数的 96.2%，1962 年农业总投工 13964 个，1962 年每个妇女劳力平均出工 144 个，每人比 1961 年少出工 9 个。[①]

我们再从妇女全年所做劳动日数看 1962 年与 1961 年妇女的劳动参与情况。[②]

表 3.4　平山县 1961 年与 1962 年妇女的劳动参与情况

工数	1961 年 1—8 月出工数		1962 年 1—8 月出工数	
	出勤人数	占总出工人数百分比	出工人数	占总出工人数百分比
200 工以上	20 人	22%	8 人	8%
200—100 工	40 人	41%	31 人	29%
100—50 工	27 人	28%	42 人	29%
50 工以下	8 人	9%	25 人	23%

资料来源：平山县妇联《平山县三级公社单杨村大队妇女劳力出勤调查》，1962 年 9 月 26 日，平山县档案馆藏，档案号：17—1—22.

从以上情况看，1962 年比 1961 年同期对比，妇女出勤人数占总出勤人数的比例和妇女投工数占男女总投工数的比例，1962 年比 1961 年均有所下降。

赞皇县妇女出勤情况，1961 年与 1960 年相比也有所下降。1960 年平原地区在农忙季节妇女出勤达到 90% 以上，1961 年只达到 80% 以上；1960 年经常出勤的为 75%，1961 年在 60% 左右；山区出勤率更低，农忙 50% 左右，农闲 10—30%。[③]

邢台县将军墓公社折虎大队（代表山区一般情况），全大队 1961 年 1 至 8

---

① 平山县妇女联合会：《平山县三级公社单杨村大队妇女劳力出勤调查》，1962 年 9 月 26 日，平山县档案馆藏，档案号：17—1—22。
② 平山县妇女联合会：《平山县三级公社单杨村大队妇女劳力出勤调查》，1962 年 9 月 26 日，平山县档案馆藏，档案号：17—1—22。
③ 赞皇县妇女联合会：《1962 年工作情况总结》，1962 年 12 月 30 日，赞皇县档案馆藏，档案号：9—1—18。

月份妇女出工达到总用工的 14.7%，1962 年 1 至 8 月份则又下降为 11%。1962 年和 1961 年同期对比，队总用工稍有增加，而妇女投工数却减少 2367 个。该队第八生产队 16 名妇女劳力，除 1 名因病未参加劳动外，1962 年 1 至 8 月份共出勤 347 天，出工 223.05 个，平均每人出勤 23.1 天，出工 14.81 个，而 1961 年同期这 16 名妇女劳力共出勤 611.75 天，出工 392.85 个，平均每人出勤 38.4 天，平均出工 24.51 个。[①]

这种情况是由多方面因素造成的，主要有以下几个：

首先，"大跃进"期间，政府在指导思想上违反了客观经济规律，出现了"左"的错误倾向，一度造成了国家经济各部门、各行业劳动力比例失调，加上三年自然灾害的发生，使国民经济出现了严重困难。虽然面临严重的食粮不足，人们整天吃不饱，"大跃进"中却要求人们顶着饥饿，长时间、高强度劳动，这就使得大多数人，包括男人和女人，在几个月内几乎耗尽了体力和精力，严重挫伤了人们参与生产的积极性。

其次，人民公社"一大二公"的经济体制严重破坏了生产力。这种低下的生产力水平根本吸附不了太多的劳动力，即使把农村妇女们都发动到地里，也只不过是造成"窝工"和"磨洋工"，如 1958 年邢台县东旺乡王快村把全村妇女都发动起来，有 400 多名妇女劳力参加生产，每个队平均每天有 50 多人参加生产，但因为没有那么多活，就让十几个妇女包一个茅子（茅厕）墙，因为地方很小，妇女们干活乱碰，只能换班干，等拆完垒完墙后大家又开始歇着了。到了晚上评工时，妇女评分很低（因为工作量很小），一般只定 5 分，6 分就是个别的，还有的妇女被定成 3 分或 4 分。老年妇女吴大仙因此抱怨说："拆了一天墙，头也给碰了个大疙瘩，累的腰疼，晚上给评了 3 分。"男队长张进贤说："50 个妇女顶不了 10 个男的，人家上级叫发动，又不能不发动，发动起来尽赔工了"。因此妇女社员们感到干劲不足，都说"干一天评三五分还不如在家编席看孩子合算。"[②]

---

① 河北省妇女联合会：《关于当前妇女参加集体生产和女社员思想情况的调查报告》，1962 年 10 月 26 日，河北省档案馆藏，档案号：899—1—157。

② 河北省妇女联合会：《邢台东旺乡王快村妇女在生产大跃进的政治思想教育工作——省妇联工作组调查》，1958 年 5 月 22 日，河北省档案馆藏，档案号：899—1—102。

再次，城市回乡劳动力增加。"大跃进"和人民公社的"一大二公"的分配体制，加上三年自然灾害的发生，使建立不久的新中国在经济上遭遇重创，城乡居民生活受到严重影响，因此60年代初期，中央决定实行"调整、巩固、充实、提高"的国民经济"八字方针"，要求大量精简城市人口。精简的城市人口很大一部分是50年代来自农村的、通过工厂招工进入城市的农民，这些人被精简下放后重新回到农村，使农村社队本来就存在的劳动力过剩的情况加剧，也导致了妇女劳力出勤率降低的情况出现。

如邢台县折虎村1961年接收下放劳动力59名（其中男劳力44名）。全队本计划1961年投工六万多个，但据秋收前公社的统计数字，仅仅是男劳力最高的出工已达340个，一般的男劳力出工290至300个，出工低的大概在180—250个之间。全队共有208个男劳力，若以每个劳力平均全年出290个工计算，到秋后即可出60320个工，基本上满足了全队全年用工的需要，所以妇女劳力被男劳力代替下来没活干了。[1] 1962年，平山县三级公社单杨村大队增加了男女劳力29名，其中妇女劳力增加了9名，这些增添的劳力大都是下放的干部职工和新结婚的妇女，因为尚没有孩子拖累，这些劳力经常出勤。1961年妇女劳力出勤占男女劳力出勤总数的37.5%，1962年妇女劳力出勤占男女劳力出勤总数的31.3%。妇女劳力出勤的天数也普遍下降了，1961年一个妇女劳力平均每月出勤28天，1962年每月平均出勤16天。[2] 1962年，赞皇县干部职工精减，社队男劳力增多，妇女就出工少了。[3] 这一点充分证实了妇女成为国家、集体劳力蓄水池的处境。

1962年《六十条》[4] 制定后，发动妇女参加生产重新成为妇联的重要工作。1961年妇女出勤率出现下降，1962年党和政府及时调整了政策，贯彻了

---

① 河北省妇女联合会：《关于当前妇女参加集体生产和女社员思想情况的调查报告》，1962年10月26日，河北省档案馆藏，档案号：899—1—157。

② 平山县妇女联合会：《平山县三级公社单杨村大队妇女劳力出勤调查》，1962年9月26日，平山县档案馆藏，档案号：17—1—22。

③ 赞皇县妇女联合会：《1962年工作情况总结》，1962年12月30日，赞皇县档案馆藏，档案号：9—1—18。

④ 1961年3月22日中共中央制定《农村人民公社工作条例（草案）》，全文共60条，简称《六十条》。1962年9月27日，中共八届十中全会正式通过了《农村人民公社工作条例（修正草案）》。

"多劳多得多吃""三自一包""男女同工同酬"以及加强妇女的劳动保护等政策。1962 年后，妇女的劳动积极性重新被调动起来。

山西省晋东南地区，因为《六十条》的制定，农民的生产积极性极大提高。广大妇女群众在整个夏季生产运动中，表现出"三高"的特点，即出勤高、功效高、质量高。据阳城、黎城、高平、壶关、长治市等 6 县 1 市的 18 个公社和 195 个生产大队的统计，妇女出勤平均在 95% 左右。全区 50 余万妇女劳力，大多数集中于以勤、追为中心的秋田管理工作。据沁县 268 个生产大队的统计，21000 个有劳动能力的妇女，95% 参加了秋田管理工作，其中 12000 人参加锄苗，9900 人参加除虫和小秋作物的加工，有 75% 的人突破定额，有力地促进了生产进度。①

1962 年，阜平县大元大队高街生产队在原 11 个妇女上工的基础上，增加到 21 个，出工达到 100%。②

20 世纪 60 年代以后，人民公社的管理和分配制度基本确定下来，在随后的将近 20 年中没有大的变化。20 世纪 70 年代，全国开展了"农业学大寨"运动。"农业学大寨"运动自始至终都把妇女的出勤率作为发动群众的重要标志。在这个时期，各级妇联的首要任务就是发动妇女出勤，基层干部发动群众参加生产喊的口号是"上至出气的，下至七岁的，一律都到田间地头。"因此 70 年代妇女的出勤率又像"大跃进"时期一样达到高潮。1973 年榆次县妇联工作总结中记载，当年的妇女出勤率为 90%，最高时达 106%。劳力以外的孩子和老人也都参加了突击性劳动。1979 年 4 月，榆次县第六次妇代会工作报告中指出，从 1973 年到 1979 年，农业战线妇女出勤人数增加了 5000 多人，妇女出勤占到整个田间劳动人数的 70% 左右。郊区公社源涡大队 1978 年妇女投工占到全大队总投工数的 50%。鸣谦公社西沙沟大队 85 岁的田润莲老大娘，有病缠身，还经常参加田间棉田管理。山庄头村一位 75 岁的妇女，白天拾粪，晚上还参加政治夜校学习。③

① 山西省妇联晋东南办事处：《关于贯彻省妇女工作会议情况和妇女参加夏季生产简报》，1961 年 8 月 1 日，长治市档案馆藏，档案号：8—1—35。
② 阜平县妇女联合会：《关于第二季度工作的总结汇报》，1961 年 7 月 1 日，阜平县档案馆藏，档案号：3—1—29。
③ 榆次市妇女联合会编：《榆次妇女运动史（1937—1987）》，（内部资料）1990 年版，第 53 页。

20 世纪 70 年代妇女的劳动参与率一直维持在比较高的水平。这与集体化时期实行的"工分制"有着直接的关系。因为"工分"已经是关系妇女温饱甚至是生存的一个问题，所以出工也就成为妇女必然的而且是唯一的选择。在这种分配制度没有改变之前，妇女的高出勤率也是必然的。1978 年，昔阳县有 33000 多个妇女劳力，每个妇女劳力每年平均为集体投工 280 多个，最高的达到 320 多个。1977 年，全县妇女共为集体投工 990 万个，占到全县男女劳力投工总数的 40%。[①]

集体化时期农村妇女走出家门、参加生产并不是在市场规律的作用下自愿走出家门的，而是在政治和社会经济条件下不得不参加生产劳动。劳动参与率高可以说明中共调动妇女参加生产劳动的方法比较得当，但并不能因此说明妇女出工多就一定能大大促进生产的发展。因为受限于当时的生产力发展水平，再加上不是所有妇女都是自愿地参加劳动，所以就出现了高出勤率、低生产效率的问题，也即"磨洋工"的问题。这既不能说明集体化时期的经济机制具有较强的吸纳劳动力的能力，也不能说明劳动力供给量的增加。另一方面，从社会学意义上看，这既不能说明集体化时期妇女的社会参与能力强，也不能成为妇女社会地位高低的标志，但某种程度上能反映妇女的经济独立状况。

第二节　在农业生产中逐渐撑起"半边天"

随着妇女参加生产的人数和范围不断扩大，妇女在生产中的作用也日益凸显。

一、互助组时期

互助组时期，妇女参加互助劳动还不多，只是在农忙期间下地劳动，而且是从事一些简单的、技术含量低的工作，但即便是这些辅助劳动，仍然在农业生产中起到了一定的作用。

1. 在春耕生产中，妇女主要从事春耕播种、拔草、浇园、润种、补苗保

---

① 通讯：《充分调动广大妇女大干社会主义的积极性》，《山西日报》1978 年 3 月 11 日第 2 版。

苗、锄麦、除虫等工作。

1953 年，据阜平县 5 个村的统计，参加春耕播种的有 1300 多人。三区白家峪妇女参加播种 50 亩，植树 5650 棵。七区城南庄参加荒山播种的青年妇女 760 人、壮年妇女 210 人、老年妇女 60 人，有李凤思、刘应花四十余名小脚妇女参加。①

1952 年，平山县广大妇女积极参加春耕播种、防旱、抗旱、除草、防蚜、除治棉蚜、锄麦、浇麦、割麦等各种农业生产活动，特别是植棉浸种、小麦选种都是妇女做的，100% 的妇女参加割麦。在一区丘陵村，全村有 40% 的妇女参加锄草，将全村所有长草的地全部锄净。她们是分组分片锄的，据一个组的统计，5 个人一天锄 155 斤。②

山西省长治县黑头村妇女在春季生产中锄麦 275.5 亩（约为麦地的 1/5 至 1/6），打坷垃 407.4 亩，耱地 167 亩，栽玉茭 452 亩（约为玉茭地的 1/4），积肥 8540 担，浸种 953.5 斤。③

2. 在夏季生产中，妇女主要从事锄苗、拔苗、割麦、积肥、担粪、打埝、选种、防洪防涝等工作。

1953 年，据阜平县两个区 10 个乡的统计，在夏季生产中，720 多名妇女锄苗 810 亩，如第四区场里乡高贵兰等 2 人 1 天锄地 5 亩。④ 第一区高阜口村妇女主任王珍，40 岁，有 3 个孩子，男人在外工作，她经常下水渠、担粪、打埝、锄麦等，如男子一样的干。⑤ 在积肥运动中，据 3 个区 14 个乡 428 个人的不完全统计，妇女割草 38980 余斤。第七区城南庄妇女在乡妇联主任孙国兰的带动下，参加割草的 28 人，共割 1080 斤，孙国兰自己积肥 60 余担，担土一百余担，还给军属割草 240 斤，担土 2 担，积肥 300 余斤。三区水磨乡

① 阜平县妇女联合会：《关于五月份的生产情况报告》，1953 年 5 月 5 日，阜平县档案馆藏，档案号：3—1—1。
② 平山县妇女联合会：《前半年工作总结》，1952 年 8 月 12 日，平山县档案馆藏，档案号：17—1—4。
③ 全国妇女联合会：《基点县工作座谈会参考资料之四》，1953 年，河北省档案馆藏，档案号：899—2—46。
④ 阜平县妇女联合会：《关于七月份妇女工作总结报告》，1954 年 7 月 30 日，阜平县档案馆藏，档案号：3—1—2。
⑤ 阜平县妇女联合会：《关于五月份的生产情况报告》，1953 年 5 月 5 日，阜平县档案馆藏，档案号：3—1—1。

一二类型的互助组，参加组的共 8 户，14 个劳力中有女劳力 6 人，压肥 7000 斤，压肥最多的罗峪村团员刘水连，自己压肥 1000 斤。[①] 1954 年，水峪一乡 32 个妇女割绿肥 120 担。[②]

除了参加田间生产外，阜平县妇女还参加了防洪防涝运动。第七区 4 个村参与防洪修坝的妇女共 78 名，在男女齐动手积极抢修下，保住了 300 亩良田未受水灾。在和水灾斗争中还出现了模范人物，该乡妇联主任孙国兰自己没有受灾田地，自动参加，并带动了 26 名妇女参加。妇女委员李进举在工作中提出与男人挑战，同样担石头和沙子，出了很大力气。为了使堤坝更牢固，妇女们在 8 月份又在一处主要防洪处垒上了石块。参加垒石块儿的妇女有一百多名，其中在女副乡长李凤思的带领下参加垒石块的 12 名妇女，坚持了 1 天半的时间，完成了两道沟。乡副主任孙国兰与乡妇联副主任杨瑞存带人担石头 1 天时间，担了四十余担。刘应举和李凤思（女副乡长）2 人担石头，一担能担百余斤。[③]

邢台专区妇女在麦收中也发挥了很大的作用。朱德强家种 20 亩麦，以前只有男人下地，四五天才能完成。1952 年闺女媳妇一齐下地，只用一天就收完了。内邱东街妇女主任吴秀英组共有 5 户、80 亩麦子、9 个女劳力和 3 个男劳力，3 天就把麦子全部割完。[④] 在麦收开始时，专区就提出了选种问题，内邱北街 42 个妇女选种 11 石多。邢台折虎村在劳模郭爱妮的带领下，在选种时提出四单一纯，即单割、单打、单晒、单保存、选纯一六九，号召大家两年内要做到全村纯种。[⑤]

在山西省太行山区，妇女同样发挥了不小的作用。1953 年，长治县黑头村（到 7 月底的统计）270 个妇女劳力拔苗 1115 亩（约占秋地全部的 1/2），

① 阜平县妇女联合会：《关于八月份工作总结简报》，1953 年，阜平县档案馆藏，档案号：3—1—1。
② 阜平县妇女联合会：《关于七月份妇女工作总结报告》，1954 年 7 月 30 日，阜平县档案馆藏，档案号：3—1—2。
③ 河北省妇女联合会：《1951 年邢台专区妇女参加生产情况的总结》，1952 年 1 月 23 日，河北省档案馆藏，档案号：899—1—33。
④ 河北省妇女联合会：《1951 年邢台专区妇女参加生产情况总结》，1952 年 1 月 23 日，河北省档案馆藏，档案号：899—1—33。
⑤ 河北省妇女联合会：《1951 年邢台专区妇女参加生产情况总结》，1952 年 1 月 23 日，河北省档案馆藏，档案号：899—1—33。

197 个妇女劳力上追肥 786 亩（约占地的 1/3），215 个妇女劳力割麦 226 亩（约占麦地总面积的 1/6），293 个妇女劳力积肥 3120 担，六七个妇女劳力锄苗 113 亩（约占 1/10）。① 寿阳县马首村 1950 年组织了 26 个变工组，有 121 名妇女参加，夏季该村妇女全部承担了锄苗、间苗的农活儿，腾出了男劳力赶车搬运货物，赚米两千多斤。不少人尤其是老年人，用敬佩的口气夸奖妇女说："真顶大用！"②

3. 在秋季生产运动中，妇女参加的主要劳动是选种、播种、秋收等农活。

在邢台专区一区，据统计，参加田间选种的男 893 人、女 1273 人，妇女是田间选种的主力。在荒山播种中，临城县 18 个村，366 个妇女劳力配合男劳力完成 6137 亩的橡树下种。邢台山区提出"靠山吃山、把穷山变富山"的口号后，各村互相提出了挑战。全区共 50 个行政村，就有 46 个村发动了妇女。原计划完成秋季播种 6000 亩。由于有妇女的参加，完成了 16983 亩。全区妇女劳力 2303 人，参加荒山播种的 1389 人，占全区妇女劳力总人数的 60.3%。③

阜平县东庄乡东庄村，全乡妇女在秋收中也起到了很大的作用，有的收割，有的担驮，有的选种，在各种粮田内，都选出了不同类型的种籽。据不完全统计，选玉米，田选 2030 斤、穗选 2700 斤，高粱 1804.5 斤，谷子 944.6 斤，妇女参加选种占总人数的 2/3。④ 乡里的干部反映："今年妇女们实在是出力不少，无论是在地里或家里干活，都有妇女参加。"⑤

二、合作社时期

（一）初级社时期

到了初级社时期，随着入社人数的增多，社内管理逐渐变得有序和有组

---

① 全国妇女联合会：《基点县工作座谈会参考资料之四》，1953 年，河北省档案馆藏，档案号：899—2—46。

② 寿阳县妇女联合会：《寿阳县妇运史资料（1949—1988）》，（内部资料）1990 年版，第 5 页。

③ 河北省妇女联合会：《1951 年邢台专区妇女参加生产情况的总结》，1952 年 1 月 23 日，河北省档案馆藏，档案号：899—1—33。

④ 阜平县妇女联合会：《关于东庄乡妇女参加农业生产的工作报告》，1953 年 11 月 4 日，阜平县档案馆藏，档案号：3—1—1。

⑤ 阜平县妇女联合会：《关于东庄乡妇女参加农业生产的工作报告》，1953 年 11 月 4 日，阜平县档案馆藏，档案号：3—1—1。

织，社内开始组织妇女学习技术，妇女也开始参加一些技术性的农活，在社
内的作用更加重大。

1. 在春季生产中，参加积肥、锄地、除虫等工作。

1955 年，据阜平县三区和一区统计，14 个乡 3060 名妇女半个月积肥
72400 担；另据 5 个社统计，有 158 名妇女锄小麦 516 亩，其中有一半锄过两
遍。七区红光农业生产合作社一开春就抽调 100 个男劳力修水库，因此田间
生产主要靠妇女劳力。在李玉凤、郄秀荣等 8 名妇女的带动下，80 名妇女直
接参加了农业生产，并提出生产口号"不怕热、不怕脏衣服"。在李玉凤、李
义连 2 人的带动下，有 3 名妇女用尿水追小麦 26 亩，锄小麦 320 亩。岔河乡
两个社合修 4 里长的一个大渠，33 名妇女参加了修渠道，占妇女总劳力总数
的 66.1%。[①] 在除虫工作中，妇女也贡献了很大的力量。一区东庄乡 55 名妇
女消减 41 亩豆地里的虫子，捉虫 85 斤，保证了青苗的生长；五区红旗农业
合作社在崔玉莲的带动下，85 名妇女消减红蜘蛛 340 亩，保证了小麦的
丰收。[②]

昔阳县大寨村共有妇女劳力 86 人，其中有 30 人常年参加下地劳动。在
春季参加土地基本建设，共刨草地边九十多亩，同时又参加了压熏土、土壤
保墒等农活，做出了不少成绩。[③]

2. 妇女在夏季生产中除了做原先的辅助劳动外，还学会了做一些技术性
农活，如人工授粉、棉花整枝打杈、熏地、耦苗等。

1955 年，据阜平县 7 个区 65 个乡的统计，2620 名妇女参加了玉米人工授
粉工作，协助男子完成了授粉任务；另据第一、二、五、七 4 个区 5 个农业
社的统计，共 125 名妇女授粉 845 亩，占 5 个社妇女社员的 50% 以上。第五
区红旗社妇女在生产队长崔玉莲的带动下，有 41 名妇女每天投入到授粉工作
中，仅红旗一个社参加人数比上年扩大了 20 人。大道乡赵文章社，全社共 11

---

① 阜平县妇女联合会：《关于四月份妇女工作的情况报告》，1955 年，阜平县档案馆藏，档案
号：3—1—3。

② 阜平县妇女联合会：《关于四月份妇女工作的情况报告》，1955 年，阜平县档案馆藏，档案
号：3—1—3。

③ 昔阳县妇女联合会：《昔阳第一区大寨村春夏两季妇女工作总结报告》，1954 年 10 月 7 日，
昔阳县档案馆藏，档案号：16—1—13。

个女劳力，参加玉米授粉的妇女达 8 人，两天授粉 8 亩。在积肥方面，据第三、四区 27 个乡统计，有 1017 名妇女压绿肥 14000 万斤，中耕除草 14000 担。第三区三将台乡张治社女社员顾全荣一人压绿肥 440 斤，水磨乡刘小莲中耕除草积肥 340 斤。另外，在抢种晚田与棉花整枝打杈方面，据三个区 35 个乡统计，有 2588 名妇女协助男社员完成 8234 亩的荞麦和蔬菜的播种。15 个乡共有棉花 4378 亩，147 名妇女协助男子做好了棉花整枝打杈工作。第四区顾三社共有棉花 4.5 亩，在杨善荣的领导下，有 13 名妇女动起来，已整枝打杈两遍。① 七区红光社 6 亩丰产田亩产 528 斤，全县小麦平均亩产 127 斤 10 两，因此 1 亩顶全县四亩多的收成。男社员们说："今年咱们社增产的主要原因，就是使用了妇女劳力"，大家一致认识到妇女的潜力是不可忽视的。②

1952 年，山西省长治专区已经有 282 个农业生产合作社。在春季生产中，农业生产合作社的妇女除了担负和一般妇女同样的家庭劳作外，还和男社员共同参加春季防旱抗旱、锄麦上追肥、浸种拌种、犁地、播种等劳动生产。据 77 个社的统计，社内有男劳力 1681 人、女劳力 1397 人，女劳力占劳力总数的 45.3% 强。在锄麦、追肥、防旱、抗旱、春耕下种运动中，共用工 2548 个，其中妇女做工 1412 个，占总工数 55.4%。她们参加了担、挑等劳动，如北掌社 11 名妇女担岸土和石渣 3450 担；五区流谭村社有 16 名妇女，其中 14 名妇女和男社员做工一样。由于妇女参加了生产，抽出了大批男劳力参加土地加工。③

平顺县西沟乡金星农林牧生产合作社，1955 年全社妇女单独耙地 225 亩，麦田 140 亩全部是妇女锄的。全社 763 亩玉米和 436 亩谷地的拔苗工作，80% 以上是妇女完成的。玉米灌心、人工授粉、扬场等，基本上也都是由妇女承担。此外，妇女积各种肥料超过 25000 担，造林（播种）200 亩，植树 2500 株，喂猪 137 口，养鸡 1680 只。④

----

① 阜平县妇女联合会：《关于八月份妇女工作总结报告》，1954 年 9 月 1 日，阜平县档案馆藏，档案号：3—1—2。
② 阜平县妇女联合会：《关于 1955 年工作总结》，1955 年 12 月 7 日，阜平县档案馆藏，档案号：3—1—5。
③ 全国妇联华北区工作委员会：《山西省长治专区农业生产合作社中女社员活动情况》，1952 年 9 月 19 日），河北省档案馆藏，档案号：89—2—44。
④ 杨树培、陈杰：《金星农林牧生产合作社怎样运用妇女劳动力》，《人民日报》1956 年 3 月 15 日第 2 版。

1954 年昔阳县妇女在农业生产中也做出了很大的成绩。大寨、白羊峪、掌城、丁峪等 57 个乡 4770 名妇女，配合男劳力调剂土壤 15604 亩，每人平均 3 亩。大寨、北关、南冶头、沾尚、口上等 58 个乡 4689 名妇女，共耙茬 24020 亩，每人平均 5.1 亩。二区 9 个乡、四区 12 个乡和思解、沾尚、北关等 74 个乡 16567 名妇女，共积肥 198451 担，每人每月平均 4 担。佬佬会、小东峪、大风邱、连井等 8 个乡 1350 名妇女共锄麦 2968 亩，每人平均 2.2 亩。二区 9 个乡、四区 12 个乡以及北关等 46 乡 5038 名妇女，打粪 252300 担，每人平均 50 担。①

（二）高级社时期

高级合作化后，土地所有制成为公有，实行了按劳取酬，参加田间生产成为每个人的必然选择。妇女开始做一些以前从未做过的农活以及与农业相关的劳动。初级社时，妇女春季所做的农活仅限于采棉籽、小麦管理、拉耧子、帮耧、栽山药、积肥等几种农活。转高级社后，除上述农活以外，妇女还与男子共同做了农田水利建设、修公路等工作，还学会了使用双轮双铧犁，特别是打井，以前妇女从来不参与，男子也不让妇女做，高级社时期妇女已成为打井中的一支不可缺少的力量。

1956 年，井陉县贵泉村农业社妇女参加了积肥（扫街土、刮草根）、撒粪、拌粪、道旁植树、锄苗、拔草、翻山药蔓、炒饲料、夏秋收打场、掐谷穗、捡菜、摘棉花、劈玉茭，荒山拾穗、打旱井、修水库等 17 种劳动。②

据河北省 12 个县的统计，参加水利建设的共 441449 人，其中妇女就达 151680 名，占总人数的 32.8%。不少地区出现了妇女井、妇女渠。涞源县东园堡乡在 4 名男技术员的指导下，37 名妇女用 28 天的时间修了一道长 239 米、宽一尺六、能灌溉 120 亩地的妇女渠。③

1956 年，完县（今顺平县）19 个乡 7944 名妇女积肥 36253 大车，锄苗

---

① 昔阳县妇女联合会：《关于妇女参加春耕运动的基本总结》，1954 年 6 月 19 日，昔阳县档案馆藏，档案号：16—1—11。

② 河北省妇女联合会：《井陉县贵泉村农业社的妇女参加生产的情况》，1957 年，河北省档案馆藏，档案号：899—2—98。

③ 河北省妇女联合会：《初级化转高级化后的变化情况》，1956 年 6 月，河北省档案馆藏，档案号：899—2—79。

210286 亩，耙地 37144 亩，小麦管理 36628 亩，植树 337606 棵，造"三八"妇女林共 705 亩，植树 11070 棵。过去人们认为妇女干不了的活，如打井、拉滑车、使双铁犁耕地等，现在妇女们同样和男社员一样做，如朝阳乡刘新女脱掉棉鞋下河 4 天挖河泥 10 大车，推粪 40 大车；下叔乡西下叔王文秀套 3 个牲口，用双铁犁耕地，平均每天耕十多亩地。妇女的实际行动扭转了男社员和男社干轻视妇女的思想，妇女在各个生产战线上都发挥了巨大作用。①

1957 年，平山县妇女参加生产的范围也逐渐扩大，妇女参加了养护积肥、春耕播种、植树造材、消减病虫害、精收细打、抗旱种麦等工作。另外，在其它工作中也显示了妇女的作用，如组织了妇女积肥突击组，参加积肥的人数每天平均 7976 人，共积肥 283558 车。会口村罗书梅带领 19 名妇女积肥，共积肥 1140 车。她夫的时候送粪，回来的时候背上，受过 3 次奖励。② 妇女在春耕播种中也积极投入拉耧、麦收点种、拉墩子等劳动。在麦收当中，妇联号召"精收细打"，妇女们树立了"见穗就拾，见粒就收，捡麦根扫麦粒，重落扬"的思想，参加精收细打人数达 25326 人，多收小麦 72986 斤。此外，妇女在除治病虫害、玉米人工授粉辅助、抗旱种麦等各种工作中都起了不可或缺的作用。③

昔阳县大寨乡不少妇女在秋收工作中参加了连夜收割。瓦邱乡小东峪红星社全社能劳动妇女 102 名，社里将不同体力妇女做了具体安排，提出了"大脚妇女上了山，小脚妇女下到川，有孩妇女留村边"的口号，配合 110 个男劳力一夜收谷 132 亩，收黍 17.5 亩。4 名老年妇女从未上过地，也参加了抢收运动。在积肥工作中，城关妇女喊出了"不害臊，不嫌臭，脱掉衣服褪起裤，跳在茅房挖茅锈"的口号，找出了多种肥源，挖下了 10765 斤。④ 完成了积肥任务。

---

① 完县妇女联合会：《关于第一季度的妇女工作总结向县委的报告》，1956 年 4 月 8 日，顺平县档案馆藏，档案号：7—5—5。
② 平山县妇女联合会：《第三届第二次妇女代表会议的工作总结与今后任务的报告（草案）》，1957 年 11 月 20 日，平山县档案馆藏，档案号：17—1—14。
③ 平山县妇女联合会：《第三届第二次妇女代表会议的工作总结与今后任务的报告（草案）》，1957 年 11 月 20 日，平山县档案馆藏，档案号；17—1—14。
④ 昔阳县妇女联合会：《1956 年入春以来妇女工作总结》，1956 年 11 月 18 日，昔阳县档案馆藏，档案号：16—1—19。

三、人民公社时期

（一）"大跃进"时期

1958 年，中央提出"鼓足干劲，力争上游，多快好省地建设社会主义"的总路线，整个妇女运动也进入了新阶段。广大妇女群众积极投入到农业生产中，成为一支强大的主力军。山西平顺的老农说："妇女在农业上是主力军，大炼钢铁是英雄，林业是能手，水利是尖兵"。[1] 这句话生动而实际地反映了"大跃进"时期妇女在农业生产建设上的作用。

山西晋东南地区的农村妇女们不仅出色地完成了她们力所能及的田间活计，而且有 20 余万妇女参加了水利建设，并单独修筑了数以万计的"三八水库""妇女渠"和无数环山遍野的旱井群。在 1959 年，全区有 8 万多名妇女参加了深翻土地。陵川冶头公社的妇女以大兵团作战的方法，组织了 142 个妇女深翻队，在"干劲冲破天，质量第一关，翻地达标准，赛过男子汉"的口号下，仅 5 天时间，翻地达 1850 亩。秋季，男社员被抽调修水利工程，妇女独自承担 690 万亩土地的秋收任务，做到了"场光地净，颗粒归仓"。为了确实达到颗粒不丢，沁源漳源公社又组织了 1000 多名妇女儿童沿路细找了 5 天，拾到粮食 600 斤。黎城平头公社组织了 14 个专业拾秋队，将全社 300 亩收过的山药地普溜了一遍，拾到山药蛋 500 斤。[2]

1958 年，平顺县金星公社 80% 的男劳力和一部分强壮女劳力都去治河滩，剩下的妇女成了农业战线上的主力军，她们说："男人大战百里滩，妇女担起千斤担。"妇女们披星星戴月亮，和其他男社员一起保证了农业丰收，这一年每亩地打粮 454 斤。[3] 在连续两年的全面"大跃进"中，全县先后有 14000 多名男劳力离开了农业生产，投入工业、交通、水利等基本建设中，农业生

---

[1]　山西省妇联晋东南专区办事处：《1959 年全区妇女工作总结》1959 年 12 月 23 日，长治市档案馆藏，档案号：8—1—24。

[2]　山西省妇联晋东南专区办事处：《一九五九年全区妇女工作总结》，1959 年 12 月 23 日，长治市档案馆藏，档案号：8—1—24。

[3]　申纪兰：《在集体化道路上的西沟妇女》，《山西日报》1962 年 11 月 27 日第 2 版。

产的负担基本上就由妇女担起来了。①

　　1958 年，昔阳县妇女踊跃投身"大跃进"的高潮，尤其在农业生产战线上立下了汗马功劳。妇女在春耕、播种、夏锄、秋收、秋耕、深翻土地以及兴修水利、植树造林、水土保持、积肥、送粪、田间管理等一系列的农业劳动中都发挥了重要作用，特别是深翻土地的劳力中 70% 是妇女。刀把口公社洪川管理区 35 个劳力经营 284 亩土地，其中仅有 12 个男劳力。从播种到秋收，妇女全盘安排，正如该村群众所说的，"农业生产大跃进，妇女当了主力军，又收又割又深耕，离开男人咱也行。"② 闫庄窝乡井沟村，除去坐月子、怀孕的以外，妇女能参加田间劳动的 100% 参加了生产。村里的 60000 担肥料全部由妇女锤完、运完，全社拌种 200 亩，每亩施肥 200 担，撒粪任务全部由妇女担当，并且打坷垃 200 亩，拣种子 3000 斤。男社员对妇女的说法是"跃进妇女不简单，农活做了快一半，40 多岁的李玉莲不要看她脚板小，担起担来赛过小青年。"③ 北关蔬菜场 1959 年决算分配总结评比时，妇女在田间劳动做的劳动工分占到总数的 43%。劳动工种由过去的送粪、担肥等现成活儿发展到整地、扒种、打场等几种复杂的活计，技术程度大大提高。在农业评比大会上，男社员毛存科说："原来咱对妇女的看法是有问题，从今年的田间劳动看，将近一半的活是由人家妇女做的，可不是个简单的问题。"就连一贯小看妇女的张双银也说："从技术上看，也有很大的提高，不能光从担担上比，要从多方面看妇女的提高。"④

　　阜平县妇女在"大跃进"期间积极投入到修水库、修公路、积肥造肥、小麦管理等工作中。城关乡大园生产队 95 名妇女，晚上送粪，白天管理小麦，队与队之间开展了比妇女劳力发动，看出勤人数，比干劲看劳动效率，比完成任务看质量的"三比三看"红旗竞赛运动。在这一口号的鼓舞下，李

①　通讯：《平顺妇女成为农业生产主力军—妇女什么也能干什么也能干得好》，《山西日报》1960年 7 月 25 日第 1 版。
②　昔阳县妇女联合会：《妇女面貌大改变，十年跃居新阶段》，1959 年 9 月 20 日，昔阳县档案馆藏，档案号：16—1—28。
③　昔阳县妇女联合会：《昔阳妇女在跃进中大显身手》，1958 年 5 月 11 日，昔阳县档案馆藏，档案号：16—1—26。
④　昔阳县妇女联合会：《同工同酬坚持好，劳动热情步步高》，1961 年 7 月 4 日，昔阳县档案馆藏，档案号：16—1—33。

青德小队 10 个妇女参加了夜战，56 岁的辅助劳力金凤枝也在晚上参加了捣粪送肥，经过四昼夜的苦干鏖战，使 377.5 亩小麦达到"四普"（普浇、普锄、普除虫、普送肥），每亩平均追肥 50 担。① 在水利建设中，全县有 4000 余名妇女参加修水库、修水渠、挖鱼鳞坑等，妇女挖鱼鳞坑 56 万个。史家寨乡大连地生产队 72 名妇女和 55 名男子，奋战七昼夜，提前两天完成了 4 里长的一道渠，使 80 余亩旱田变成了水田。在她们的带动下，罗家湾先弯小队 9 名妇女积极投入水利建设，协助男社员 1 天完成了 2 里长的一道大渠，使 12 亩旱田变成了水田。② 城关公社，1958 年秋天，绝大部分男劳力都投入了工业水利及其各项基本建设，广大妇女勇敢地投入了秋收秋种，配合 400 名男劳力，胜利完成了 7000 余亩大秋作物的收割和 3400 余亩小麦的播种任务，扭转了认为妇女搞农业不行的错误认识。不少男社员说："在过去单干或高级社时妇女仅是秋收、麦收参加点场里的劳动，真没有想到妇女不但能收割秋收，还能送粪、拉犁、种麦。"③

在邢台东旺乡王快村，过去男队长总觉得一个男人干的活，妇女得用两人，记工少了又不干，总认为妇女不行，但在妇女担起全部农活儿后，一向轻视妇女的七队男队长吴张序说："早先我老觉得妇女干不了什么，这次上山修水库调走 400 多劳力，要不是妇女，光那几个老人连小麦也浇不完，别说拆 200 多间房了。还有锄麦、追麦等任务。"老社员吴栋顺说："我活了六十多了，没见咱苇地那草锄光过，今年从正月初一到初十妇女们把 200 多亩草苇地锄的光光的，像场一样，可不能小看妇女了。"周路说："早先觉着我家里是我养活着他们，谁知今年俺媳妇下地，一天比我挣分还多，往后我给她看孩子做饭，谁叫她一早一晚下地比我还挣得多呢？"④

① 阜平县妇女联合会：《关于当前几项工作活动情况的报告》，1959 年 11 月 20 日，阜平县档案馆藏，档案号：3—1—14。

② 阜平县妇女联合会：《关于当前几项工作活动情况的报告》，1959 年 11 月 20 日，阜平县档案馆藏，档案号：3—1—14.

③ 阜平县妇女联合会：《城关公社三年来妇女工作调查情况及今后意见》，1961 年 10 月 25 日，阜平县档案馆藏，档案号：3—1—29.

④ 河北省妇女联合会：《邢台东旺乡王快村妇女在生产大跃进的政治思想教育工作——省妇联工作组调查》，1958 年 5 月 22 日，河北省档案馆藏，档案号：899—1—102。

（二）20 世纪 60 年代初期

"六十条"提出后，极大地提高了广大妇女的集体生产积极性，妇女在生产中发挥了更大的作用。

阜平县城关公社柳树底生产大队 76 名妇女和 110 名男子 20 天修梯田 87 亩，龙泉关公社黑岭沟生产队 40 名妇女两天完成垫圈土 600 多担。在搞好各项生产的同时，妇女还大力开展了开垦闲散地运动，和男子一道完成了闲散地的开垦和播种。羊道大队 117 名妇女共刨地 125 亩，收粮 3570 斤，菜 25000 多斤。同时，在积肥工作中，龙泉关公社顾家台大队 105 名妇女共完成积肥 9088 担，张成玉等 4 人第二季度超过任务 300 担。① 骆驼湾大队开展了挖河泥垫畜圈、鸡鸭兔羊窝挖肥源的积肥造肥运动，8 名妇女两天完成积肥 1850 担，给作物追肥备下了肥料。② 1961 年，在三秋工作中，广大妇女踊跃参加秋收种麦运肥工作，适时完成了 14 万亩大秋作物的收获和 42000 亩小麦的播种。在秋末冬初，广大妇女又投入修滩垫地整修梯田的工作中。城关公社柳树底生产大队 76 名妇女和 110 名男子 20 天修梯田 87 亩，龙泉关公社黑岭沟生产队 40 名妇女两天完成垫圈土 600 多担。③

1960 年，昔阳县四万余名能劳动的妇女都投入到继续抗旱保墒的生产战线上。截至 3 月底统计，已整修坡地 35 万亩，耙耱土地 33 万亩，深翻土地 126400 亩，5 万亩小麦全部用粪水进行了第一次灌溉，第二次灌溉已达 6361 亩，刨穴坑 37500 亩，已下种的 28900 亩，送出粪 54965 担。④ 1961 年，大寨公社妇女在各个季节担负着的农活包括春季整地、耙耱土地、送肥、下种、捏籽等，妇女担负农活 25%；夏季间苗和锄苗、挽谷、抓青、清除病虫害、人工授粉等，妇女担负农活占 40%；秋季秋种、收、割、捆、刨茬、打场等，

---

① 阜平县妇女联合会：《关于 1961 年妇女工作总结报告》，1961 年 12 月 31 日，阜平县档案馆藏，档案号：3—1—29。
② 阜平县妇女联合会：《1961 年关于第二季度妇女工作总结报告》，1961 年 7 月 1 日，阜平县档案馆藏，档案号：3—1—29。
③ 阜平县妇女联合会：《关于 1961 年妇女工作总结报告》，1961 年 12 月 31 日，阜平县档案馆藏，档案号：3—1—29。
④ 昔阳县妇女联合会：《当前妇女生产情况简报》，1960 年 4 月 22 日，昔阳县档案馆藏，档案号：16—2—39。

单纯就收玉茭来说，共收玉茭 80 万斤，其中妇女共收 40 万斤，占玉茭总额的 50%。[1]

1962 年，山西省晋东南地区，广大妇女群众在整个夏季生产运动中极显著地体现了"三高"的特点，即出勤高、功效高、质量高。据阳城、黎城、高平、壶关、长治市等 6 县 1 市的 18 个公社和 195 个生产大队的统计，妇女出勤平均在 95% 左右。全区 50 余万妇女劳力，已经大多数集中于以"勤、追"为中心的秋田管理工作。沁县 29 万亩大秋作物已普遍进行加工，其中 9 万亩谷子普锄一次已结束；万亩高粱、玉茭和山药、大麻将已锄过两遍，同时对 12500 亩瓜菜也进行了加工，并普遍结合中耕锄草施了追肥。沁水县基本上由妇女包下来的 25.369 亩棉花已普遍锄三遍，普追两遍，整枝脱裤工作基本结束。[2]

（三）"文革"时期到 20 世纪 70 年代中期

随着"农业学大寨"运动的深入开展，在"男女都一样"口号的号召下，"铁姑娘""红大嫂""红大娘"等妇女专业队、战斗队应运而生。广大妇女离开"三台"，投身到战天斗地的农业生产第一线。1975 年，榆次市共有妇女专业队 285 个。在大旱之年，妇女们担水、抗旱、下种，连续坚持数月。她们不仅在春种、夏管、秋收和寒冬的农田基本建设中发挥作用，而且有的妇女在打水井、挖水渠、建高灌、修道路等重体力劳动中也发挥了重要作用。郝村大队 50 多名妇女参加了打井队，打深井 20 眼，发展水浇地 3000 亩。韩家寨大队的 40 名妇女参加了打井建高灌，为水利工程投工 9750 个，占到工程总投工的 65%。由于妇女们大干苦干，使两年的工程一年完工，该工程被命名为"三八"高灌站。什贴公社在修建十里沟水库时，有 250 名女青年参加，她们每天要完成推土百余平车的任务，往返行程约 70 华里，被誉为水库工地的"红色娘子军"。东阳公社西范村由 28 人组成"铁大嫂"战斗

---

① 昔阳县妇女联合会：《大寨公社 1961 年妇女工作总结》，1961 年 12 月 20 日，昔阳县档案馆藏，档案号：16—2—45。

② 山西省妇联晋东南办事处：《关于贯彻省妇女工作会议情况和妇女参加夏季生产简报》，1961 年 8 月 1 日，长治市档案馆藏，档案号：8—1—35。

队，出色地完成了 920 亩土地的下种任务。①

1969 年，昔阳县参加农业生产的妇女 28900 名，全年共投工 584 万个，占到农业投工量的 31%。这些妇女们一年四季同男社员并肩作战，风雨无阻，坚持出勤，农业上的大部分工种都能胜任。掏茅粪这种活儿，以前妇女们从没干过，到 1969 年也干起来了。北界都大队的妇女主动提出妇女承担淘大粪的任务。妇代会干部带领三十多名妇女往菜地里送粪，一天担粪七八个来回，比男同志还多担两个来回。这样的成绩更促进了妇女掏大粪的决心，淘粪队伍由 30 多人扩大到 90 多人，仅冬春两季就掏出 15000 担大粪。群众说："过去的妇女是人数占一半，劳动不能干，如今锻炼得真正成了'半边天'"。② 赵壁公社南思贤大队铁姑娘队 20 个姑娘，1967 年在老农的帮助指导下，两年时间在乱石滚动的葫芦沟打坝一百多条，造地 150 亩。之后，又向党支部申请，铁姑娘队成立一个生产队，在 150 亩地上闹革命。大队党支部批准了她们的要求，并且派出 5 个老农做技术指导，她们很快掌握了撒粪、耕地、播种、管理等农活，到 1976 年，共生产粮食 70 多万斤。③ 南垴大队的妇女们在大寨党支部领导下，1971 年大战立姜山，1972 年大战赵马岩，1973 年大战八亩垴，1974 年大战北山垴，一年一个大战役。南垴一共 40 多个妇女劳力，以她们为主，经过几年努力，把成百亩山地改造成百亩田和小平原。④

邢台县妇女在"农业学大寨"运动中，作用一点不亚于男子。折虎大队村后有一条椿树沟，光秃秃的没有树，一场小雨往往把梯田冲得沟壑纵横、七零八落。1973 年冬，郭爱妮带领 110 名妇女决心让这条穷山沟变成花果山。妇女们起石动土，挖坑垒堰，大石头搬不动，几个人抬，经过半个多月的艰苦奋斗，她们挖坑筑堰砌起了 6050 个鱼鳞坑，动土石 16300 多方，当年就栽

① 榆次市妇女联合会：《榆次妇女运动史》，（内部资料）1990 年版，第 55 页。

② 昔阳县妇女联合会：《关于 1969 年妇女工作的基本总结和 1970 年妇女工作的初步意见》，1970 年 1 月 9 日，昔阳县档案馆藏，档案号：16—1—45。

③ 《昔阳"半边天"——介绍山西省昔阳县广大妇女揭批"四人帮"，奋力建设高标准大寨县的事迹》，1977 年 3 月 2 日，昔阳县档案馆藏，档案号：16—1—2。

④ 《昔阳"半边天"——介绍山西省昔阳县广大妇女揭批"四人帮"，奋力建设高标准大寨县的事迹》1977 年 3 月 2 日，昔阳县档案馆藏，档案号：16—1—2。

上了栗子树，打响了治理椿树沟的第一炮。① 在农田水利基本建设上，妇女也是一支骨干力量。全社出动的 3000 多名治川大军中，妇女就有 1700 多名。浆水大队 7 个铁姑娘，上班最早收工最晚，拉石运土每天三十多趟，行程一百多里。"西水东调"是邢台县的重点工程，妇女们说："大工程关系着全县生产无限的改变，一定要大上快上，同帝修反争速度、抢时间。"②

阜平县的"红大嫂"队由十几名妇女组成，她们都和男劳力一样，不管天气好坏，只要男劳力出工，她们就出工。因为这个队男劳力比较少，因此队里的大部分活全靠这些妇女们完成。种玉米、栽山药、担粪、挑水，往几百米高的山上挑水栽山药，她们都能做，样样农活都不输男劳力，大家都说这群妇女好像是铁打的，什么困难也难不住她们。她们一年的出工日都在 300 天以上。③

太行山区妇女在生产劳动中起到了越来越重要的作用。

小　结

传统社会，妇女一生中的大部分时间都在家庭内那块狭小的空间活动，终年从事繁琐的家务劳动。由于所从事的劳动不能带来任何价值，被称为"无用的人"，终身附属于男子。抗日根据地建立以后，妇女开始参与农业生产劳动，逐渐开始摆脱几千年家庭化、传统化、封闭化的生活模式，不再生活在社会的幕后，而是与男子一样承担了重要的社会角色，由主要从事家务劳动进而逐渐走向集体的、合作的、家庭以外的多样化社会劳动。在集体化时期，无论是妇女的劳动参与率还是妇女在农业生产中所起的作用，都说明妇女在农业生产中的地位已经和男子同样重要，真正在农业生产中"撑起了半边天"。

① 《〈大寨路上"半边天"〉——记邢台县妇女的先进事迹》，《河北日报》1975 年 12 月 24 日第 2 版。
② 《〈大寨路上"半边天"〉——记邢台县妇女的先进事迹》，《河北日报》1975 年 12 月 24 日第 2 版。
③ 阜平县妇女联合会：《"红大嫂"队真叫棒》，1979 年 5 月 24 日，阜平县档案馆藏，档案号：3—1—60。

第四章 走向解放：参加社会生产对妇女自身的影响

在第三章我们提到，妇女参加社会劳动的作用包括两方面内容，一是改造客观世界，这一点已经在第三章中做了充分的论述。二是改造主观世界——实现妇女整体人格的完善。恩格斯在《劳动在从猿到人转变过程中的作用》一文中指出，在一定意义上说，"劳动创造了人本身"。对于这句话，一般的理解是劳动在从猿到人的转变过程中起了至关重要的作用。首先它解放了人的手，另外劳动创造了语言，并且使人在劳动过程中适应社会，但我们还可以延伸一下理解，"即在人类发展过程中，人类在劳动中不断获取新的知识、技术、经验，不断推动生产力的发展，进而推动社会和人自身的发展与进步。"

在集体化时期，妇女大规模参与农业生产劳动，不仅为家庭、集体乃至国家创造了大量财富与价值，而且对其自身的影响也是不可估量的。下面我们从妇女劳动技术的提高、妇女精神风貌的改变以及妇女社会地位的提高三个方面来论述参加农业劳动对妇女自身的影响。

第一节 妇女农业技术的提高

农业技术是农业发展的第一推动力，农村妇女正是在参与农业生产的过程中提高了自己的农业技术水平，进而提高了改造自然界和适应社会的能力。

一、互助组时期

在互助组时期，太行山区的妇女开始掌握一些简单的农业技术，例如棉花整枝、人工授粉、选种、浸种等，在农业中也仅从事比较简单的劳动。

在阜平县，一些妇女掌握了棉花整枝技术，仅三区 2 个乡就有 19 名妇女参加了整枝，完成 12 亩，如营儿乡团员田子荣整枝 1 亩。在她的直接带动下，又有 5 名妇女参加整枝 4.5 亩。另外，妇女们还掌握了人工授粉工作，组内通过技术传授，讲解了玉米的传粉法等科学道理。经过讨论，六区龙泉关罗连珍（妇代主任）表明了态度，先拿自己的一亩玉米做了试验，带动广大妇女来学习这一先进技术。[①] 邢台专区各县一些不定型的互助组，妇女在互助中农业技术也普遍提高，解决了自身不会干某些农活的问题，如临城东鸭鸽营、邢台的七里桥等不少村庄均有不少妇女学会使用与拆卸喷雾器。在男女互助中，由于开展了互教互学运动，妇女普遍学会了整枝及技术管理，表4.1 是临城县妇女学习技术的进展情况，即可充分说明问题。

表4.1 临城县新中国成立初妇女学习技术的进展情况

项目 \ 类别数字	管理棉花		选种		浸种		学会治虫	
	1950 年	1951 年	1950 年	1951	1950 年	1951 年	1950 年	1951 年
人数	858	2477	1848	4135	3082	4710	700	1957
总村数	14 村		14 村		58 村		62 村	

资料来源：河北省妇女联合会《1951 年邢台专区妇女参加生产情况的总结》，1952年，河北省档案馆藏，档案号：899—1—33。

二、合作社时期

（一）初级社时期

与互助组时期比较起来，初级合作社组织程度比较高，同时社内开始重

---

① 阜平县妇女联合会：《关于八月份工作总结简报》，1953 年，阜平县档案馆藏，档案号：3—1—1。

视妇女学习技术。这一时期，妇女掌握的农业技术更加广泛。

1952 年，在长治专区的初级合作社中，各社普遍组织了技术小组，配备了技术员，有专人教妇女学技术，采取包干带徒弟的办法，普遍展开了互教互学运动。据 34 个社的统计，女劳力共 588 人，学会用新旧犁犁地的 171 人，占妇女劳力总数的 20%；学会拉大锄的 526 人，占妇女劳力总数的 89%；学会浸种拌种的 322 人，占妇女劳力总数的 57.7%。① 平顺县西沟乡李顺达社，1953 年该社有 4 名妇女成了农业生产上的全把式，12 名学会了犁地，其余的都学会了使大锄。妇女自身劳动技术提高的同时，也为社里取得丰产做出了很大贡献。② 到 1954 年，已有 28 名妇女学会了全套农业技术（犁地除外），秋苗约有 80% 是妇女锄的，如第一劳动小组张脑秀撒粪十几亩，撒的又快又好，男社员都异口同声称赞"撒的很匀，赶上有技术的男人了。"第三小组的耙涝地都是由吕桂兰、张雪花等 4 名妇女单独完成的。在提高妇女技术事情上，男女社员之间互相鼓励、表扬，如女社员们说："男教女学是正经，提高技术把产增，我们技术学的好，全靠男人教的好。"男的说："男教女学是正当，提高技术多打粮，包产计划能完成，多亏妇女把产增。"③

在山西省榆次县，随着合作化的发展，生产规模逐步扩大，耕作管理趋于精细化、科学化。广大妇女在集体生产中，学会了选种、浸种、灭蚜虫、玉米人工授粉、棉田管理等许多科学种田技术，有的妇女还学会了驾驶拖拉机。1954 年 6 月，榆次县张庆村建立了拖拉机站，有王梅芬、周惠兰、冀静青 3 名女青年学会开拖拉机，成为最早的女拖拉机手。④

（二）高级社时期

高级社后，由于所有收益均来自劳动所得工分，为了多挣工分，妇女们

① 中华全国民主妇女联合会华北工作委员会：《山西省长治专区农业合作社中女社员活动情况》，1952 年 9 月 19 日，河北省档案馆藏，档案号：899—2—44。
② 蓝邨：《劳动就是解放，斗争才有地位——李顺达农林畜牧生产合作社妇女争取男女同工同酬的经过》，《人民日报》1953 年 1 月 25 日第 2 版。
③ 全国妇联华北区工作委员会：《李顺达农、林、牧生产合作社是如何发动妇女参加生产的》，1954 年 2 月 15 日，河北省档案馆藏，档案号：899—1—50。
④ 榆次市妇女联合会：《榆次妇女运动史》，（内部资料）1990 年版，第 32 页。

积极参加到农业生产劳动，但由于大多数妇女的农业技术还处于较低水平，只能做一些技术含量低的工作，因此所挣工分也低，这就使妇女们学习农业技术的愿望日益迫切。同时，社内为了增产，也需要提高妇女的农业技术水平，这也为妇女们学习农业技术创造了条件。高级社时期很多妇女学会了使用双铁犁。

如完县（今顺平县）妇女们在1956年第一季度工作中提高了耕作技术，下叔乡有47名妇女学会了使用双铁犁、耧子等耕地的技术。① 1957年，平山县在妇联的发动下，妇女普遍学会了棉花整枝、浸种、拌种、除治病虫害、山药手提蔓、玉米人工辅助授粉等技术。同时，妇联培养妇女骨干和心灵手巧的妇女学习使用新式农具，由少到多、由点到面，如卢家庄村康淑华以身作则，克服了各种困难，终于学会了使用铁犁，然后教给刘秀琴、卢秀春等7名妇女，这些人学会后又都当了老师，以师傅带徒弟的方法学习，共带动了36名妇女学会使用双铁犁。②

此外，妇女们还学会了压绿肥、落籽、步犁耕地、棉田管理等技术。昔阳县白羊峪等6个社，妇女们学会拉大锄的有700人，学会压绿肥的有50％，学会栽红薯的有50％，学会落籽的273人。大寨新胜社妇女有86人学会找谷，32人学会打场等。联东峪社焦银良学会了步犁耕地，丁峪基社妇女们在管理棉田技术上也都有所提高。③

山西省平顺县金星公社妇女经过一段时间学习技术后，除了摇耧、垒岸等技术性很强或者耗费体力很大的少数农活不能做以外，其它像锄地、间苗、掘岸、栽树、喂牲口、锄草等一般农活大部分妇女都会做了，不少妇女还学会了犁地。④ 妇女们提高技术以后，上地劳动也受欢迎了。张买兴说："过去妇女掘岸是鸡刨窝，现在也像个样样了。"生产队长王聚则过去不愿意给妇女

---

① 完县妇女联合会：《关于第一季度的妇女工作总结向县委的报告》，1956年4月8日，顺平县档案馆藏，档案号：7—5—5。

② 平山县妇女联合会：《第三届第二次妇女代表会议的工作总结与今后任务的报告（草案）》，1957年11月20日，平山县档案馆藏，档案号：17—1—14。

③ 昔阳县妇女联合会：《1956年入春以来妇女工作总结》，1956年11月18日，昔阳县档案馆藏，档案号：16—1—19。

④ 申纪兰：《在集体化道路上的西沟妇女》，《山西日报》1962年11月27日第2版。

派活，现在主动找到妇女队长申纪兰，说："纪兰呀，你快给咱发动发动妇女吧，要不就完不成任务了。"①

三、人民公社时期

（一）"大跃进"时期

中共八届二次会议制定了"鼓足干劲，力争上游，多快好省地建设社会主义"的总路线，其中提出技术革命是实现"多快好省建设社会主义"的首要关键之一。技术革命的中心是工具改革，改革了工具就可以使原来笨重的体力劳动逐步被机械化和半机械化代替。在这种形势下，广大农村妇女也由一般性参加生产，转变为开动脑筋积极投入以改革农具为中心的技术革新运动。

1958 年，平山县妇女们的劳动范围空前扩大，农业技术大有提高。可以说，大部分妇女都掌握了一般农作物的田间管理技术，还有不少妇女学会了耕种锄耧等全套技术，并出现了 10 名拖拉机手。② 王子村李二凤、程瑞书在党支部的领导下，创造了打水车、追肥器等新型农具。③

1958 年，行唐县安香乡妇女在很短时期内共创造与改良农具、提水工具、喂猪做饭、米面加工等共 100 种 285 件农具和工具，大大提高了劳动效率。许多开始看不起妇女的人们也转变了，说："真是人外有人，天外有天，想不到这时候的妇女真沾。"④ 东安乡农业社的妇女们发明和改良了双管水车、自动装卸拉土车等共 30 多种农具和工具。⑤

1959 年，阜平县有 60% 以上的妇女掌握了一般的农业技术，有 284 名妇女成了农业技术员，有 2 名妇女当了拖拉机手，有 200 名妇女当了饲养员，8

---

① 申纪兰：《在集体化道路上的西沟妇女》，《山西日报》1962 年 11 月 27 日第 2 版。
② 平山县妇女联合会：《关于四年来妇女工作总结》，1962 年，平山县档案馆藏，档案号：17—1—23。
③ 河北省妇女联合会：《1958 年第二季度工作报告》，1958 年 8 月 9 日，赞皇县档案馆藏，档案号：9—2—20。
④ 河北省妇女联合会：《1958 年第二季度工作报告》，1958 年 8 月 9 日，赞皇县档案馆藏，档案号：9—2—20。
⑤ 河北省妇女联合会：《关于发动妇女向技术革命文化革命进军和大办工业的计划（草案）》，1958 年 6 月 26 日，平山县档案馆藏，档案号：17—1—17。

名妇女当了配种员，1380 名妇女当了防疫员（包括鸡、猪注射员）。①

"大跃进"期间，昔阳县党委也在全县各地开展了以滚轴化为中心的创造发明和使用相结合的工具改革运动。全县妇女积极响应这个号召，她们说"工农业大跃进，男女老少齐上阵。男人抓钢，妇女抓粮，实现车子化，粮食归仓不困难。"从 8 月 5 日至 10 日，5 天时间，全县共造模型 3860 项，参加人数达 67034 人，其中妇女 23700 人，共造模型 629 件。仅一项滚珠轴承，截至 8 月 29 日统计，全县 46 个乡 370 个农业社就有 1.5 万名妇女打滚珠，20余天时间，男女共打成小滚珠 78421 个，其中妇女完成 35705 个，占总数的60%。安坪乡 120 名妇女参加打滚珠，5 个晚上共打滚珠 2952 个，聂桂娥一天一晚就打了 210 个。除造出四种车子的模型、打滚珠外，孔俊娥等 20 名妇女白天整日劳动，晚上拉锯苦干 5 个钟头。闫庄窝妇女创造了"抓青锅"，生产效率比原来提高 2 倍。妇女们说："有了新农具，妇女顶男人，人人动脑筋，能出万能人。妇女不简单，顶个男子汉。"②

不仅在农业生产上妇女的技术有了很大的提高，在农田水利建设中，妇女们同样积极学习并提高了技术。

　　1959 年 11 月间，山西省沁县郭村公社决定要新建三个水库，但是由于男劳力有限，三个水库无法同时动工，于是，公社党委便号召全社妇女投入这一战斗。这时，全省著名的红勤巧"女状元"王东果，便向全社妇女发出了妇女包修一个水库的倡议，马上得到全社妇女的热烈响应，一个"千女"兵团就这样组织起来了。

　　建库工程开始后，首先遇到的困难是如何突破技术大关。怎么办？在一次技术过关会议上，青年共产党员安爱连提议，就地取材，自己培训。她说："王东果也是个不识多少字的农村姑娘，人家只用了十来天就学会开拖拉机，我看只要破除迷信，敢想敢干，刻苦钻

① 阜平县妇女联合会：《关于 1959 年妇女工作总结报告》，1959 年 11 月 20 日，阜平县档案馆藏，档案号：3—1—14。
② 昔阳县妇女联合会：《发动脑筋大胆创造又发明，滚轴化为中心技术革新打先锋》，1958 年 8 月 10 日，昔阳县档案馆藏，档案号：16—1—26。

研，就都能够办的到。"于是，跟着丈夫学过二年铁工的李秀兰，决心要尽快带会五个徒弟；跟着父亲学过木工的霍香兰，也带了19个徒弟，卫翠莲报名学了电工、田艾平报名学机工……就这样一个向技术进军的洪流出现在工地上。指挥部为了适应形势的发展，在工地上成立了"红专学校"，又聘请了11名老技术人员，采取重点培训和普遍传授相结合的办法，经过一个月的工夫，就培训出了一支巨大的技术力量，有190多名妇女初步学会了爆破、铁工、木工、电工等技术，而且还创造了一天打40个石炮眼和一炮打35方石头，一炮打一万方土的新纪录。卫翠孩等五个妇女，不仅学会了开锅驼机，而且还学会了修理锅驼机、架线、安灯等技术，郭焕娥等19个姑娘担负起了整个工地的工具修理任务，还改造和创造了210多件适合妇女使用的工具，工效大大提高。[①]

经过妇女们的努力，沁县郭村人民公社的1000名妇女突破重重困难，修建成一座可以蓄水200万方、浇地13000多亩的中型水库，这座水库被命名为"千女水库"。

到这一时期，妇女的农业技术水平已有很大的提高。

（二）20世纪60年代初期

20世纪60年代初，《六十条》公布后，包工制开始实行，一些技术活儿比单纯的体力活儿定的工分要高。妇女为了多挣工分，更加努力地跟着老农学习农业技术。

1963年，黎城县城关公社赵家涧大队为了提高妇女技术，以生产队为单位办起业余技术夜校，让妇女常年坚持学习。同时，为了让大家学以致用，各生产队普遍建立了小农场和试验田。通过技术夜校的学习训练和实地试验，全大队有31名妇女掌握了浸拌种籽、药剂拌种和田间选种技术，金麦香等4

---

① 通讯：《沁县"千女水库"建成——妇女包修妇女施工不会技术自己培训》，《山西日报》1960年4月4日第2版。

名妇女成了生产队的农业技术员。①

1965 年，邢台县南会大队在刘九妮的带动下，全村大多数妇女都投入了学习技术的热潮，老农赵克己教会了女儿赵桂平扶犁，三队队长胡立冬也教会他爱人尚堂妮管理棉花。很快，大多数妇女都学会了一般的农活。②

（三）20 世纪 70 年代

20 世纪 70 年代，"农业学大寨"时期，广大妇女在生产中开展"学农业生产的全活"活动，努力掌握各种生产技术。

1974 年，邢台县广大妇女通过学全活活动，已有女机手 871 个、女车把式 76 个、妇女科学试验小组 1060 个、妇女植棉组 1624 个、妇女打井队 44 个。大部分妇女学会了犁地、播种、打井、植棉、植种等 20 多项农活，不少人成为劳动模范、先进生产者、技术能手，充分发挥了妇女的"半边天"作用。③

邢台县将军墓公社折虎大队在"农业学大寨"运动中，到 1974 年秋天，全县就已有女机手 871 名、女车把式 67 名、生产能手 470 名、"三八"打井队 51 个、植棉组 789 个。④

平山县南石门公社地处丘陵地区共 35 个大队、156 个生产队，男女整半劳力 12800 名，其中妇女劳力 6596 名，占总劳力的 50.1%。1974 年以来，该社举办农业技术训练班 35 期，有 493 名妇女参加了培训，有的大队还组织老农帮助妇女学全活。到 1979 年，全社有女农业技术员 80 名、女电机手 64 名、女拖拉机手 140 名、女车把式 26 名，有 1268 名妇女学会了赶排子车，全公社队队有妇女农业技术员，植棉组有妇女植棉技术员，林业队中队队有妇女林业技术员，妇女的农业技术水平大大提高。公社党委还利用抓典型、召开现场会的方法，在全社掀起了群众性的学全活、学技术活动，凡是适合妇女干

① 《妇女劳力大有用武之地——关于充分发挥和使用妇女劳力的经验》，《山西日报》1963 年 5 月 24 日第 2 版。
② 通讯：《巾帼英雄看今朝——南会大队妇女参加集体生产的调查》，《河北日报》1965 年 3 月 8 日第 2 版。
③ 《邢台县各级党组织认真落实男女同工同酬政策，调动了广大妇女的社会主义积极性》，《河北日报》1974 年 11 月 30 日第 3 版。
④ 通讯：《〈大寨路上"半边天"〉——记邢台县妇女的先进事迹》，《河北日报》1975 年 12 月 24 日第 2 版。

的，她们样样都能干。还有的生产队培养出培育良种女技术员 13 名，为妇女搞科学种田、学技术做出了榜样。全社 1496 名妇女掌握了耕地、耙地、赶车、打场、选种、开拖拉机、电动机等技术，成了农业生产的一支主力军。一些老农称赞说："时代不同了，男女都一样，有些活计妇女比男的干的还好"。①

除了普通的农业技术，妇女们也开始尝试一些妇女以前从来没涉猎过的行业，并且技艺明显提高。

> 1977 年，昔阳县白羊峪大队陈贵娥，队里让她学开推土机。为了早日学会开推土机，她刻苦钻研技术，白天她跟师傅在一起作业，向师傅请教，晚上回到家里，阅读有关技术书籍，仔细琢磨。为了了解每一个部件的性能，她还拿着技术书在车上对着零件请师傅讲解。在一处工地上，陈贵娥试着独立操作推土机，可是没推几下，履带掉下来了。这时，有的人就说："妇女就是不沾，刚开车就把车链弄掉了。"陈贵娥想：队里选拔自己开推土机，是对自己的信任，农业机械化的发展，需要更多的人掌握机械技术。世界上从来没有天生的推土机手，什么事都是学会的。"世上无难事，只要肯登攀。"自己不能辜负队里的希望。陈贵娥没有泄气，在师傅的帮助指导下，找出了掉履带的原因，是由于转弯太急。在实践中，她吸取教训，不断摸索，没多久，就会开推土机了。后来她又不断提高技术，当推土机手一年多，造了不少人造平原，还到兄弟队水库工地帮助推土，在农业学大寨运动中做出了成绩，成为模范推土机手。②

20 世纪 70 年代末，昔阳县妇女在农业生产建设中的贡献越来越大，全县410 多个科学实验小组，大部分都有女同志参加。李艺掌、北关村等大队的科研组以妇女为主，全县操作机械的女机手共 1150 多名，开拖拉机、推土机的就有

---

① 河北省妇女联合会：《南石门公社党委是怎样巩固男女同工同酬成果的》，1979 年 6 月 2 日，平山县档案馆藏，档案号：17—1—60。
② 《昔阳"半边天"——介绍山西省昔阳县广大妇女揭批"四人帮"，奋力建设高标准大寨县的事迹》，1977 年 3 月 2 日，昔阳县档案馆藏，档案号：16—1—2.

120 多人。[①]

　　阜平县的统计资料则更为详细。从表 4.2 中的统计中，我们也可窥见阜平县妇女学习技术的情况。

表 4.2　阜平县妇女学习技术统计表

单位（统计时间）	女机手			其他			打井队		治山专业队	
	拖拉机手	柴油机手	机电工	耧手	犁手	车把式	打井队数	参加妇女	专业队数	参加妇女
下庄公社 1975.7.30										
城南庄公社 1975.9.2					10				1	15
龙泉关公社 1975.7.30									4	11
东城铺公社 1975.7.7										
台峪公社 1975.7.7									2	5
北果元公社 1975.7.7		2	5		2	1	1	13	1	9
段庄公社 1975.7.17					3					
东下关公社 1975.7	1				1		7	65	13	150
各高台公社 1975.7	1									
总计	2	2	5		16	1	8	78	21	190

　　资料来源：阜平县妇女联合会《妇女参加领导班子及各种机手统计表》（200—208 页），1975 年 7 月，阜平县档案馆藏，档案号：3—1—48。

　　综上所述，在集体化时期，在参加农业生产过程中，妇女们不仅为社里做出了重要贡献，同时自身的农业技术水平也有了很大的提高。

---

① 《昔阳"半边天"——介绍山西省昔阳县广大妇女揭批"四人帮"，奋力建设高标准大寨县的事迹》，1977 年 3 月 2 日，昔阳县档案馆藏，档案号：16—1—2.

第二节　妇女呈现出新的精神风貌

精神风貌指一个人或一个集体在能力、气质、觉悟等方面的外在表现。集体化时期，乡村妇女在参加劳动过程中形成了与传统社会截然不同的新一代女性气质，她们的劳动观念及劳动态度都发生了很大的变化。

一、劳动观念

传统社会妇女们都以下地劳动为耻，合作社初期妇女们仍然存有这种观念，在刚去田间劳动的时候锄头都是让男人们扛着，但随着时间的推移，不仅是妇女，在社会上也逐渐改变了"妇女下地可耻"的观念。

首先，参加生产的妇女人数越来越多，妇女出勤的天数越来越多。

妇女是"家里人"这句话是传统社会男人对妇女的评语，这句话确切地反映了传统社会妇女的地位和处境。在太行山区，因为地少人多，合作化前妇女们主要从事家务，主要的工作是碾米、磨面、转锅台、做针线以及生儿育女等，至于农业生产的相关活动，不是妇女干的营生。

合作化后，妇女们开始大规模走向农田，参加生产。

昔阳县在定苗秋收农忙时，妇女们都要到场。初级社和高级社时，由于生产关系和劳动组织的改变，参加生产的妇女越来越多，出勤时间越来越长。初级社时，昔阳北关妇女出勤的占妇女劳力的 51.8%，每名妇女全年平均出勤 35 天，最高的出勤 60 天。高级社时，经常出勤的妇女人数占妇女劳力的 58.06%，每名妇女全年平均出勤 121 天，最高的出勤 186 天。1958 年经常出勤的占到了 76%，每名妇女全年平均出勤 163 天，最高的达 221 天。1959 年每名妇女全年平均出勤达 206 天。北关妇女说："要提高生活水平，唯一的办法是好好地劳动，增加收入。现在吃饭有食堂，生下小孩别人看，穿衣缝补裁缝管，真是心里无愁事，家里没事干，只有加强第一线"。[1] 她们干活时争先恐后，不怕脏不怕难，每天都超过定额。男人担几根秧，妇女一样多，男

---

① 昔阳县妇女联合会：《北关的妇女工作调查》，1960 年，昔阳县档案馆藏，档案号：16—1—30。

人担 10 次，妇女也担 10 次。到 1960 年，全区妇女劳力出勤的达到 100%。
1—10 月底每人平均出勤 251 天，即便是生病坐月子的妇女也出勤到了 184
天，比 1958 年的 134 天提高 54%，比 1959 年的 206 天提高 21.5%。即便是
妇女每个月的几天经期，没有特殊情况的妇女也不肯误工。正如张翠平说：
"一天不去劳动，到食堂吃饭时就比别人害羞，几天不去不敢见人。"[1] 人称
懒老婆的张喜民，31 岁，1958 年在阳泉当家属，1959 年不安心于农业，所以
常装病，全年只做下了 3 个劳动日。1960 年以后，仅 1—10 月就做下了 130
个劳动日。四个孩子的张小尼连续三年生小孩，1958 年只做了 13 个劳动日，
1959 年做了 40 个劳动日，1960 年十个月挣下 1800 分，比 1959 年全年提高
35%。不仅如此，她还督促她的男人也不要缺勤。男人们也说："现在妇女胜
男人，各样工作都占先，离开这些女兵将，实现指标万万难。"[2]

　　阜平县的妇女们也扭转了过去认为劳动耻辱的思想，养成了勤劳简朴的
生活习惯。马炳文 47 岁，家里五口人（三口在外，两口在家），种地三亩半
（水地二亩半，旱地一亩），除农忙时忙不过来要请人帮忙以外，其余的农活
都由她和儿媳负担，并且她们还学会了一些科学技术，如浸选籽种等。冬闲
时做针线活、纳鞋底、打柴、拾粪等，赚来的钱用来买油盐、买吃穿，以弥
补粮食歉收与家中零花的费用。[3]

　　平山县张家庄村单花枝，21 岁，过去从不参加劳动。经过教育，认识到
劳动光荣后，决心在家参加农业劳动。后来由于劳动好，工作积极，被选为
农业社的副主任。[4]

　　完县北下叔光明社高小毕业生冉强说："我毕业后未升上学，认为参加劳
动丢人。自从受到了社内教育，积极参加了社内各项生产，受到了社内和家
庭的奖励。这会儿我可明白啦，无论在何种工作岗位上只要你肯干，安心工

①　昔阳县妇女联合会：《北关的妇女工作调查》，1960 年，昔阳县档案馆藏，档案号：16—1—30。
②　昔阳县妇女联合会：《北关的妇女工作调查》，1960 年，昔阳县档案馆藏，档案号：16—1—30。
③　阜平县妇女联合会：《关于东庄乡妇女参加生产的工作报告》，1953 年 11 月 4 日，阜平县档
　　案馆藏，档案号：3—1—1。
④　平山县妇女联合会：《关于第二季度的工作计划》，平山县档案馆藏，档案号：17—1—14。

作，同样也是愉快的，受到群众的拥护。"①

不仅是妇女自身，男人们对妇女参加劳动这一行为的态度也发生了很大的改变。

赵树理的《三里湾》写的就是 1952 年太行山下的华北解放区模范村三里湾的农业合作化故事，主要通过家庭在这场变革中的矛盾和变化及其与社会的互动述说三里湾的互助合作运动。在这部作品中，描写了袁天成对他老婆"能不够"态度的转变。以前"能不够"从来不下地，袁天成一直像长工一样任劳任怨，可是随着合作化的发展，袁天成一个人忙不过来地里所有的活，他开始恨起"能不够"来，"恨她出主意留那么多自留地，恨她不参加劳动让自己一个人当老牛"。在他革"能不够"的命时，说："你不参加劳动，也不让小俊参加劳动，把我一个人当成老牛，忙不过来的时候去央告人家别人帮忙。你也睁开你那瞎眼到地里、场里去看看！看人家别的妇女们谁像你们母女俩？""明年按社章留自留地，把多余的地入到社里去；你和小俊两个人当下就跟我参加劳动，先叫你们来个'劳动改造'，以后学人家别的妇女们参加到社里做工去！"②

由此可见，男人们不仅改变了以前"妇女参加劳动是男人的耻辱"的观念，而且认为不参加劳动才是"丢人"的事情。

二、择偶观念

劳动往往与爱情结合在一起。劳动妇女同那些"养在深闺人未识"的女孩子不同，由于劳动的需要，她们的行动比较自由，活动范围比较广，与男子接触的机会比较多，因此也容易在接触中产生感情。集体化时期，妇女在走向田间参加生产的同时，她们的择偶观念也发生了很大的变化。

合作化前，青年妇女选择对象的条件主要是看男方的经济情况，有多少土地、房子、兄弟几个、有无公婆等。合作化后，爱劳动、爱工作、爱生产以及双方是否情投意合成了青年妇女选择对象的条件。内邱县姑娘们的口号

① 完县妇女联合会：《关于北下叔光明社农业生产合作社一年来发动妇女参加社内生产情况和几点经验向专区妇联的报告》，1955 年 8 月 28 日，顺平县档案馆藏，档案号：7—5—4。
② 赵树理：《三里湾》，选自《赵树理文集》第二卷，工人出版社 1980 年版，第 511 页。

是"千顷庄客万亩地，也不如找个好女婿。"① 在完县，不少青年男女在民校或互助组内经过互相帮助、互相学习建立了感情，并且互相鼓励对方加强学习。五区蔡家关李秀荣和青年男子蔡雨谈恋爱通信时，主要的内容就是让他努力学习，现在当一个好团员，你心里有了我，我心里也有了你。②

赵树理《三里湾》中的灵芝，在择偶时，刚开始考虑的主要是对方有文化还是没有文化，"她总以为一个上过学的人比一个没有上过学的人在各方面都要强一点。"有了这种看法，她在挑选对象时产生了不少的"苦恼"。同时，由于她的这个想法，"对于一般群众，虽然爱他们也愿意接近他们，但总保持着一定的距离。就连王玉生这样一个人，虽然她对他产生了较深的感情，但总是迟疑不决、犹豫不定，究竟是不是挑这个对象，煞费思索。"最后，在必须立即断绝和有翼的关系，必须迅速作出自己的决定的时候，她还是"才要打主意，又想到没有文化这一点，接着又由文化想到了有翼……"她这种摇摆不定、进退两难的思想，终于在现实生活中得到了纠正。事实告诉她，决定一个人好坏的标准并不仅仅在于文化的高低，还在于他对斗争、对劳动的态度，他对于先进事物的热爱。她终于感到"自己对'文化'这一点的看法一向就不正确了。"③

除了妇女的择偶观念发生变化，男子的择偶观念也在悄悄地发生着变化，也认为找一个能干的姑娘比找一个好吃懒做的媳妇强似百倍。在《三里湾》中，有翼反对父母给他包办的婚姻，想"难道真要我娶来个小俊每天装死卖活地折磨我吗？"在后来他选择了玉梅以后，他的父亲"糊涂涂"也说："我看玉梅是个好姑娘——人也忠厚，做活的本领也比咱有翼在上，满过得了日子。"④ 由此可见，当时能下地劳动、能干、能过日子已经成为男子选择对象的一个重要条件，改变了过去那种"女子无才便是德"的择偶观念。反过来，那个从不下地参加劳动的小俊，因为不能干，又老想吃好的穿好的，结果玉

---

① 内邱县婚姻法贯彻办公室：《内邱县滩里村典型试验总结》，1953 年 2 月 8 日，河北省档案馆藏，档案号：855—26—44。
② 完县贯彻婚姻法运动委员会：《关于贯彻婚姻法运动的总结》，1953 年 4 月 3 日，顺平县档案馆藏，档案号：102—1—15。
③ 赵树理：《三里湾》，选自《赵树理文集》第二卷，北京：工人出版社 1980 年版，第 492 页。
④ 赵树理：《三里湾》，选自《赵树理文集》第二卷，北京：工人出版社 1980 年版，第 536 页。

生跟她离了婚。

三、"心灵的集体化"

郭于华指出,"集体化过程带来的组织化的生产和生活经历,是人的集体化与心灵的集体化的相互建构过程。这一过程对于农村女性的影响是独特的,这与她们在传统社会中的角色和位置密切相关。"[1] "既然无论从理论还是实践层面,妇女都是中国社会革命性变革的参与者和重要动力,她们当然也应该是这一历史过程的言说者和解释者。"[2] 本节所用资料主要为笔者于2011年在顺平县太行山区所做的一些口述史调查。笔者希望从这些女性琐碎的记忆中,能够分析这些记忆所表达的特定历史时段的社会与文化内涵。

新中国成立后,太行山妇女开始大规模参与集体劳动。"大跃进"时期和"农业学大寨"时期,妇女们的劳动强度很大,但当笔者在顺平县太行山区做访谈,问及她们对参加集体劳动的感觉时,有很大一部分妇女用了"高兴""乐呵"之类的词语。

> LJH:反正那时候(进行集体劳动的时候)唱歌、背毛主席语录,肯定是热闹,说说笑笑的。[3]
>
> CZH:那时候的地位比旧社会那会儿肯定是提高,你看出工去肯定热闹吧,旧社会那会儿又不让出去。那时在一起干活儿可乐呵呢,我娘家那会儿二十来个姑娘一块儿干活儿,队长都是派我们一起去干活儿,说个笑话什么的,可乐呵呢,也不觉得累。[4]
>
> LJY:那时候让干什么干什么,那时干劲特别足,那是真的。[5]

---

① 郭于华:《心灵的集体化:陕北骥村农业合作化的女性记忆》,《中国社会科学》2003年第4期。

② 郭于华:《心灵的集体化:陕北骥村农业合作化的女性记忆》,《中国社会科学》2003年第4期。

③ 2011年8月8日,笔者在河北省顺平县白云乡白西庄村采访农村妇女LJH(生于1929年)的访谈笔录。

④ 2011年8月8日,笔者在河北省顺平县白云乡白西庄村采访农村妇女CZH(生于1937年)的访谈笔录。

⑤ 2011年8月8日,笔者在河北省顺平县白云乡白西庄村采访农村妇女LJY(生于1940年)的访谈笔录。

LXY：当时去地里干活儿挺高兴，那么多人，你别看累得慌，但也不觉得累。①

JSY：当时很愿意去地里，一块儿干热闹。②

LSD：大家在一起干活也挺高兴，虽然苦点儿也挺高兴的。③

一些文献资料中也记载着"铁姑娘"们的一些事迹。在《大寨红旗》中，有一段记载：

在大寨遭受毁灭性洪灾的 1963 年，刚满 16 岁的高小毕业生郭凤莲，在灾后恢复土地、重建家园的战斗中，表现得很突出。她同另一个贫农女儿赵素兰，带头组织了女青年突击队，跟着老一辈风里来，雨里去，战斗在最艰苦的地方。那年腊月初九，天气特别冷，姑娘们刨冻土，三尺以下不见活土，一个个手上冻得裂了口，虎口震得血淋淋。陈永贵对她们说："妮妮们，今天太冷，你们都回家吧！等暖和一些，你们再上工。"究竟回不回呢？23 个女青年在雪地里展开了讨论。郭凤莲带头发言："天冷我们心不冷，地冻我们人不冻。老一辈能吃下的苦，我们青年人也吃得下！"说罢，她和小伙伴们一起，迎着呼啸的寒风猛干起来。老贫农们看到她们这股子革命锐气，一抹胡子上的冰碴儿，乐呵呵地说："咱们这些小妮妮，像一伙子小铁人，把你们叫做铁姑娘吧！"打这天起，女青年突击队就改名为"铁姑娘"队。后来闻名全国的大寨铁姑娘队，就是由此而得名的。虽值"三九四九，冻破兑白"的酷寒季节，铁姑娘们也像老一辈那样，吃着冰碴儿饭，艰苦创业。郭凤莲说："我们心里有一盆火，不管饭多么冰凉，吃下去也会化成火热的力

① 2011 年 8 月 3 日，笔者在河北省顺平县河口乡东河口村采访农村妇女 LXY（生于1938 年）的访谈笔录。
② 2011 年 8 月 2 日，笔者在河北省顺平县河口乡源头村采访农村妇女 JSY（生于1939 年）的访谈笔录。
③ 2011 年 8 月 2 日，笔者在河北省顺平县河口乡源头村采访农村妇女 LSD（生于1945 年）的访谈笔录。

量。"她还自编了一首歌谣:"冰碴儿饭儿甜,冰碴儿饭儿香,吃了不忘本,干活有力量。"在冰天雪地里,放声歌唱,激励小伙伴们的斗志。①

对于妇女在集体劳动中表现的这种"高兴""乐呵"和"傻干",郭于华用四个方面的原因作出了解释,宗教中的"集体欢腾";"大同"思想;"先苦后甜"精神力量的支撑;走出家庭,在社会中找寻自己的位置。②

笔者同意郭于华教授对这一现象所作的解释,但同时认为,除了上述原因以外,当时妇女渴望被认同也是原因之一。心理学认为,认同感是"指群体内的每个成员对外界的一些重大事件与原则问题,通常能有共同的认识与评价。"集体化时期,在女性美这个问题上,"能干"这个词是被国家、集体以及社员们认同的,在当时这已经被认为是"女性美"的一个特征,"大干加巧干"一直出现在中共的宣传工具中。在这样的形式下,妇女热火朝天地参与到集体劳动中也就不难理解。从下面的话语中,我们可以透视出当时妇女的一些心理痕迹。

　　ZKF:那会儿嘻嘻哈哈的也觉不出累,有时候也抢着干,累得汗毛子流水的,你干快我更干快,我还想落下你哩,也怕丢人。想干快就干快。耪小苗的时候赛着都挺快。③
　　LLZ:那时候挖渠的时候分好几班,都赛着挖,这一班挖通,那一班没挖通,晚上就偷着挖去,晚上偷着去好几次。那时候晚上去挖的时候点着个小煤油灯,自己填油。④
　　笔者:那这样大的干劲为了什么呀?

---

① 姚文锦等:《大寨红旗》,人民出版社、山西人民出版社1974年版,第246、250页。
② 郭于华:《心灵的集体化:陕北骥村农业合作化的女性记忆》,《中国社会科学》2003年第4期。
③ 2011年8月3日,笔者在河北省顺平县河口乡东河口村采访农村妇女ZKF(生于1944年)的访谈笔录。
④ 2011年8月8日,笔者在河北省顺平县白云乡白西庄村采访农村妇女LLZ(生于1957年,曾任妇女队长)的访谈笔录。

LLZ：为什么？就是为个名声，为了落个好。那年给发了个奖状，开大会的时候让我上去领一下就觉着心里着实舒坦。

正如郭于华所说："集体化的个体经历是痛苦的，但集体化过程同时也是女性走出传统性别角色（给女性带来痛苦和压抑的角色）的途径，因而这一过程在她们经历痛苦的同时也能够带来新鲜乃至快乐的感受和记忆。"[1]

我们权且借用郭于华的话作为本节的结尾，"民间口述历史的丰富内涵和意义，作为集体化记忆所体现的支配性意识形态、女性记忆和表述的特征等等一系列重要问题都还有待于更深入的探讨和更细密的分析。"[2]

第三节　妇女社会经济地位的提高

女性的社会地位可分为经济地位、政治地位和家庭地位，它反映了一个社会的文明程度，亦是女性解放程度的重要表征之一。其中经济地位是基础，政治地位既是经济地位的升华又是经济地位的保证，家庭地位则是前两种地位在家庭中的缩影。

一、经济地位

女性的经济地位是女性社会地位的基础，是因为女性经济地位反映了女性在社会生产关系中所处的地位。经济地位的高低与女性所从事的劳动对社会发展是否有直接联系紧密相关。当采集经济过渡到自然经济以后，女性的劳动也就由原来社会性的劳动——维持原始氏族的生存、发展的社会劳动，演变为从属于社会劳动的家庭私人劳动，正如恩格斯所指出的，"只要妇女被排除于社会的生产劳动之外而只是限于从事家庭的私人劳动，那么，妇女的解放、妇女同男子的平等、现在和将来都是不可能的。"[3] 列宁也指出"妇女

---

[1]　郭于华：《心灵的集体化：陕北骥村农业合作化的女性记忆》，《中国社会科学》2003 年第 4 期。
[2]　郭于华：《心灵的集体化：陕北骥村农业合作化的女性记忆》，《中国社会科学》2003 年第 4 期。
[3]　《马克思恩格斯选集》第四卷，人民出版社 1972 年版，第 158 页。

要是忙于家务，她们的地位总免不了要受限制。"① 不仅如此，女性只从事家务劳动，她们的眼界会受到限制，与社会的交往相对贫乏，从而使女性变得愚钝。"要彻底解放妇女，要使她们与男子真正平等，就必须有公共经济，必须让妇女参加共同的生产劳动。这样妇女才会和男子处于同等地位。"② 同时，通过参加社会生产劳动，女性的社会交往随之增多，视野大大开阔。女性不仅作为家庭的一员，而且成为社会的一员，直接为社会发展服务，女性的价值在社会实践中得到人们的认同，经济地位也会相应提高。

在集体化时期，妇女们正是通过参加农业生产，提高了自身的经济地位。1958 年，昔阳县北关妇女们挑起了工农业重担，在农业战线上，个个都是能工巧匠。120 名妇女和 18 个男人担负了 1204 亩地的养种，总产量达到 483471 斤，亩产 435 斤，因而男人们都伸出大拇指夸奖妇女说："如今妇女真能干，手巧赛过活鲁班。男人会啥她会啥，质量数量都不差。单看王德贞刨穴窝，一日达 250 个，赛过男人们。个个有力气，担担走的如风吹。今年农业大丰收，全凭大军妇女们。"大部分妇女已经能够自觉参加生产，不再依赖男人生活。1957 年杨玉兰和 16 岁的闺女所做的劳动工分，除买回两口人 840 斤口粮外，还余款 85 元。③ 后龙风垴生产大队 95% 的妇女劳力，除解决了自己的生活问题外，还要养活家人。女社员王建壁一家 7 口人，就靠她一个女劳力生活，每年总要做 250 个劳动日左右，收入 100 余元钱。1960 年她共做 260 个劳动日，每个劳动日值四角五分，共收入 117 元。秋后结算，连供给部分，一年的生活费用共计 30 余元。原来人们对妇女的印象是"虎凭山，老婆靠的是男子汉"，现在完全推翻了以前的看法，并对妇女有了新的评价，男社员李冈成说："过去妇女吃汉、穿汉，现在妇女养活家庭"。④

1961 年，昔阳县下家峪生产大队，张俊花一年做劳动日 250 个，除维持

---

① 全国妇女联合会：《马恩列斯论妇女》，人民出版社 1978 年版，第 295 页。
② 全国妇女联合会：《马恩列斯论妇女》，人民出版社 1978 年版，第 295 页。
③ 昔阳县妇女联合会：《北关妇女的十年巨大变化》，1959 年 9 月 14 日，昔阳县档案馆藏，档案号：16—1—28。
④ 昔阳县妇女联合会：《后龙风垴生产大队关于妇女劳动保护工作的调查报告》，1961 年，昔阳县档案馆藏，档案号：16—1—33。

6 口人的生活外，还剩余 20 元。安坪妇联副主任于桃妮做劳动日 230 个，除维持 5 口人的生活外，也还剩余 10 元。①

经济地位提高后，妇女们的政治、社会和家庭地位也相应提高。

二、政治地位

女性的政治地位是女性经济地位的升华和保证。女性的政治地位反映了女性在国家政治生活中所处的位置。从妇女解放的理论来看，女性的解放不仅包括女性在经济上的解放——经济地位的提高，而且还包括政治上的解放——政治地位的提高。

在传统社会，中国妇女身受政权、族权、夫权、神权的压迫，女性要真正获得解放不仅要在经济上有独立的人格，还必须在政治上有独立的人格。女性的解放是一个逐渐升华的过程，它是通过广大女性积极投身于社会生产、政治斗争，直接参与国家方针政策的决策与管理而不断提高。列宁说过，"我们的任务是要使政治成为每个劳动妇女都能参与的事情，吸引群众参加政治生活而不把妇女吸引到政治生活中来是不行的。"②

中华人民共和国成立后，在党和政府的倡导下，妇女不仅开始走向田间参加农业生产，而且在参加劳动的过程中逐渐开始参与和管理社内、村内的事务，提高了自己的政治地位。1952 年，邓颖超在讲话中提到，随着妇女普遍地参加到生产劳动中，她们在互助组和农业生产合作社中的作用越来越大，有很多妇女被提拔到领导工作岗位上，当了组长、社长。山西长治专区 118 个农业合作社中就有女正副社长 95 人。农业生产合作社的女社员们说："参加生产合作社，老少健康，人财两旺，既能发家致富，又能解放妇女，比单干好多啦。"③

其他地区也有不少妇女通过参加生产劳动当上组、社的领导。寿阳县仅 1953 年就有 92 名妇女担任了互助组长、劳动小组长、正副生产队长、正副社

① 昔阳县妇女联合会：《安坪公社 1961 年妇女工作总结》，1962 年 1 月 20 日，昔阳县档案馆藏，档案号：16—2—45。
② 全国妇女联合会：《马恩列斯论妇女》，人民出版社 1978 年版，第 315 页。
③ 邓颖超：《新中国妇女前进再前进》，选自中国妇女管理干部学院编《中国妇女运动文献资料汇编》（第二册）（1949—1983），中国妇女出版社 1988 年版，第 131 页。

长等职务。在第一次普选中，有 379 名妇女当选为县、乡人民代表，129 人参加了县、乡政府领导班子，71 人担任了正副乡长。[①]

平山县早在 1953 年就作出规划，有计划地培养更多的劳动好、思想进步、有一定能力的妇女干部。[②] 到 1957 年，平山县全县有 292 个社，有 170 个妇女社主任，队队都有妇女队长，组内有组长。[③]

赞皇县 1951 年与 1952 年两年出席劳模会的女劳模 66 名，占县劳模总数的 20% 强。县以下的劳模更多，其中有不少担任领导职务。1953 年全县有女正、副社长及社务委员 9 人，其他的生产组长及互助组组长也有很多。这些骨干带动妇女积极参加生产，学习技术，成为争取妇女民主权利及男女同工同酬等问题解决的骨干力量。[④]

邢台县东川口村妇女对生产的贡献越来越大，地位也相应提高。1953 年有 30 名妇女受到社内表扬奖励，16 名妇女当了社内干部（副社长、社务委员、队长、组长），48 名妇女参加了民校学习，6 名妇女参加了村剧团，获得了与男子平等的待遇。[⑤] 70 年代，邢台县委先后从妇女中培养、选拔了 21 名公社正、副书记，235 名大队党支部正、副书记，9649 名妇女骨干。她们敢说敢干，在生产斗争中打先锋，带领广大妇女参加了三大革命运动。[⑥]

昔阳县北关 1949 年村里没有一个妇女干部，而到了 1959 年，女党员已有 5 个，占总数的 30%，女团员 11 个，占总数的 44%，人民代表 6 个、女队长 3 个、女组长 9 个、记工员 8 个、女会计 1 个、教育 3 个、工人 10 个，抽

①　寿阳县妇女联合会：《寿阳县妇运史资料（1949—1988）》，（内部资料）1990 年版，第 5 页。
②　平山县妇女联合会：《关于发动和组织农村妇女实现我县农业合作化和农业增产的规划》，1953 年，平山县档案馆藏，档案号：17—1—4。
③　平山县妇女联合会：《第三届第二次妇女代表会议的工作总结与今后任务的报告（草案）》，1957 年 11 月 20 日，平山县档案馆藏，档案号：17—1—14。
④　赞皇县妇女联合会：《工作总结及今后工作意见（草稿）》，1954 年 6 月 26 日，赞皇县档案馆藏，档案号：9—1—2。
⑤　河北省妇女联合会：《邢台县东川口村王志琪农业生产合作社发动妇女参加农业生产情况》，1955 年，河北省档案馆藏，档案号：899—1—57。
⑥　通讯：《邢台县各级党组织认真落实男女同工同酬政策，调动了广大妇女的社会主义积极性》，《河北日报》1974 年 11 月 30 日第 3 版。

男补女共计 48 人。① 1959 年妇女们担任职务的人数较 1958 年多，担任各种职务的共计 50 人，占全区主要干部的 52.1%。除支书外，各种职务都有妇女干部，而且组长、义教、记工员、队长人数各占一半。不但有职而且有权，有关妇女方面的事情她们都要参与，例如生产方面，女队长要独立思考与处理问题，包工、评分、劳力使用，有时候女队长还要支派男队长干活计，男队长主动找到女队长研究活计。②

　　阜平县，1961 年，随着公社规模的变化，各社、队妇联组织也进行了整顿，召开社、队妇女代表会，选举社、队妇联委员会。全县共 25 个公社、196 个生产队，共有脱产干部 25 名，其中女正主任 10 名（兼社长的 7 名）、女副主任 13 名、分会女正副主任 432 名、妇女委员 1208 名，共 1640 名。③

　　到了 20 世纪 70 年代，妇女担任社队领导的人数比原来有了更大的增长（见表 4.3）。

表 4.3　阜平县妇女参加领导班子统计表（200—208 页表所制）

单位	参加领导班子的妇女					
	公社			大队		
	书记	副书记	委员	正书记	副书记	支委
下庄公社 1975.7.30						4
城南庄公社 1975.9.2	1	1			3	10
龙泉关公社 1975.7.30					12	5
东城铺公社 1975.7.7			9			7
台峪公社 1975.7					7	1

① 昔阳县妇女联合会：《北关妇女的十年巨大变化》，1959 年 9 月 14 日，昔阳县档案馆藏，档案号：16—1—28。
② 昔阳县妇女联合会：《北关的妇女工作调查》，1960 年，昔阳县档案馆藏，档案号：16—1—30。
③ 阜平县妇女联合会：《关于第二季度的总结汇报》，1961 年 7 月 1 日，阜平县档案馆藏，档案号：3—1—29。

续表

单位	参加领导班子的妇女					
	公社			大队		
	书记	副书记	委员	正书记	副书记	支委
北果元公社 1975.7.7			1		10	7
段庄公社 1975.7.17					2	2
东下关公社 1975.7					4	5
各高台公社 1975.7					4	2
总计		1	11		42	43

资料来源：阜平县妇女联合会《妇女参加领导班子及各种机手统计表》（200—208 页表），1975 年 7 月，阜平县档案馆藏，档案号：3—1—48。

妇女政治地位的提高不仅仅表现在妇女干部人数的增多，而且表现在妇女干部在合作社的生产中和家庭中的作用越来越大。

1952 年，平顺县西沟村李顺达农林畜牧生产合作社的妇女干部已由 3 人增加到 8 人，这些妇女干部不仅自己积极参与社内事务，而且带动全社妇女积极参加生产。[1] 1952 年，春季总结评比中 16 个劳模，妇女就占了 6 个。[2] 1954 年，该社有 28 名妇女成了农业生产的能手，青年妇女普遍参加民校学文化，并有部分青年妇女已不是文盲，有不少妇女当选了生产模范与社内干部（副社长、组长等）。一般的家庭中基本上做到了男女共同劳动，共同享受。[3] 1962 年，西沟大队有 12 名妇女当了生产队副队长，大队管理委员会 9 名委员里就有 3 名是妇女，不论在家里在队里，妇女都能和男人一起当家作主。[4] 在

[1] 蓝邨：《劳动就是解放，斗争才有地位——李顺达农林畜牧生产合作社妇女争取男女同工同酬的经过》，《人民日报》1953 年 1 月 25 日第 2 版。
[2] 全国民主妇女联合会：《山西省长治专区农业生产合作社中女社员活动情况》，1952 年 9 月 19 日，河北省档案馆藏，档案号：899—2—44。
[3] 全国妇联华北区工作委员会：《李顺达农、林、牧生产合作社是如何发动妇女参加生产的》，1954 年 2 月 15 日，河北省档案馆藏，档案号：899—1—50。
[4] 申纪兰：《在集体化道路上的西沟妇女》，《山西日报》1962 年 11 月 27 第 2 版。

全西沟大队社员代表大会的三十多个代表中，妇女代表就占1/3，大队所辖的13个生产队，队队有妇女队长。她们有职有权，哪个妇女劳力需要照顾，她们就有权安排。1962年有些生产队订基本劳动日时没有通过妇女，在队长会上，女队长张胖女、张招弟、妇女代表胡金凤等就提出了意见。随后，根据她们的意见，社里又吸收妇女参加重评了一次。平时，妇女有什么意见，社里也很重视。[①] 大家也都很关心妇女。男社员们说："财旺还得人旺，妇女们要注意身体，不要累坏了。"社内的生产已按男女的特长和体力的强弱作了分工。申纪兰也和妇女们讨论了"不要光为参加生产而丢开家里应做的活，妇女互相变工，轮流上地，做到农事家事两不误"。[②]

其中，参加农业劳动对自身的政治地位影响最大的当属西沟村的申纪兰。

申纪兰于1946年18岁时嫁到西沟村。申纪兰的婆家，特别是她的公爹，是一个古旧、专制的老人，有时申纪兰因为参加村里的各种活动回家迟了，过了吃饭时间，公爹就把饭菜收拾了起来。在家里的地位比较低。

申纪兰身材比一般的妇女高大，脚也大，敢于爬山上树，掏鸟弄石，却不精女红。申纪兰于1951年当了西沟的妇女主任，同年12月10日，西沟农业合作社（初级社）成立后，李顺达任社长，申纪兰任副社长，作为副社长兼妇女主任的申纪兰，其主要任务是发动妇女参加劳动。越是在落后、封闭、贫穷的地方，传统的思想和习俗保持得就越原始、越顽固。要让千百年来围着"三台"（锅台、炕台、灶台）转的女人们与男人一样抛头露面参加劳动，困难很大。面对困难，申纪兰首先要身先士卒。

申纪兰有力气，说担粪，就担粪；说打坝，就打坝；男人做什么，她就做什么。1952年夏秋之交，社里为发展畜牧业买回了100

① 通讯：《集体化是妇女彻底解放的道路——记集体化前后的平顺金星公社西沟大队妇女》，《山西日报》1963年3月8日第3版。
② 蓝邨：《劳动就是解放，斗争才有地位——李顺达农林畜牧生产合作社妇女争取男女同工同酬的经过》，《人民日报》1953年1月25日第2版。

多只羊，一时没找到羊工，有人就出主意让申纪兰领导的妇女们做。申纪兰和一名叫张雪花的妇女一商量：没吃过猪肉，还没见过猪跑？放！她俩拿起羊鞭第二天就出了工。①

正是由于在生产中的出色表现，申纪兰开始了她的连续十三届全国人大代表的政治生涯。

1952 年，申纪兰开始带领妇女们争取男女"同工同酬"（见第五章第一节）。正是作为争取男女"同工同酬"的第一人，1953 年春，申纪兰出席了山西省妇代会。4 月她被选为代表，出席了在北京召开的首届中华全国民主妇女联合会，并被大会选为全国民主妇女联合会执委会委员，会后受到毛泽东的接见。5 月 19 日，申纪兰作为中国妇女代表团唯一的农民代表，到丹麦首都哥本哈根参加了 6 月 5 日召开的第一次全世界妇女大会。大会之后的 1954 年，申纪兰作为全国人大代表，于 9 月 3 日出席了在北京召开的第一届全国人民代表大会，与李顺达一同再次受到毛泽东的接见，毛泽东真诚地称他（她）们是"英雄"②

女性参政议政是女性经济上解放的升华，意味着女性开始掌握自己的命运，女性不仅是家庭生活的主人，而且是社会生活的主人。女性的参政议政是使法律上规定的男女平等得以实施的重要环节，同时女性参政议政，能促使女性更多地关心国家、社会的发展，在管理中发挥女性特有的作用，有利于增强女性的才干。

三、家庭地位

家庭关系是指基于婚姻、血缘或法律拟制而形成的一定范围的亲属之间的权利和义务关系。家庭关系依据主体为标准可以分为夫妻关系、亲子关系和其他家庭成员之间的关系。因为本书是针对妇女而言，所以本小节要探讨的是跟妇女有关的几种关系，夫妻关系、婆媳关系以及妇女与其他家庭成员

---

① 张晓瑜：《黄土地的女儿》，山西人民出版社 2004 年版，第 70 页。
② 全国妇女联合会：《基点县工作座谈会参考资料之四》，1953 年，河北省档案馆藏，档案号：899—2—46。

之间的关系。

（一）夫妻关系

夫妻关系是家庭关系中最重要的关系。前面我们已经提到，传统社会中的夫妻关系是丈夫占绝对统治地位的，奉行"夫为妻纲"，妻子属于丈夫的私人财产，年轻的妻子在家庭中没有任何权利和地位，只有到了年老以后在家里才有一定的说话的权利。这一传统惯俗在妇女开始参加集体劳动后被打破了。

参加集体劳动后，由于女社员在合作社里通过劳动给家庭带来了收入，由此转变了历史上男人轻视妇女的观点，建立了夫妇之间新的劳动感情与新的道德观念。

山西省长治县黑头村农业社的女社员景不利，1953 年通过劳动得了 50 个劳动日，她男人因工作忙做工很少（村委会主任），因此丈夫对她参加劳动很满意，主动给她买上等头巾、布衫一件，"三不怕"布裤一件，并给了她 16 万零花钱。双方感情更好，家庭团结和睦，从而她参加社内劳动也更加积极。[1] 在长治专区，男社员岳孔有说："以前我老婆简直是饭桶，不是新社会不知打了几顿。但现在她劳动生产样样会，我家农业生产离了她可不行。"张起法说："以前放下权把弄扫帚，生产还是搞不好，现在妇女参加了生产，社里的活，样样赶在前头，还取得了丰产，现在我才觉得妇女有用了。"[2]

传统社会的男女劳作分工模式奉行"男主外，女主内"，男人觉得做家务是丢人的事情，但到了合作社时期，由于妇女也要参加社内的劳动，因此男人下工后也逐渐地开始做一部分家务，如平顺县西沟乡金星社青年团支部书记张聚才，小两口一齐上地，回家后男的烧火，女的擀面，男的喂猪，女的看孩子；天阴下雨，不能上地，男的帮助女的做饭，让女的做针线。[3]

①　全国妇女联合会：《基点县工作座谈会参考资料之四》，1953 年，河北省档案馆藏，档案号：899—2—46。

②　全国民主妇女联合会：《山西省长治专区农业生产合作社中女社员活动情况》，1952 年 9 月 19日，河北省档案馆藏，档案号：899—2—44。

③　杨树培、陈杰：《金星农林牧生产合作社怎样运用妇女劳动力》，《人民日报》1956 年 3 月 15日第 2 版。

也有一些口述调查证实了妇女参加社内集体生产后，部分男子分担了一些家务，从而促使夫妻关系得到改善。据河北省满城县黄龙寺村刘巧云回忆，下班后家务劳动"两个人一块儿做呗，他带孩子我做饭，一边看孩子一边烧火，吃了又走"①。

笔者在顺平县山区做的一些调查也证实了这一说法。

> LJH 说："那时候我老头子也帮着做家务，他不帮着也不行啊，弄不过来，下午还得赶着上工哩！"②

以前妇女只能围着"三台"转，在家庭中地位很低，更没有家中事务的决定权。集体化后，她们和男子一起参加了生产，出现了很多和和美美的新家庭。如平顺县西沟乡李顺达社，张雪花的丈夫张偏则过去常说雪花"光吃闲饭不做活"，在 1952 年秋收分配劳动果实时，他两人把自己得的工票比了比，雪花的工票比张偏则的并没差多少。张偏则又高兴又不好意思地说："以前说你是吃闲饭的，真不应该，现在应该说你是家中宝了"。雪花说："你也好好劳动，你也是家中宝，咱两宝合一宝，共同把社办好"。③ 马俊召在过去就没有和婆婆、男人吃过一样饭，他们吃干的，她只能喝汤，穿的衣服破了缝，缝了补，即便这样，男人还说她只知道张嘴吃。公社化后马俊召一年能做一百几十个劳动日，还养着两口猪，喂着十只鸡，仅仅是猪和鸡这两项，1962 年就能收入 170 多块钱，收入的增加也大大提高了她在家中的地位。平常社内有事去找她男人，老汉总是说："和你二嫂子合计合计再说吧。"④ 如今家里的大小事情都要跟她谈，婆婆也对她特别好，家里有什么好吃的，总

① 杜芳琴主编：《大山的女儿：经验、心声和需求》（华北卷），贵州民族出版社 1998 年版，第 72 页。
② 2011 年 8 月 8 日，笔者在河北省顺平县白云乡白西庄村采访农村妇女 LJH（生于 1929 年）的访谈笔录。
③ 蓝邨：《劳动就是解放，斗争才有地位——李顺达农林畜牧生产合作社妇女争取男女同工同酬的经过》，《人民日报》1953 年 1 月 25 日第 2 版。
④ 申纪兰：《在集体化道路上的西沟妇女——李顺达农林畜牧生产合作社妇女争取男女同工同酬的经过》，《山西日报》1962 年 11 月 27 日第 2 版。

要等着俊召回来一起吃。①

　　（二）婆媳关系

　　家庭的基本关系有两种，一是夫妻关系，一是亲子关系，两者构成了家庭结构的基础。婆媳关系是在此基础上派生出来的。婆媳常常在家庭事务管理权、支配权等方面发生分歧，出现矛盾。在传统家庭中，刚过门的媳妇是没有话语权的。传统社会有"男治外、女治内"的传统，婆婆为了显示她在家庭中的威严，在媳妇刚过门时常常苛刻地对待媳妇，更因为她们的劳动不能直接带来价值，其地位更加的卑微，常常是做最累的活，而待遇却是最差的，这就容易产生很多矛盾，但同时婆媳也有利益一致的一方面。在利益达到一致的时候，婆媳之间的矛盾就会缓和，乃至消除。

　　山西省平顺县西沟村的申纪兰，合作化以前，她在家庭里的地位和男子相差很远，穿衣服要向公婆要、向丈夫要。以前新媳妇过了门，3 年以后才给 8 尺布；至于吃食，向来是男人吃好点，女人吃坏点。她的婆婆就常常对她说："纪兰呀，咱们全指靠你爹过呢，好的让他吃，咱吃赖点吧。"② 申纪兰的家庭地位很低，但自从她们家加入合作社以后，这种情况发生了改变。1952 年申纪兰在家庭会上算了算账，全家两个劳力，公公赚了 150 分，纪兰赚了 145 分，她婆婆非常高兴，感动地说："好汉怕算账，我每天说：'咱一家全靠老汉过活'，今天看来，离了纪兰也不行。"纪兰公公说："纪兰真顶把手，做活有我多。"家里讨论什么问题，都要听纪兰的意见。往年只给 8 尺布，当年给纪兰做了两身新衣服，一条花裤子。③

　　完县北下叔光明社边素花过去从不参加生产，婆媳俩经常吵嘴，自从入社后，不但不吵嘴了，边素花还积极参加社内生产。婆婆在以前从来不看孩子不做饭，但由于边素花积极参加社内劳动，婆婆主动说："我看着两个孩

---

① 通讯：《集体化是妇女彻底解放的道路——记集体化前后的平顺金星公社西沟大队妇女》，《山西日报》1963 年 3 月 8 日第 3 版。

② 蓝邨：《劳动就是解放，斗争才有地位——李顺达农林畜牧生产合作社妇女争取男女同工同酬的经过》，《人民日报》1953 年 1 月 25 日第 2 版。

③ 全国民主妇女联合会：《山西省长治专区农业生产合作社中女社员活动情况》，1952 年 9 月 19 日，河北省档案馆藏，档案号：899—2—44。

子，你地里去吧。"等下地回来后，婆婆很主动地将饭做好了，全家老少都很欢喜，再也不像以前那样吵嘴了。① 冉双印的母亲说："入了社可好多啦，我给儿媳妇分家另过三四年啦，剩下我这么个老婆子，一天到晚忙个不停，也打不了多少粮食，自打入了社，儿媳妇也好啦，我给她看着两个小孩儿，她到地里挣工分去，回来后非常的和蔼，问我：'妈，累的慌吗?'你说待我多么好呀，又挣了工分，家里也团结啦，我一定把这两个小孩儿看好，使劲活着还看看社会主义的边儿呢。"②

河南省孟县五六一农业生产合作社薛淑珍是第六生产队的小组长，又是青年团的分支书记。因为开会多，不能做太多的家务事，婆婆对她很不满，不但骂她，而且不替她看孩子。自从高级社以后，由于薛淑珍身体强壮劳动好，在社里做了许多活儿，增加了家庭收入，并且还常常受到社里和队里的表扬。她在家里又尽量多做些家务事，这样，婆婆对她的态度也转变了。婆婆见人常说，薛淑珍是她"八辈子修好修来的好媳妇"。婆婆为了不使她耽误生产，不但替她照顾孩子，还每天给她送饭。③

（三）其他关系

在家庭关系中，除了夫妻关系、亲子关系和婆媳关系外，其他家庭成员之间的关系也至关重要。在一个家庭中，其他成员之间的关系最主要的是利益分配问题。由于妇女参加了生产给家庭带来了利益，由此也获得了其他家庭成员的尊重。

平顺县西沟乡李顺达合作社成立后，妇女就在社内生产方面起到了很大的作用。李顺达的弟弟李才福说："我两个嫂嫂和我媳妇三人垒岸担肥，栽种锄苗顶我两个人。"④ 由此可见，男子轻视妇女的观念正在逐步发生改变。

---

① 完县妇女联合会：《关于北下叔光明社农业生产合作社一年来发动妇女参加社内生产情况和几点经验向专区妇联的报告》，1955 年 8 月 28 日，顺平县档案馆藏，档案号：7—5—4。
② 完县妇女联合会：《关于北下叔光明社农业生产合作社一年来发动妇女参加社内生产情况和几点经验向专区妇联的报告》，1955 年 8 月 28 日，顺平县档案馆藏，档案号：7—5—4。
③ 《婆婆的转变》，《人民日报》1956 年 11 月 22 日第 3 版。
④ 全国民主妇女联合会：《山西省长治专区农业生产合作社中女社员活动情况》，1952 年 9 月 19 日，河北省档案馆藏，档案号：899—2—44。

平山县高村梁喜竹由于原来只守在家庭中做家务劳动，不能给家里带来收入，导致婆婆不喜欢她，嫂子也整天不给好脸看，嫂子说："老嫂比母，我也能管着你，你不对就得受我说，吃穿就得跟我要"（她嫂子当家）。自从全家加入高级社以来，喜竹劳动特别积极，全家人挣的工分属她最多，婆婆一见她就笑哈哈。嫂子说"不是喜竹这样能干，咱家哪能分到这些粮食和钱？"因此家中买点儿东西也要和她商量，征求她的意见，从此改善了家庭关系，梁喜竹变成了红媳妇。社的领导看她工作积极劳动好，介绍她参加了中国共产党，当选了妇联干部。[①]

完县北下叔村光明社田俊楼是一个青年妇女，入社之前因为买衣服经常和嫂子拌嘴。入社后因为她平时劳动多，把褂子（上衣）弄破了，想再买一个，但又怕嫂子不愿意，因此俊楼的母亲跟全家商量，并说给儿媳买一个给女儿买一个，但儿媳妇说："不要给我买啦，给俊楼买吧，她整天到地里去，穿的费，我在家里怎么也好说"。俊楼母亲说："自从入了社全家和气啦，你说吃饭啦，穿衣啦，谁都可劲让，不怨说走社会主义好，敢情是真好哇。"[②]青年妇女吴俊英说："从前吃了饭就在家干些杂活，甚至有时还玩儿，家里不满意，自入了社参加劳动后，家里对我非常关心，地里回来后即问长问短，也不让我做饭，并说：'地里去了一天啦，挺累的慌的，俺们干吧。'在这一年中我挣了一百多个劳动日。我母亲也说：'这会儿这姑娘可不像从前啦，俺分点粮食全凭着她挣点工分哩！'以后我干活更有劲啦，家里待我更是好起来啦。"[③]

由此可见，在家庭关系中，妇女只有有了自己的经济来源，不再依附于他人，才有可能在家庭中占据一席之地。

---

① 平山妇女联合会：《第三届第二次妇女代表会议的工作总结与今后任务的报告（草案）》，1957 年 11 月 20 日，平山县档案馆藏，档案号：17—1—14。
② 完县妇女联合会：《关于北下叔光明社农业生产合作社一年来发动妇女参加社内生产情况和几点经验向专区妇联的报告》，1955 年 8 月 28 日，顺平县档案馆藏，档案号：7—5—4。
③ 完县妇女联合会：《关于北下叔光明社农业生产合作社一年来发动妇女参加社内生产情况和几点经验向专区妇联的报告》，1955 年 8 月 28 日，顺平县档案馆藏，档案号：7—5—4。

小　结

新中国成立初期的中国妇女解放运动及取得的成绩是前所未有的。妇女在参与农业生产过程中对社会主义革命和建设以及在自身的解放进程中所取得的成就是巨大的。"妇女解放的程度是衡量普遍解放的天然尺度。"① 同旧中国妇女所处的悲惨境地相比,她们的地位无疑是发生了翻天覆地的变化,它为以后中国妇女的进一步解放奠定了良好的根基。

妇女解放是一个长期的历史过程,传统文化中"男尊女卑"观念的消失不是在一朝一夕间就能够完成的,但新中国初期妇女参加社会化生产运动所取得的进步毕竟是历史性的飞跃,其影响是深远的,在中国妇女解放史上是功不可没的。

---

① 《马克思恩格斯全集》第二十卷,北京:人民出版社 1971 年版,第 285 页。

第五章 性别差异下的男女
"同工同酬"

　　传统农民眼中的家庭是浑然合一、利益共享的整体，每一个成员都从属于某个家庭，他既为"自己的"家劳作，也在家中与妻儿、父母、兄弟或姐妹们共享劳动成果。家庭的内部没有必要进行劳动的计量，劳动计量主要发生在家庭之间需要劳动交换的时候。劳动分工模式一般是"男主外，女主内"，这种劳动分工模式决定了只有男子所从事的劳动才能体现出价值来，而妇女所从事的家务劳动就好像没有任何价值，一直以来人们对这部分劳动的价值往往忽略不计。到了集体化时期，传统的"男外女内"的劳作分工模式被打破，妇女也被要求参加家务劳动以外的集体劳动，她们在集体中的那部分劳动也可以被计量，即也可以有价值了。工分制是当时用来计量每个人参加集体劳动数量和质量的一个单位，因此工分对于每个家庭、每个人，无论是男人还是女人，都具有重大的意义。

　　集体化时期计量工分的标准是"按劳取酬"，也就是根据人们在集体劳动中的贡献大小取得报酬。从字面上理解，"按劳取酬"只是涉及每个人的劳动对集体的贡献，应该不涉及其他诸如性别之类的问题，但男女"同工同酬"恰恰是集体化时期提出的一个非常响亮的口号，而且男女"同工同酬"从提出、贯彻实施、取得成效经历了一个复杂的过程。

第一节　男女"同工同酬"的提出

男女"同工同酬",是衡量性别平等和妇女解放的重要标志。早在 19 世纪 80 年代初,恩格斯就说:"妇女解放的第一个先决条件就是一切女性重新回到公共的事业中去。""在工资还没有废除之前,争取男女同工同酬始终是所有社会主义者的要求。"① 1919 年国际劳工组织通过的《国际劳工组织章程》就有了同工同酬的规定,"男子与女子应对同值的工作领取同等的报酬。"1951 年同一组织通过的《男女工人同工同酬公约》,指出"不因性别不同而规定有差别的报酬标准"。在中国,男女"同工同酬"政策的提出和开展相对较晚。中国共产党在革命进程中,曾于 1925 年、1931 年提出女工、童工与成年男工做同样的工作时,领得同样的工资。不过,真正提出"同工同酬"概念并写入法律,则是在新中国成立后 20 世纪 50 年代初的农业集体化时期,而且一直到 20 世纪 80 年代初人民公社解体之前,这一政策始终贯彻,未曾间断。对这一政策的实施效果,各类媒体曾广泛宣传:"妇女解放了,妇女撑起了'半边天',男人能做的事妇女都能做,男女达到了同工同酬"。②

不仅在集体化时期,即使是在当代中国,"男女同工同酬"仍然是政府提高妇女地位的一项重要措施,仍然在广泛地宣传。在 1988 年国务院发布的《女职工劳动保护规定》中,进一步肯定了男女"同工同酬"原则。1990 年 9 月 2 日,第七届全国人民代表大会常务委员会第十五次会议批准了国务院提请审议的两个国际劳工公约,即《同酬公约》和《(国际劳工标准)三方协

---

① 《马克思恩格斯全集》第四卷,人民出版社 1972 年版,第 70、452 页。

② 蓝邨:《劳动就是解放,斗争才有地位——李顺达农林畜牧生产合作社妇女争取同工同酬的经过》,《人民日报》1953 年 1 月 25 日第 2 版;因心:《实行同工同酬才能启发妇女的劳动热情——记耿双荣同志的谈话》,《河北日报》1956 年 12 月 12 日第 5 版;通讯:《人民公社化给妇女带来的好处说不完,农村妇女走上彻底解放的道路》,《人民日报》1960 年 3 月 8 日第 4 版;申纪兰:《在集体化道路上的西沟妇女》,《山西日报》1962 年 11 月 27 日第 2 版;通讯:《批判"男尊女卑",实行同工同酬》,《河北日报》1974 年 4 月 5 日第 2 版;通讯:《邢台县各级党组织认真落实男女同工同酬政策,调动了广大妇女的社会主义积极性》,《河北日报》1974 年 11 月 30 日第 3 版;通讯:《充分调动广大妇女大干社会主义的积极性》,《山西日报》1978 年 3 月 11 日第 2 版;社论:《我国政府历来重视男女同工同酬》,《人民日报》1990 年 8 月 31 日第 2 版。

商公约》。

从世界范围看，当今世界各国大多数都有了男女"同工同酬"的法律规定，但采取的方式各不相同。多数国家是在基本的劳动法规中作原则性的规定，在英、美等少数国家对男女"同工同酬"的立法是采取专门立法的方式。从表面上看，争取男女"同工同酬"的斗争，在当今各国已经得到不同程度的法律保证，但事实上，对包括中国在内的世界各国来说，男女"同工同酬"至今仍然是一个难题。

集体化时期，男女"同工同酬"政策的提出与新中国成立初期的社会经济环境有关。经历了抗日战争和解放战争的中国，国库空虚，百废待兴，尽快建立起一个繁荣昌盛的现代工业化国家，成为新中国的首要任务。为了便于从农业中调取资金发展工业，必须由国家控制农村的生产资料，于是就有了一步步地集体化运动——互助组、初级社、高级社和人民公社。传统的农业生产劳动是以户为单位的家庭作业，当家庭作业逐步变成集体作业之后，它就要求调动一切能使用的劳动力，以扩大农业积累，为国家的工业化积累资金，并且养活庞大的农村人口。为了发挥每个农民的劳动潜力，发动广大乡村妇女参加生产劳动就成为中共妇女工作的一项重要方针。乡村妇女作为一种有待开发的劳动力资源，由此登上了历史舞台。在动员乡村妇女参加生产的过程中，"男女同工同酬"是一种重要的发动方式。

男女"同工同酬"的起源，须从工分制或劳动日制说起。

工分制是与中国农业集体经济组织几乎同时诞生的，是计量农民参加集体劳动的数量和质量并获取相应报酬的一种形式，有的称为劳动日制。[①]

早在互助组时期，妇女记工的雏形就已出现，但还谈不到"同工同酬"问题。在初级互助组，因互助劳动内容不多，妇女参加互助组较少，即便是加入互助组，参加劳动也不多。河北省阜平县一类型互助组员白士云说："过去未参加组以前男女都有活干，现在都入了组，妇女倒没得干啦，想叫干的（本来妇女们可以做的）活紧吧男的们干了（男人们抓紧干了），剩余的部

---

① 辛逸：《农村人民公社分配制度研究》，中共党史出版社2005年版，第127页。

分，让女的刷刷茬，别的没有活儿。"[①] 除了活儿少外，妇女劳动报酬的计算形式也很不规范，有的地方是简单地以妇女工换妇女工，或以小工形式付给工资；有的地方是以户计而非按人头计，将女性的劳动日所折工分记在男性户主名下。阜平县妇女贾国清参加互助组工作，春季播种时，组内记工只记她丈夫的名，没有给妇女单记过。[②] 还有的只是估计，没有计算。山西省平顺县西沟村大多数妇女只是在秋收农忙时折折玉茭或在地里做些杂活，做了多少活也没人计算过，习惯是两个女工顶一个男工。[③] 在昔阳县，大部分互助组存在着应互助实单干和男女不互助的现象，妇女只是季节性或临时性的变工等。有的组只给妇女订了底分，但不进行活评，这就造成一些妇女好劳力被评的分很低，打击了妇女的劳动积极性，如三区川口村48个互助组都不给妇女评分，而且不给具体安排营生，也不使用分票。[④]

常年互助组进了一步，对妇女组员的劳动实行记工算账。有的按妇女劳力强弱订为死分，大多数妇女被评为5分、6分，也有少数的被评为7分、8分。各地计算方法不尽相同，有的按件记分，如一个男子男锄2亩地记10分得10000元，两个妇女接力锄3亩地15分得15000元；男锄一亩地半个工为5分，女锄同样一亩地半个工为3分。有的为包工，如间苗，一块草多的荒地记15个工，一块苗匀、草少的地9个工，苗稀的净地更少。也有的按季将小麦、棉花等作物包给妇女。[⑤]

由上可知，在互助组时期，妇女因农业技术水平低，只能干杂活、零活和轻活，所得报酬一般低于男子，而且她们每天劳动的时间比男子要少三四

---

① 当时互助组有三种形式：一类型组织形式多系家族、私人关系自愿组成，农忙即互，农闲即散；二类型组织形式，有农业互助副业不互助，副业互助农业不互助两种；三类型比较正规，农业生产上长期互助，互助形式以计工、换工等办法，掌握等价交换，互不吃亏、两利共享原则。参见阜平县妇女联合会《关于东庄重点乡工作总结》，1954年1月23日，阜平县档案馆藏，档案号：3—1—2。

② 阜平县妇女联合会：《关于东庄乡妇女参加生产的工作报告》，1953年11月4日，阜平县档案馆藏，档案号：3—1—1。

③ 蓝邨：《劳动就是解放，斗争才有地位——李顺达农林畜牧生产合作社妇女争取男女同工同酬的经过》，《人民日报》，1953年1月25日第2版。

④ 昔阳县妇女联合会：《关于妇女参加春耕运动的基本总结》，1954年6月19日，昔阳县档案馆藏，档案号：16—1—11。

⑤ 河北省妇女联合会：《关于各地互助合作中使用妇女劳力和执行"同工同酬"中的问题的综合材料》，1953年，河北省档案馆藏，档案号：899—2—46。

个小时，男子是太阳出上地，太阳落回家，妇女要安排家务孩子，晚出早归。妇女对"工酬"关系并无太多认识，也没有与男子"同酬"的迫切愿望，因此互助组时期，中共政权只是号召妇女参加生产，还没有提出男女"同工同酬"。

男女"同工同酬"口号的提出，始于初级社时期，最早是由山西省长治专区平顺县西沟村初级农业生产合作社提出来的。

1951 年底，西沟村成立了初级农业生产合作社。男人下田一天记 10 分，妇女一天记 5 分。妇女称为"老五分"，很不服气，说还不如在家纳鞋底。在耙地时，女社员张雪花牵牲口，男社员马玉兴站耙。按规定，牵牲口算 4 分工，站耙算 10 分工。耙了一前晌，雪花说："我为啥不能站耙？"马玉兴说："不怕把你摔下来？"雪花要求试试。两人换了以后，雪花站得蛮好，整耙了一后晌。到晚上发工票时，雪花说："我这工票怎样发？"男社员说："就这样糊糊涂涂两人一样发了吧？"副社长申纪兰很快把这一消息告诉大家。第二天，几个妇女都要求站耙，社里就把耙地的活都交给妇女干，男人去修整土地，改良土壤。1952 年春，春播即将开始，要把成堆的粪往整块地上匀。男人担粪匀粪，妇女用锨往粪筐里装粪。一个妇女供两个男人。妇女装一天粪 7 分工，男人挑、匀一天 10 分工。妇女们也要求挑粪匀粪。男人说匀粪要有技术，妇女提议男女分开来比一比。社里给同样多的男人和女人分了同样多的地，男女同时在一个山梁上匀粪。结果不到中午，妇女都匀完了，有的男人还没匀完。这一来，连最反对同工同酬的男社员张女孩也说："应该提高妇女的底分了。"社务委员会从此取消了妇女只顶"老五分"的规定，按照男女同工同酬的原则，重新评定了妇女的底分。申纪兰、张雪花、吕楼兰评为 10 分，李二妮评为 7 分。①

西沟村农业社的事迹引起《人民日报》记者的注意。1953 年 1 月 25 日《人民日报》发表了女记者蓝邨的 5000 字长篇通讯《劳动就是解放，斗争才有地位——李顺达农林畜牧生产合作社妇女争取同工同酬的经过》。该通讯轰

---

① 蓝邨：《劳动就是解放，斗争才有地位——李顺达农林畜牧生产合作社妇女争取同工同酬的经过》，《人民日报》1953 年 1 月 25 日第 2 版。

动全国，各省党报几乎无一例外地全文予以转载。男女"同工同酬"问题逐渐提上日程。

其实，早在这篇通讯发表前两个月，1952年11月20日，全国民主妇女联合会（简称全国妇联）在北京召开全国妇女工作会议。在会上著名妇运领袖章蕴做了《关于当前妇女工作问题的报告》，指出"应认真研究和适当解决当前互助合作组织中有关妇女劳力的特殊问题，努力争取实现男女同劳同酬，反对对妇女劳动不记分、少记分或男女同样记分而分值不等的轻视妇女的观点和不合理的办法"。① 该报告于1952年12月10日在全国妇联第四次执行委员会通过。这是笔者见到的最早提出男女"同工同酬"口号的文件。

此后，中共中央及有关部门、领导人多次提到男女"同工同酬"问题。

1953年4月，邓颖超在《四年来中国妇女运动的基本总结和今后任务》的工作报告中提出"逐步地争取在一切生产企业中实现男女同工同酬。"② 同年12月16日，中共中央通过了《关于发展农业生产合作社的决议》，明确提出了男女"同工同酬"的概念，"男女劳动力应该按照工作的质量和数量，实行同样的报酬的原则（例如：在同一工种中，妇女如果和男人做同样多和同样好的工，她所得的报酬必须是和男人相等的；劳动超过男人的，报酬也照样超过；劳动比不上男人或只达到男人一半的，报酬也照样减少）。③ 1954年7月，中华全国民主妇女联合会在《关于当前农村妇女工作的指示》中指出，要坚持贯彻《关于发展农业生产合作社的决议》中提出的男女"同工同酬"政策。④ 同年9月，男女"同工同酬"被写入了《中华人民共和国宪法》。《宪法》第48条第2款规定了具体的妇女权利的保护，"国家保护妇女的权利和利益，实行男女同工同酬。"

---

① 章蕴，著名妇女运动领导人。出生于1905年，湖南长沙人。新中国成立后任全国妇联第二、三届副主席，时任中共中央妇女工作委员会第三书记。引自中国妇女管理干部学院编《中国妇女运动文献资料汇编》（第二册）（1949—1983），中国妇女出版社1988年版，第147页。
② 中国妇女管理干部学院编：《中国妇女运动文献资料汇编》（第二册）（1949—1983年），中国妇女出版社1988年版，第177页。
③ 当代中国农业合作化编辑室：《建国以来农业合作化史料汇编》，中共党史出版社1992年版，第174页。
④ 中国妇女管理干部学院编：《中国妇女运动文献资料汇编》（第二册）（1949—1983年），中国妇女出版社1988年版，第196页。

虽然 1953 年男女"同工同酬"就提了出来，随后妇联的文件乃至《宪法》都提到了男女"同工同酬"，但大部分社队并没有真正地落实下去。真正把"同工同酬"这一政策推向广泛和深入的，是 1955 年农业合作化高潮时毛泽东给三篇文章做的按语。毛泽东一直认为，妇女只有参加公共生产才能提高自身的地位。他的第一篇按语是给《邢台县民主妇女联合会关于发展农业合作化运动中妇女工作的规划》一文写的，"使全部妇女劳动力，在同工同酬的原则下，一律参加到劳动战线上去，这个要求，应当在尽可能短的时间内，予以实现。"① 第二篇按语是给《妇女走上了劳动战线》一文写的，"为了建设伟大的社会主义社会，发动广大的妇女群众参加生产活动，具有极大的意义。在生产中，必须实现男女同工同酬。真正的男女平等，只有在整个社会的社会主义改造过程中才能实现。"② 第三篇按语是给《在合作社内实行男女同工同酬》一文写的，"建议各乡各社普遍照办"。③

这三个批示发出后，"男女同工同酬"政策在全国各地普遍推广。也就是说，"男女同工同酬"是在高级社时期广泛开展并走向深入。

第二节　男女"同工同酬"的贯彻与实施

集体化时期，主要是合作社和人民公社时期，中共政权对男女"同工同酬"政策进行了一系列自上而下的宣传和动员。相应地，各地农村集体化组织在观念上、制度上进行了改进和推动。

一、合作社时期

又分为初级社和高级社两个阶段。

（一）初级社阶段

由于男女"同工同酬"政策是在初级社阶段提出的，我们前面已经提及

---

① 中共中央办公厅:《中国农村的社会主义高潮》（上册），人民出版社 1956 年版，第 66 页。
② 中共中央办公厅:《中国农村的社会主义高潮》（上册），人民出版社 1956 年版，第 357 页。
③ 中共中央办公厅:《中国农村的社会主义高潮》（下册），人民出版社 1956 年版，第 1159 页。

中共对这一政策自上而下的宣传，不再赘述，在此仅谈各地农村对这一政策的推动与落实。

首先，通过提高妇女的农业生产技术和实际成绩，改变男社员轻视妇女的观念。

1952 年，山西省陵川县原庄连全宝社副社长金云花一方面劝说妇女重视学习生产技术，一方面领导女社员和男社员开展爱国增产竞赛运动。经过比赛，在防旱抗旱、荒山播种、犁地、担肥、种玉茭等劳动中，女社员不仅取得了好成绩，也提高了生产技术水平，其中 38 人学会了一般农业技术，8 人学会了新式步犁。这样就改变了男社员轻视妇女，认为妇女不顶事的观点，不再反对男女"同工同酬"。曾经有过反对情绪的男社员靳小由、靳来安说："今年妇女在毛主席领导下，甚都能学会，真和从前不一样了，再不敢说人家不行了。"沁水县吴家沟社，同样由于王玉凤等 15 名妇女提高了农业生产技术，劳动工分由 6 分提高到了和男人一样的分。[1] 1955 年，阜平县平阳区铁岭南五社孟小番日锄 6 亩豆子，质量比男社员锄的还好，而且全年的工分超过了男社员，由此说明发动妇女参加生产与"同工同酬"的重要性。[2] 昔阳县白羊峪合作社春天翻粪时，女副社长乔茂兰、李云善等带领了 30 名妇女一天担粪 500 担，每人平均 16 担多。社领导干部组织男社员去参观，男社员说："妇女做活就是行，应该给妇女提高底分。"[3]

其次，通过制订定额，按件记工来衡量妇女的劳动。

按件记工是一种比较合理的记工办法。不过，当妇女工分和男人一样甚至超过男人的时候，男社员就表示了不满。邢台县东川口村王志琪农业社组织男女共同摘棉花，最强的男劳力王庆德一天摘了 25 斤，王同书摘了 18 斤，而女社员一般都达到 30 多斤，有的达到 48 斤，由此显示了"妇女腰软手快，在有些活上就是比汉们沾。"包工妇女的工分突破了 10 分，男社员议论纷纷，

① 中华人民共和国妇女联合会：《通报：山西省长治专区农业生产合作社中女社员活动情况》，1952 年 10 月 21 日，河北省档案馆藏，档案号：899—2—44。
② 阜平县妇女联合会：《关于三区平阳铁岭村南五农业生产合作社发动妇女参加生产的报告》，1955 年 4 月 22 日，阜平县档案馆藏，档案号：3—1—3。
③ 昔阳县妇女联合会：《白羊峪农业社实行男女同工同酬的经验》，1954 年 5 月 11 日，昔阳县档案馆藏，档案号：16—2—1。

"俺吭哧吭哧累一天才挣十分，妇女就挣十几分！"有的还说："妇女们光为挣分把好赖花都摘到一块儿了，将来入库不好入，得让她们再拣出来！"对此，村党支部会一方面坚持按劳取酬，支持妇女；另一方面慎重掌握生产定额与标准工分的制订，以中等劳力的劳动效率为标准，既刺激好劳力和有技术人员的积极性，也使女劳力、半劳力充分发挥作用，贯彻同劳同酬的原则。[①]

（二）高级社阶段

在初级社阶段，虽然一般地宣传了男女"同工同酬"政策，有些社的记工制度也有了改进，但在实际执行的时候，在评工计分等方面还有不少问题。有的社虽然实行了定额记工、按件计酬制度，但对于适合妇女或在习惯上包给妇女的农活儿，往往把定额提高，报酬降低。有的社把同一工种，同一数量、质量的农活，区分男女规定两种计酬标准，男社员按定额记工，女社员按底分记工，而底分又偏低。对此，邓颖超在1956年6月22日第一届全国人民代表大会第三次会议上作了《进一步发挥妇女参加生产的积极性，保护妇女儿童的健康和安全》的发言，指出"今后，要求有关方面注意通过长期的深入的工作，在农业生产合作社中，坚决实行男女同工同酬。主要的办法是：首先是在男女社员中经常地深入地进行同工同酬的教育，特别需要在社长、社务委员、队长、记工员、会计等主要骨干中进行教育，使他们能够自觉地保证执行。其次，由于执行定额记工按件计酬制度是很复杂的工作，需要通过具体的、细致的组织步骤，层层深入检查执行情况，根据情况的发展不断地加以研究和改进。凡是发现了好的经验，应该及时推广；发现了问题，应该及时解决。尤其重要的是教育妇女自己努力参加生产，学习技术，提高工作质量，做出成绩，为贯彻实行男女同工同酬而努力奋斗"[②]。根据中央的指示，高级社阶段也是从思想和制度两方面来贯彻男女"同工同酬"政策，但对后者更加重视。

---

① 河北省妇女联合会：《邢台县东川口村王志琪农业生产合作社发动妇女参加农业生产情况》，1955年，河北省档案馆藏，档案号：899—1—57。

② 中国妇女管理干部学院编：《中国妇女运动文献资料汇编》（第二册）（1949—1983），中国妇女出版社1988年版，第258页。

　　提高妇女劳动的质量，是进行思想教育的关键。河北省赞皇县妇联对妇女首先提出干活保证质量的要求。在陈村干完活经检查后，如果妇女干活的质量比男子好，就提高工分，达到男女同工同酬，甚至超过男子的工分。① 在西王庄村，妇女的劳动质量提高，工分可以由 5 分增至 10 分，由此激发了妇女的积极性。在收割麦子时，她们积极帮助男子收割，得到干部和群众的赞扬，"妇女真能干，割麦子若不是发动了妇女，今年咱社的麦子可损失多哩"。从此不轻视妇女了，样样活都让妇女去干。②

　　制度上的改进，与高级社经营方式的变化有关。农民所有的生产资料包括土地都归集体所有，农民藉以维持生存的资料都来源于合作社，从社内获得生存资料数量的标准就是自己付出了多少劳动，即凭工分分红，这就要求记工分的形式更加合理化。1955 年 11 月全国人大公布的《农业生产合作社示范章程草案》推荐了两种工分制，"死分活评"和"定额记工"，要求无条件实行男女同工同酬。所谓"死分活评"，就是"按照每个社员劳动力的强弱和技术的高低评定一定的工分，再根据他每天劳动的实际状况进行评议，好的加分，不好的减分，作为他当天所得的劳动日。"而"定额记工"是"完成每一种工作的定额所应得的劳动日的多少，应该根据每一种工作所需要的技术程度、劳动过程中的辛苦程度和这种工作在整个生产中的重要性来评定。完成一种中等工作定额，应该记一个劳动日。"③ 这就是后来的"包工制"，不是包工作而是包工分。1956 年，河北省完县（今顺平县）实行工票制，凭票记分。如锄麦不论男女每锄 1 亩记 1.5 分；种棉 7 人包一个种式，每种 1 亩记 1.2 分，男复耕每亩地记 7 分，女耙一亩地记 5.93 分。④ 以上两种记工方法，与原先固定分值比较，可以提高女社员参加生产的积极性。

---

① 赞皇县妇女联合会：《积极分子会议所交流的工作经验的综合》，1956 年 10 月 22 日，赞皇县档案馆藏，档案号：9—1—11。
② 赞皇县妇女联合会：《积极分子会议所交流的工作经验的综合》，1956 年 10 月 22 日，赞皇县档案馆藏，档案号：9—1—11。
③《农业生产合作化示范章程草案》，引自中共文献研究编《建国以来重要文献选编》（第 7 册），中央文献出版社 1994 年版，第 381—384 页。
④ 完县妇女联合会：《关于大力发动广大妇女积极投入以春播为中心的生产突击运动的意见》，1956 年 4 月 18 日，顺平县档案馆藏，档案号：7—5—5。

二、人民公社时期

人民公社时期又分大公社时期、20世纪60年代初期和"文革"时期至人民公社解体三个阶段。

（一）大公社时期

大公社是指1958至1960年人民公社化运动时期。这一时期推行以"按需分配"为主的供给制和按等级发固定工资的工资制相结合的分配制度，这与以人的劳动数量和质量为依据的工分制有很大差别，工分制暂时退出了历史舞台，男女"同工同酬"也就无从提及。

以平均主义为特征的大公社时期，公共食堂、"大跃进"、大炼钢铁严重窒息和挫伤了社员的生产积极性，消极怠工、偷工减料，甚至破坏集体经济的现象时有发生。1959年4月，中央重申人民公社计算劳动报酬的原则是"按劳分配，多劳多得"，推荐了"死级活评、定额管理、评工计分、按劳动日分配"等分配方法，以期重新恢复按劳分配为主的分配原则。[①] 以供给制为主的分配制度随之衰落，各地开始恢复以按劳分配为主的分配原则，逐步降低供给部分的比重。

（二）20世纪60年代初期

从60年代初至"文革"前，随着"三级所有、队为基础"新体制的确立，人民公社的管理和分配制度相对稳定下来，各地恢复了"评工记分"。当时中央主张恢复工分制，主要是从克服生产队内社员与社员之间平均主义的角度提出来的。1962年2月13日中央发出的《中央关于改变农村人民公社基本核算单位问题的指示》认为，克服社员之间平均主义的有效办法，是"认真把制订劳动定额，健全评工记分办法等项工作，切实做好。不做好这些工作，社员与社员之间在计算劳动报酬上和在分配上的平均主义，就在所难免，

---

① 《关于人民公社的十八个问题》，见中共中央文献研究室编《建国以来重要文献选编》（第12册），中央文献出版社1996年版，第171—172页。

各尽所能、按劳分配的原则，就不能很好的实现。"① 这个时期，主要实行
"三包一奖"制，即生产队把产量、工分数和投资数包给生产队所属生产小
组，超产奖励。在这一责任制中，收入的分配、奖励的兑现都是以工分来衡
量和实现的，也就是说生产队分配和奖励给各生产小组的最初形态都是工分。

　　除了包工活之外，日工活儿一般是死分死记，一律是男 10 分女 8 分或男
8 分女 6 分，这在一定程度上影响了女社员的生产积极性。② 为了保证妇女的
出勤，男女"同工同酬"的政策又被重新提了出来，仍从思想和制度两方面
进行动员和推行。

　　一是加强男女平等教育。1961 年 3 月，中共中央制定了《农村人民公社
工作条例（草案)》(《六十条》)。按此条例，广大社员尤其是妇女社员要求
合理评定劳动工分，各地党支部广泛宣传按劳分配、男女"同工同酬"政策。
阜平县南岭大队列举"大跃进"以来妇女在农业生产中所起的作用，1958 年
男劳力外调，只剩 1 个男整劳力、8 个男半劳力和 30 余名妇女，但仍按时完
成秋收 70 多亩、种麦 50 亩的任务。③ 用事实教育大家，使干部社员认识到男
女"同工同酬"和实行合理评工记分的重要性。

　　二是根据男女劳动力强弱、技术高低，民主评定劳动底分。阜平县南岭
大队有 3 个生产组，评定底分的办法以组为单位对全大队男女劳力统一评定，
最后吸收大多数社员意见。全队有 46 个男劳力，其中 38 个被评为 10 分，4
个被评为 8 分，2 个被评为 7 分，1 个被评为 6.5 分，1 个被评为 6 分；妇女
劳力 35 个，其中 3 个被评为 8 分，1 个被评为 7 分，20 个被评为 6—6.5 分，
11 个被评为 5—5.5 分。底分在 6 分以上的占妇女劳力的 69%。大部分社员认
为评得合理。为进一步鼓舞干劲，大队又采取死分活评。从 1961 年执行月月
评工的办法，每月月底由男女社员共同评定，对劳动好的提工分，对劳动不
好的减工分。女社员郝明芝由原来的 7 分连续评到 7.5 分、8 分，而男社员藏

---

① 《中共中央关于改变农村人民公社基本核算单位问题的指示》，中共中央文献研究室：《建国
　　以来重要文献选编》（第 15 册），中央文献出版社 1997 年版，第 184—185 页。
② 河北省妇女联合会：《省妇联党组关于当前妇女参加集体生产和女社员思想情况的调查报
　　告》，1962 年 10 月 26 日，河北省档案馆藏，档案号：899—1—159。
③ 阜平县妇女联合会：《关于南峪大队执行男女同工同酬的通报》，1962 年 3 月 25 日，阜平县
　　档案馆藏，档案号：3—1—33。

剑云底分 10 分评为 9.5 分。[①]

三是改进评工记分制度。评工记分主要采取按件记工的方法，能定额的农活按做活的数量质量按件记工。阜平县南峪大队，1961 年修渠打坝以及割笼草、捡麦穗等 10 多种农活，均推行了按件记工。大部分妇女劳力不休息，和男劳力一样完成包工任务，如杨秉兰底分 6 分，包段修渠一天能挣 8 分，说"这样做真是各尽所能，按劳分配。"[②] 砂窝乡砂窝大队 290 名妇女组织了 24 个邢燕子突击组，实行小包工，迅速完成了收、打、播、种任务。[③] 山西省交城县磁窑大队第二生产队为了实行男女同工同酬，凡是妇女能够单独操作的农活，都包给妇女做；凡是妇女难以单独操作的农活，就采用男女混合的办法做。中耕小麦时，单独包给妇女做，一天最高挣 14 分，达到了男劳力的水平。[④]

（三）"文革"以后至人民公社解体

"文革"时期，全国掀起"农业学大寨"运动。学大寨被提高到"举什么旗，走什么路，执行什么路线"的高度，学大寨就是走社会主义光明道，不学大寨就是邪门歪道，反对学大寨就是走资派。在劳动管理上，学"大寨工分"，表面上讲男女"同工同酬"，实际上以是否具备"正确的劳动态度"和"全心全意为人民服务"的思想为标准来评分，出现了多投工与评分低的矛盾。这种评分方法既无客观依据，又难以控制和操作，因而被社员戏称为"大概工分"。此法一经推广，"大呼隆""磨洋工"再度成为集体劳动的主要特征。

"大寨工分"喧噪过后，全国大多数地区重新推行"底分死记"或"底分活评"的工分制度，其中又以前者为主。太行山区也是上一天工得一天的

---

① 阜平县妇女联合会：《关于南峪大队执行男女同工同酬的通报》（1962 年 3 月 25 日），阜平县档案馆藏，档案号：3—1—33。

② 阜平县妇女联合会：《关于南峪大队执行男女同工同酬的通报》（1962 年 3 月 25 日），阜平县档案馆藏，档案号：3—1—33。

③ 阜平县砂窝乡妇女联合会：《关于砂窝大队妇联会为加速三秋大搞小包工一条龙的汇报》（1960 年 3 月），阜平县档案馆藏，档案号：3—1—18。

④ 通讯：《妇女劳力大有用武之地——关于充分发挥和使用妇女劳力的经验》，《山西日报》，1963 年 5 月 24 日第 2 版。

工分，年终按工分数量分配，这就回到了互助组时期的"死分死记"。在这种记工方法下，要实行男女"同工同酬"，就意味着男女出一天工就要得一样的工分，"男十分女十分，男八分女八分"。

"文革"时期男女"同工同酬"的开展，被上升为两种思想和两条路线的斗争。具体为一学、二造、三摆、四批。

一学，就是举办各种类型的学习班，学习无产阶级专政理论和党中央有关男女同工同酬的指示和政策，同旧的传统观念彻底决裂。阜平县西庄公社第二生产队，工作组组织学习毛泽东关于"时代不同了，男女都一样"的教导，让大家认识到是否落实这项政策，不仅是几个工分的问题，更重要的是巩固还是削弱无产阶级专政，是限制还是扩大资产阶级法权，是前进还是倒退的大问题；是能不能调动广大妇女的劳动积极性，发挥妇女"半边天"的作用，促进生产不断发展的大问题。[1] 邢台县动员了80%以上的妇女参加了政治夜校和联户学习班，建立了2418个妇女理论学习小组，学习毛泽东关于"真正的男女平等，只有在整个社会的社会主义改造过程中才能实现"等指示。认识到几千年遗留下来的传统观念不可能通过一两次运动、三四次批判会就清除干净，要反复抓，持久作战。[2]

二造，就是利用各种形式，大造革命舆论。阜平县西庄公社为了使男女同工同酬的政策家喻户晓、人人皆知，召开干部会、党团员会、群众会、地头会等各种不同的会议，利用黑板报、广播、编演文艺节目等宣传毛泽东关于同工同酬的指示，传播外地的先进经验和当地的经验教训，使落实这项政策的意义深入人心。[3]

三摆，就是大摆妇女在旧社会遭受的痛苦和新社会妇女的作用。阜平县西庄公社很多妇女回忆了在旧社会受政权、族权、夫权和神权的压迫，受"三从四德"精神枷锁的束缚，被压在社会最底层的痛苦经历；畅谈新社会广

---

[1]　阜平县西庄公社委员会：《关于落实男女同工同酬政策试点工作的情况报告》，1975年5月25日，阜平县档案馆藏，档案号：3—1—48。

[2]　《邢台县各级党组织认真落实男女同工同酬政策，调动了广大妇女的社会主义积极性》，《河北日报》1974年11月30日第3版。

[3]　阜平县西庄公社委员会：《关于落实男女同工同酬政策试点工作的情况报告》，1975年5月25日，阜平县档案馆藏，档案号：3—1—48。

大劳动妇女不再受欺凌，和男同志一样参加阶级斗争、生产斗争、科学试验的幸福。通过对比，使大家认识到妇女能顶"半边天"，看不起妇女，男女不同工同酬，就是"男尊女卑"的思想，就是男女没有真正平等。① 邢台县大陈庄大队大摆妇女在农业生产中的作用。该大队直接从事田间劳动的男女劳动力中女劳力占70%，妇女的投工数占农业总用工的三分之二。这样一摆一算，许多男社员说，妇女是咱生产队的一支主力军。②

四批，就是狠批"男尊女卑"和"妇女无用"的论调。邢台县先后组织670多个妇女批判小组，13700多名妇女参加了批判孔孟宣扬的"男尊女卑""三纲五常""三从四德"等旧思想的活动。③ 阜平县西庄公社，除了在地头和家庭搞小型批判外，还召开了全大队的批判大会，批判"男尊女卑"的思想，激发了妇女的阶级感情。男社员表示要正确对待妇女，实现男女同工同酬，发挥妇女的作用；妇女表示，要去掉自卑感，顶起"半边天"。④

除了以上的学、造、摆、批，还发动群众，民主评定底分。在提高认识的基础上，发动群众民主评定底分，是实现男女"同工同酬"政策的重要措施。

首先，做好评分的政治思想工作。评分刚开始的时候，有的人认为，男女"同工同酬"不过是给妇女涨涨工分。针对这种观念，干部们反复向社员进行政策教育。用事实说明男女"同工同酬"是坚持社会主义按劳分配原则的一个重要方面，男女同工不同酬是违背这个原则的。实行男女"同工同酬"，有利于调动妇女为建设社会主义而斗争。通过宣传政策，使群众认识到男女同工同酬，看起来是个评工记分的问题，实际上是实现男女平等，求得妇女彻底解放的大问题。

其次，做好评工的要求和方法。彻底打破过去男女有别的做法，不分男

① 阜平县西庄公社委员会：《关于落实男女同工同酬政策试点工作的情况报告》，1975年5月25日，阜平县档案馆藏，档案号：3—1—48。
② 通讯：《邢台县大陈庄大队积极发动妇女和男社员一起参加批林批孔斗争——深批"男尊女卑"落实男女同工同酬政策》，《河北日报》1974年8月10日第1版。
③ 通讯：《邢台县各级党组织认真落实男女同工同酬政策，调动了广大妇女的社会主义积极性》，《河北日报》1974年11月30日第3版。
④ 阜平县西庄公社委员会：《关于落实男女同工同酬政策试点工作的情况报告》，1975年5月25日，阜平县档案馆藏，档案号：3—1—48。

女，按农活数量、质量、劳动态度、关心集体，评定每个人的工分。阜平县
西庄公社的方法是，打破过去男 10 分女 6 分的老框框，实行男女劳力统一站
队、按劳定级、以级定分，自报公议、小队审查、大队批准，一季一评、先
干后评和按件记工相结合的方法，改变了过去投票评工、先评后干，一年一
评，死工死记的做法。全大队划分为五级劳力，级差一分。一级 10 分，二级
9 分、三级 8 分、四级 7 分、五级 6 分，五级以下为辅助劳力。评工开始以
后，先发评工表，一户一张，个人自报，而后划为四组，按照评工标准，逐
个劳力评出工分，而后队委会审定，最后报大队批准，张榜公布。①

第三节　男女"同工同酬"的成效

"同工同酬"政策的实行，一定程度上提高了妇女的劳动积极性。现分合
作社和人民公社两个时期进行说明。

一、合作社时期

（一）初级社阶段

在初级社阶段，虽然男女"同工同酬"的口号刚刚提出，但妇女参加生
产的积极性很快显现出来。阜平南五合作社，1955 年有 80% 以上的妇女参加
了田间生产。孟培荣、孟培改和男子一同拉粎子播种谷子，每天能得到 9 分，
郑玉莲、王金然与男子一同包工烧山药炕，也得到同样的工分。刮树皮规定
100 斤记一个工 10 分，杨芝荣一天刮了 95 斤，得工分 9.5 分。② 春耕开始后，
南五社实行了按件记工和包工制，重新给妇女评了劳力。每个妇女在过去挣
五六分的基础上，现在可以挣八九分。由于劳力评定合理，由开始几个妇女
参加生产增至 300 多个，全社 60% 的妇女参加了生产。孟小香说："真是参加

---

① 阜平县西庄公社委员会：《关于落实男女同工同酬政策试点工作的情况报告》，1975 年 5 月 25
日，阜平县档案馆藏，档案号：3—1—48。
② 阜平县妇女联合会：《关于三区平阳铁岭村南五农业生产合作社发动妇女参加生产的报告》，
1955 年 4 月 22 日，阜平县档案馆藏，档案号：3—1—3。

生产的情绪一天比一天高了，能与男子得同样的工分。"又如七区石猴乡孙恒茹社，三四亩小麦包给 8 个妇女锄，每亩锄一遍记工 26 分，实现了同工同酬。[1]

昔阳县白羊峪农业社女社员也同男社员一样，按劳力强弱评了底分，再根据做活多少和好坏进行活评，实行同劳同酬。女社员李转妮底分是 5 分，担粪时做的活多，间谷苗时又快又好，评分时就给提到 9 分。赵坤祥、李云善等 12 个妇女社员，每人的底分平均是 8 分。间谷苗时包了 3 亩谷，共顶了 9 个劳动日，她们 12 个在半天中就间完了这 3 亩谷，每人平均挣了 9 分。[2]

（二）高级社阶段

高级社取消了土地分红，社员报酬完全以工分记，中央推荐了"死分活评"和"定额记工"两种工分制度，妇女的出勤率大大提高。男女"同工同酬"政策的实行，使妇女的生产积极性进一步高涨。

灵寿县西托乡，一个社的妇女劳动力参加生产的由 340 名增加到 653 名，保证了社里土地的施工计划。[3] 阜平县七区石猴乡孙恒茹社，规定割一亩麦记 10 分，把 15 亩小麦包给 25 名妇女做，结果一半妇女得到满分。因劳力评定合理，由开始 8 名妇女参加生产后增加到 35 名，全社有 80% 的妇女参加了生产。[4] 完县北下叔光明社，有些活是包工，有些是按技术高低、快慢评分。如锄地不论男女每锄一亩地记 6 分，除虫时每天记 8 分，拔田垄麦男的记 4 分，女的记 2、3 分，打场一天男的干重要活，如扣机带再加输送，记 10 分，女的打杂、干轻活，如锄麦翻场、耧场等记 8 分，基本能达到男女同工同酬。因评工记分合理，全社男女老少有活干，得到了相应的报酬，大部分女社员生产情绪高涨，妇女社员们都高兴地说："谁不干谁就挣不上分，这分就是粮

---

[1]　阜平县妇女联合会：《关于四月份妇女工作的情况报告》，1955 年 5 月，阜平县档案馆藏，档案号：3—1—3。

[2]　昔阳县妇女联合会：《白羊峪农业社实行男女同工同酬的经验》，1954 年 5 月 11 日，昔阳县档案馆藏，档案号：16—2—1。

[3]　因心：《实行同工同酬才能启发妇女的劳动热情——记耿双荣同志的谈话》，《河北日报》1956 年 12 月 12 日第 5 版。

[4]　阜平县妇女联合会：《关于一九五五年工作总结》，1955 年 12 月 7 日，阜平县档案馆藏，档案号：3—1—3。

食，谁不愿使劲干哪?"①

二、人民公社时期

如前所述，1958 至 1960 年的大公社时期，工分制暂时退出，供给制是分配制度的核心，因此这一时期基本没有涉及男女"同工同酬"问题。20 世纪 60 年代初以后，才重新提出并开展这一政策。

(一) 20 世纪 60 年代初期

中央《六十条》颁布后，宣传合理评定工分，实行男女同工同酬。

山西省陵川县西河底公社黑山底生产大队，在合作社时期一直是男人老 10 分，妇女老 7 分。20 世纪 60 年代后，推行同工同酬，修订劳动定额，评工评分。不论男女老少，不受底分限制，因人安排农活，以活记工，有定额按定额，无定额的按记工，如锄苗，每锄一亩定额记工 33 分。女社员张改花一天锄 4 分地记工 13.2 分，男社员董三和一天锄了 3.5 分地，记工 8.2 分。这样，妇女一天付出的劳动多，得到的工分比男社员也多，极大地鼓励了她们的生产积极性，出勤经常保持在 90% 以上。②

沁县垒沟生产大队，将男女劳力全面排队。在秋田管理中，将山药、大蒜和小秋作物等比较好做的农活包给妇女，把 42 名妇女具体规划为锄苗、拔草两支队伍，还对 17 种农活的定额进行了合理修订，从而刺激了妇女的生产干劲。女队长杨焕娥领导的作业小组，除完成本组的生产任务外，还和男社员锄谷 174 亩，全组妇女中有 80% 的人突破了定额。③

阜平县城厢大队第五小队，三秋工作开始后，实行按件记工。12 名妇女和 7 名男子计划两天完成 12 亩玉米、6 亩杂粮、4 亩谷子，结果一天半就完

---

① 完县妇女联合会:《关于北下叔光明社农业生产合作社一年来发动妇女参加社内生产情况和几点经验向专区妇联的报告》，1955 年 8 月 28 日，完县(顺平县)档案馆藏，档案号:7—5—4。

② 山西省妇联晋东南办事处:《关于贯彻省妇女工作会议情况和妇女参加夏季生产简报》，1961 年 8 月 1 日，山西省长治市档案馆藏，档案号:8—1—35。

③ 山西省妇联晋东南办事处:《关于贯彻省妇女工作会议情况和妇女参加夏季生产简报》，1961 年 8 月 1 日，山西省长治市档案馆，档案号:8—1—35。

成了。妇女在原来每天挣 6 分的基础上，一般的增到八九分。① 西庄公社南峪生产大队在实行包工制以后，妇女出勤人数由原来的 20 人增至 30 人，占妇女劳力总数的 85%。她们和男劳力一起投入到各项农作物的管理、修滩垫地，扩大耕地等工作中，粮食产量由 1960 年的 5 万斤增加到 1961 年的 7 万斤，增产 40%。② 龙王庄分会顾凤荣原来一天播玉米 3 分地，记死分 6 个分。包工定额后，一天播一亩玉米得一个半工，即 9 个工分，由此扭转了妇女"干不干，一天 6 分工"的思想。顾凤荣每天清早就到地里，一天播玉米一亩三分，提高工效 3 倍多，挣工分 11.7 分。砂窝村刘正莲带领两个"邢燕子突击队"，通过包工，提高工效 2.5 倍，出现了妇女种麦能手，李桂荣一人散麦种 75 亩。③

完县北关生产队，包工定额也刺激了妇女生产的积极性。运粪规定每天每人运 16 小车记 10 分，每超过 1 车多记 1 分，每差 1 车减 1 分。青年妇女朱秀珍，过去一天只推 10 小车，包工定额后每天推 21 小车。有的妇女为多运粪，由挑、抬换上了小推车。10 天时间，20 名妇女共运粪 1500 大车，占运出的 50%。④

（二）"文革"时期至人民公社解体

尽管处于动荡的"文革"岁月，但男女"同工同酬"政策在农村仍取得了一定成绩。

阜平县西庄公社，1975 年实行男女劳力统一站队，妇女工分比原来有了很大提高。138 个妇女劳力，被评为二级的 13 个，评为三级的 21 个，评为四级的 36 个，评为五级的 47 个，定为辅助劳力的 21 个，突破了过去的老 6 分，挣 7 分以上的劳力达到 70 多个，占妇女劳力的 50% 以上。评工以后，工分有高有低，生产积极性很快调动起来，不仅出勤率增加，劳动工效也明显提高。

---

① 阜平县妇女联合会：《关于第三季度妇女工作总结报告》，1961 年 10 月 10 日，阜平县档案馆，档案号：3—1—29。
② 阜平县妇女联合会：《关于南峪大队执行男女同工同酬的通报》，1962 年 3 月 25 日，阜平县档案馆藏，档案号：3—1—33。
③ 阜平县砂窝乡妇女联合会：《关于砂窝大队妇联会为加速三秋大搞小包工一条龙的汇报》，1960 年 3 月，阜平县档案馆藏，档案号：3—1—18。
④ 完县妇女联合会：《北关生产队发动妇女生产有方》，1960 年 9 月 15 日，顺平县档案馆藏，档案号：7—5—6。

比如四队的砖窑，过去用同样的劳力出窑入窑需三四天时间，评工后两天就完成了。过去的妇女劳力只背砖坯十五六块，实行同工同酬以后，增到二十四五块。一队的翻稻地，妇女赤脚下水，一天比过去两天翻的还多。王丙云结婚前每天7分工，结婚后降为5分，于是不再上工，但实行评工后，又开始出勤了。有3个孩子的刘保连几年来不出工，评工后她安排好家务，重新参加劳动。① 王林口公社西王口大队实行男女"同工同酬"政策后，有28名妇女组织打井队打了两眼水井，能浇地200多亩。又有30余个青壮年妇女由大队妇联主任王翠英带领，打出一丈多深的水井。②

在平山县，全县52个公社中，孟贤壁、岗南、营里等公社较好地落实了男女"同工同酬"政策。711个大队、2792个小队中，落实较好的大队300个，占总大队数的42%；落实较好的小队1242个，占总小队数的45%。③

在邢台县，男女"同工同酬"政策实行后，1975年1至7月妇女出勤率比去年同期提高了15%。④ 南石门公社共35个大队、156个生产队，男女整半劳力12800名，其中妇女劳力6596名，占总劳力的50.1%。1974年以来，妇女劳动底分普遍提高。到1979年，全社有4961名妇女劳力提高了工分，占妇女总劳力的75.2%，其中评为一级劳力挣10分的有718名，评9分以上的有2666名。⑤

通过以上举例可以看出，在集体化时期的30年里，男女"同工同酬"政策取得了一定的成效，妇女的生产出勤率明显提高。

与此同时，我们不禁要问，既然这项政策能提高妇女的劳动积极性，妇女所在的家庭也能多挣工分，多分粮食，为什么"同工同酬"政策在集体化时期几十年中需要自上而下反复宣传和动员呢？在此期间，如果男女同工同

---

① 阜平县西庄公社委员会：《关于落实男女同工同酬政策试点工作的情况报告》，1975年5月25日，阜平县档案馆，档案号：3—1—48。

② 西庄公社书记大队书记会议讲话稿：《贯彻落实男女同工同酬政策的情况》，1975年7月20日，阜平县档案馆藏，档案号：3—1—48。

③ 平山县妇女联合会：《关于落实男女同工同酬情况的报告》，1975年3月1日，平山县档案馆藏，档案号：17—1—42。

④ 河北省省委：《中共河北省委关于批转省妇联关于落实男女同工同酬政策的情况和今后意见的报告》，1974年9月20日，河北省档案馆藏，档案号：899—4—24。

⑤ 河北省妇女联合会：《南石门公社党委是怎样巩固男女同工同酬成果的》，1979年6月2日，平山县档案馆藏，档案号：17—1—60。

酬已占主导地位，恐怕就没有这种必要了。可见，此项政策的执行并不是一帆风顺的。男女"同工不同酬"的现象始终存在，而男女"同工不同酬"现象的存在及其原因，正是以下所要探讨的问题。

第四节　男女"同工不同酬"现象始终存在

我们仍然按照男女"同工同酬"政策提出和实施的几个时期分阶段论述。

一、合作社时期

（一）初级社时期

不少男子存在重男轻女和"男主外，女主内"的思想，低估了妇女的劳动价值。最常见的说法是"男子吸袋烟，顶妇女干半天""十个缆花女，抵不上一个懒男汉""男子少歇会，就把妇女做那点挤出来啦"，妇女"生来就是做饭养孩子的玩意儿""生来就不能和男子讲平等"。他们认为，让不让妇女劳动、给不给妇女报酬是男子的权利。合作社也多轻视妇女参加生产，认为她们是"小工子""半拉子"，或两个还不顶一个。在这种思想支配下，有意压低妇女工分是很普遍的现象，如把妇女当零工使用，或当作半劳力只给五六分，或三四个妇女才折合一个男劳力，或给个大概工分，乃至根本不给记工。在评定底分时，或只评分不算账等现象。①

还有的认为，给妇女评分、实行男女"同工同酬"就等于抢了男社员的工分，男社员工分就少了。邢台县折虎村在评劳力时，社领导认为平常妇女参加生产很少，劳力标准不好订，妇女先干一阵再评，干好了多评，不好少评。副社长郭爱妮领导妇女顺利完成了锄麦和运土积肥两项任务，要求给妇女评工分，男社员抵触很大，有的说："不能光看这两样活干的不错，比比担粪、造林时刨坑就不行了，妇女工分总也不能和男的评一样。"因此评分的结果是，妇女标准分是3—7分，而男劳力则是7—10分。单身汉家庭、妇女劳

---

① 章蕴：《积极领导农村妇女参加农业互助合作运动》，《新中国妇女》1954年第3期。

力弱或男劳力多用不着妇女下地的家庭更为不满，说："让妇女下地把工分都挣了，男的挣什么？"① 阜平县南五社在一次运坯劳动时，指定 240 块坯顶工 10 分，妇女干了三天共得工分 230 分。男社员认为妇女挣了他们的工分，"咱们的活还不够干，叫妇女们象蚂蚁叼蛋一样白混咱们的工分，这不是小事，如果给把坯弄坏了，谁负责任。"② 也有的按死分再按劳动效果实行地头活评，如邢台县东川口村王志琪社，妇女工分仍局限在 7.5 分以内，只有夏天不歇响才可达到 8 分。当时社员中流行着"赶紧赶慢，死分不变，窝工团蛋，不能增产"的口头语。也就是说，不仅男女社员，即使在男社员与男社员、女社员与女社员之间都存在同工不同酬的现象。③

昔阳县白羊峪农业社妇女参加劳动只顶半个工，或不给顶工。还有的社干部存在轻视妇女的思想，不给妇女分配活儿，或者是分配的活儿不适合妇女的体力，故意难为妇女，如社务委员崔之耀说："要是男女同劳同酬，男的做什么，女的也做什么，男担一百斤，女也要担一百斤。"④ 妇女的生产积极性受到严重影响，说："刮风不刮风，一天 5 分工""扭一扭 5 分 9""干不干三分半。"有的长期住娘家或下地带针线活，消极怠工，甚至因记工不合理在农忙时有意不下地。⑤

（二）高级社时期

高级社以后，中共中央虽然提出了"死分活评"和"定额记工"两种工分制，但在实际执行过程中，男女"同工不同酬"仍然普遍存在。

有的是未制订劳动定额，仍实行"死分死记"。在灵寿县西托乡，男社员劳动一天记 8 分工，女社员劳动一天记 6 分工。春耕时，妇女和男社员一起

① 河北省妇女联合会：《邢台县发动妇女参加农业生产中几个主要问题的总结》，1954 年，河北省档案馆藏，档案号：899—1—53。
② 阜平县妇女联合会：《关于三区平阳铁岭村南五农业生产合作社发动妇女参加生产的报告》，1955 年 4 月 22 日，阜平县档案馆藏，档案号：3—1—3。
③ 河北省妇女联合会：《邢台县东川口村王志琪农业生产合作社发动妇女参加农业生产情况》，1955 年，河北省档案馆藏，档案号：899—1—57。
④ 昔阳县妇女联合会：《白羊峪农业社实行男女同工同酬的经验》，1954 年 5 月 11 日，昔阳县档案馆藏，档案号：16—2—1。
⑤ 河北省妇女联合会：《河北省妇联党组关于贯彻执行男女同工同酬政策中的问题和今后意见向省委的报告》，1956 年 9 月 10 日，河北省档案馆藏，档案号：899—1—69。

翻茬、耕地、拉砘子，干活儿一样多，质量也一样，但记分却少 2 分。女社员孟兵兵说："比男的不少干活，硬少记分，我不参加生产了。"而有的队长却说："女人家记一点工分就不少啦！"原来有劳动挺积极的女社员，也开始不上工了。①

有的虽然实行"定额计酬、按件记工"，但又对妇女故意挑毛病，提高标准，男女干一样的活儿却不记一样的分。在赞皇县陈村社，锄一块 28 亩的麦地，男锄 18 亩，每亩 30 分；妇女锄 10 亩，每亩 12 分。② 行唐县苑羊关社，种棉花时规定拉磙子 15 亩记一个劳动日，男女干活一样，结果男的记 8 分，女的记 4 分。妇女埋怨道："高级社哪点也不错，就是记工分我们实在受刻薄。"③ 阜平县六区西庄，1 名妇女和 1 名男子 1 天赶驴都是送肥 7 趟，给男子 8 分而给妇女 6 分，结果该村 300 名妇女下地生产的只有 12 人。④ 邢台县营子村社修公路，公家包给社规定 2.5 里 40 分工，社包给妇女 2.5 里记 30 分工。⑤

有的虽然实行了包工包产，但在制订定额时，对于包给妇女的农活，一般定的偏高，而报酬偏低。灵寿县西托乡社就把适合妇女的活有意压低工分，比如整枝棉花 1 亩为 1 个定额，记 3 分工，但一般妇女没有这个能力，完成不了这个标准。技术高的妇女壮劳力，虽然按定额完成，1 天才挣 3 分工。⑥ 妇女起早贪黑地劳动，也完不成棉花整枝一亩的定额，而每个男劳动力用中等牲口不到一天就可以完成 10 亩的定额。⑦ 有些农活不能包给个人，只能包给

---

① 因心：《实行同工同酬才能启发妇女的劳动热情——记耿双荣同志的谈话》，《河北日报》1956 年 12 月 12 日第 5 版。
② 河北妇女联合会石家庄专区分会：《关于 1956 年妇女工作总结》，1956 年 12 月 24 日，平山县档案馆藏，档案号：17—1—8。
③ 河北省妇女联合会：《关于执行男女同工同酬政策问题的情况简报》，1957 年，河北省档案馆藏，档案号：899—2—100。
④ 阜平县妇女联合会：《关于妇女劳力安排及组织托儿互助工作报告》，1956 年 3 月 19 日，阜平县档案馆藏，档案号 3—1—7。
⑤ 河北省妇女联合会：《河北省妇联党组关于目前农业社贯彻执行男女同工同酬的点滴情况和问题向省委的报告》，1956 年 5 月 28 日，河北省档案馆藏，档案号：899—1—70。
⑥ 河北妇女联合会石家庄专区分会：《关于 1956 年妇女工作总结》，1956 年 12 月 24 日，平山县档案馆藏，档案号：17—1—8。
⑦ 因心：《实行同工同酬才能启发妇女的劳动热情——记耿双荣同志的谈话》，《河北日报》1956 年 12 月 12 日第 5 版。

集体，仍然需要评分。评分主要以底分为依据，刻意压低妇女工分。平山县大春村，男的记 8 分，妇女记 6 分。据该县高级社的统计，能达到同工同酬的社仅占 30% 左右。①

二、人民公社时期

（一）20 世纪 60 年代初期

20 世纪 60 年代初期，基本核算单位下放。生产队为了避免工分膨胀，紧缩工分，甚至取消了一些增产措施。对妇女劳力的使用也缺乏计划安排，一般先派男劳力，妇女只起补空作用，甚至限制妇女出工，压低妇女工分。在河北平山县北贾壁生产大队，除了棉花、稻子等大活儿实行包工外，其他一般还是死分死记，一律男 10 分女 8 分，妇女做活超过男的也不能同工。如栽山药，六队女社员刘九书与男社员刘五魁干活一样多，还多担水，但五魁挣10 分，九书挣 8 分。②

山西省太行山区男女"同工不同酬"的表现也很明显，一是生产定额时，妇女比男人记分低。如平定县张家庄三队锄黑豆时，原规定锄地一亩 6 分工，但妇女锄按 6 分记，男人按 10 分记。二是男女社员完成同等数量和质量的活，女人记分也低于男人。如代县西若院生产队耪谷苗时，男女社员同时按质按量完成，男记 10 分，女记 5—6 分。沁县漳源、石庄二队也是如此，男记 10 分，女记 4 分。三是评工记分时先照顾男人，保证男人赚"保险"分。如平定张庄四队，男女集体包工活，如赚了分，妇女按底分记，余下的男人享受，赔了分，先给男人记满分，亏下多少由妇女赔。割麦时，男女社员 20人，包 9 亩小麦 160 分工，每人平均 8 分工，但提前完成后，妇女按定额记 8分工，男社员记 13 分。四是按底分记工。忻县地区少数生产队，男人按定额记分，妇女按底分记，或专门给妇女安排未定额的杂活，或不管妇女干活多少、

---

① 平山县妇女联合会：《关于一九五六年妇女工作总结与今后意见的报告》，1956 年 1 月 5 日，平山县档案馆藏，档案号：17—1—12。
② 平山县妇女联合会：《关于北贾壁生产大队妇代会如何建立经常工作的材料》，1962 年 8 月 4日，平山县档案馆藏，档案号：17—1—23。

好坏、快慢，一律按底分记男人的一半工分。五是妇女没有单独劳动手册。定襄县大部分队社未推行妇女单独劳动手册，在记工分中出现多做少记或做了不记以及张冠李戴等现象，有的将妇女的工分记到男人名下，有的甚至不给妇女记工分。六是部分地区的队干部克扣妇女工分，妇女提出意见还打击报复，不给妇女分派活计。如阳泉荫荫公社坪上大队种南瓜时，原规定刨 60 窝为一定额，妇女按定额合格完成后，队长记分时说质量不好，按 8 分记。当女队长提出意见后，作了修改，但男队长将该作业组人员解散，半个月未给女队长派活，一般妇女也不再分派重要活计。七是吃粮标准低于男社员。如定襄县无畏庄大队，男劳力每超过一个基本劳动日补助粮 1 斤，女劳力每超一个基本劳动日补助粮半斤。忻县会善大队更为严重，割麦时男社员有补助粮，女社员不给。[①]

在昔阳县，男女"同工不同酬"的现象也普遍存在。赵壁公社 11 个大队，除一个大队外，其余大队的妇女都在 6 分或 6 分以下。身强力壮，劳动朴朴实实的中年妇女，评分只评到 4.8 分（除早上）。在对待妇女做饭、看孩子等问题上，不能正确认识，有的队克扣的工分太多。有些大队明扣，就是明说明办，看孩子做饭一律扣分；有些大队则是暗扣，把妇女底分降低。另外，有的队为落实政策而"落实政策"，表现于讲形式，闹名誉。皋落大队第三小队 80 多个妇女劳力，评 7.5 分（最高分）的只有 6 个，李夫峪大队 180 名妇女出勤，评 10 分的仅仅一个，这种落实政策为"选代表"形式。再者，妇女一般因为做饭出不了勤，好多大队都扣早上分，一个工分扣 2 厘。瓦邱、小东峪大队，妇女最高分为 5.5 分。还有的就是评分不是看干活儿多少，思想好坏，而是看是男是女。皋落大队葛兰娥是个女青年，干活儿很棒，和男社员一起干，从没败过阵，可是工分只评到 7.6 分，而且开会的时候从晚上十一点钟吵到早晨两点钟都没通过。另外一个男社员，本身是个干部，有腿病，不刨不担，照照看看、油坊转转，但工分评到了 9.2 分。妇女干部拿出他（她）俩做对比，可是有些干部说："男同志嘛，应该比女的高一点"。上思乐大队，在 1973 年的秋天，发

---

① 山西省妇女联合会：《关于几个问题的报告》，1961 年 12 月 21 日，长治市档案馆，档案号：8—1—31。

现劳动日将超，就赶紧往下压分，结果只压妇女，不压男人。① 东冶头公社有的生产队最好的妇女劳力得 5 分，大部分是三四分，不管做的活多少，一日就如百日同。社里担粪时，男社员担一担记一担的分，女社员担一担计半担的分，这样就严重地打击了妇女们的劳动积极性，使积极的好劳力也变得不积极了。如卜小树，由以前每天早上工、积极带领大家参加劳动，变成了今天请假、明天装病的懒人，即便上地也总走在别人的后头，到地里也不像以前那样踏踏实实地干了。大部分女社员在上地时都带上了针线活，到地里做了一畦儿针线活儿才干。② 另外，有些社队在男女劳力干同一种活儿的时候，虽然也实行劳动定额的记工制度，但往往在评工计分的时候，总是男劳力偏高一点，妇女劳力偏低一些。1963 年春天，东坡社调剂土壤，男人李风仁和妇女张克兰都是铲土，每人供一个人担，但评工计分的时候，李风仁记了七分半，张克兰记了五分。张克兰不满意地说："和男人一样受了苦，记工少了二分五，还不如俺到夏天时挖野菜养猪利益大哩。"妇女王金柱独自包割一块 2.3 亩的谷草，这块谷草紧靠村庄，孩子们乱踏，倒伏株苗不好割，但工分却不多，割了 3 天，每天挣 4.5 分。王金柱说："谷草倒伏多，营生不好做，给分少，不如我纳鞋底做针线挣钱多。做针线还能在家里料理家务，看孩子做饭"。第二生产队男女同工不同酬的日子久了，全体妇女的生产信心逐渐下降，出勤人数一天不如一天多。由原来的 30 多个，最后只剩下 5 个青年团员、积极分子参加集体生产。③

在榆次市使赵大队，为了争取同工同酬，妇女曾经和男社员多次比过武。比武的结果是，同等劳力的女社员不仅和男社员干一样的活，而且有的女社员还大大超过男社员，但在记工分时女社员仍然低于男社员。1963 年，郑凤仙在地里割麦子，两个小伙子要和她比一比，大家也在一边煽风点火，一场比武就当场展开了。三个人各把三垅，短时间内，两个小伙子就远远落在郑凤仙的后面，他们紧赶慢赶赶不上，眼看就要败下阵来，一个小伙对另一个说："败在妇

① 昔阳县妇女联合会：《关于落实男女同工同酬政策的报告》，1973 年，昔阳县档案馆藏，档案号：16—1—46。
② 昔阳县妇女联合会：《认真执行同工同酬，加强妇女劳动保护》，1961 年 6 月 29 日，昔阳县档案馆藏，档案号：16—2—46。
③ 昔阳县妇女联合会：《生产队必须实行男女同工同酬》，1963 年 3 月 29 日，昔阳县档案馆藏，档案号：16—1—38。

女手下多败兴，咱俩一个人割四垅，一个人割两垅，总有一个能赶上她。"就凭这种手段，割两垅的也没有追上郑凤仙，但比武后男女"同工同酬"的问题仍然得不到解决。郑凤仙照样是"婆姨工"6.8分，小伙子们照样是"骨辘工"老10分，原因是郑凤仙是妇女，小伙子们那副骨架子就压住了人，所以就得有这"男女差别"。比赢了，也不过是个笑话。[①]

(二)"文革"时期至人民公社解体

"文革"时期，尤其是进入20世纪70年代"大寨工分"过后，又回到了互助组时期的"死分死记"的记工方式，这大大挫伤了男女社员出工的积极性，男女"同工不同酬"现象仍然严重。

在邢台县南石门公社大陈庄大队，评工分有三条界限，男劳力最高10分，姑娘最高9.5分，媳妇最高8.5分。女拖拉机手陈秀芬的劳动态度和操作技术都不错，但工分却比男拖拉机手少。妇女和男社员一样赶排子车，担水抗旱，但工分却低于男的。[②]

在平山县，县妇联总结男女"同工不同酬"表现为几种现象，一是报表上落实，实际上没有落实，记分仍执行男十女八，有的简单地给妇女增加一点工分和实行定额，以此代替同工同酬。二是在评级定工方面，单纯比体力，比技术，妇女很少被评为一、二级。有的还把出勤天数多少、结婚未婚、带不带孩子等当作评工定额的标准。三是落实后又反复，男女统一站队划级后，时间不长就恢复了男高女低的老样子。古月公社共22个大队、68个小队，落实的只有1个大队、5个小队。18个大队都出现了反复，有的执行了一个月，有的两三个月后就又恢复了老样子。西英子店大队和白家庄大队评定底分后，一天也没有执行。有的在搞底分评定时，以种种借口把统一站队划级的一、二、三级妇女降为二、三、四级。妇女记10分的，在南甸公社邢家台大队占16%，岗南台庄公社下奉良大队占16.7%。四是部分

社队干部认为，落实男女同工同酬要因地制宜，山区不能执行。山区的农活不是用车推就是用肩担，妇女根本不行。①

赞皇县也存在类似现象，挣满分的妇女减少百分之二三十。减少办法有用增加评工次数的手段，把挣满分的妇女逐月评下去；有的让男劳力同妇女比体力，把妇女比下去；有的以妇女家务重、体力差为借口把妇女的工分降下去；甚至有的对妇女进行刁难讽刺，迫使挣满分妇女退下去。于是，群众说："同工同酬一阵风，春天评满分，夏秋一场空"。②

阜平县类似的记录更为详细。1975 年有一项落实男女"同工同酬"政策的统计，见表 5.1。

表 5.1　阜平县落实男女同工同酬政策情况统计表

单位	大队（个）			生产队（个）			已经落实政策的妇女工分情况（人）					
	总数	已落实	未落实	总数	已落实	未落实	10 分	9 分	8—8.5 分	7—7.5 分	6—6.5 分	5 分以下
岔河公社	3						3		14	158	371	161
台峪公社	8			63					24	126	130	200
王林口公社	7	2	5	43			1	56	261	198	123	1
平阳公社	13		13	119	31	88			123	653	324	121
北果元公社	18	2	16	114	11	103			27	260	681	714
东城铺公社	9	5	4	49	42	7	1	1	60	235	334	5 分至 5 分 5 477；五分以下：46

①　平山县妇女联合会：《关于落实男女同工同酬情况的报告》，1975 年 3 月 1 日，平山县档案馆藏，档案号：17—1—42；平山县妇女联合会：《关于落实男女同工同酬政策情况的汇报》，1975 年 3 月 28 日，平山县档案馆，档案号：17—1—42。
②　中共石家庄地区委员会批转地区妇联党组：《关于落实男女同工同酬政策情况和今后意见的报告》，1976 年 2 月 4 日，赞皇县档案馆藏，档案号：9—2—34。

续表

单位	大队（个）			生产队（个）			已经落实政策的妇女工分情况（人）					
	总数	已落实	未落实	总数	已落实	未落实	10分	9分	8—8.5分	7—7.5分	6—6.5分	5分以下
下庄公社	5		5	60		60		4	5	91	452	444
砂窝公社	5	2	3	41	21	20	4			111	382	344
东下关公社	13	13		105	105				188	830	172	
龙泉关公社	12			82			10		12	183	562	251
段庄公社	5	1	4	38	1	37	1	8	16	118	210	144
总计	98	25	50	724	211	315	20	69	542	2321	4399	3075

资料来源：据阜平县妇女联合会《落实男女同工同酬政策情况统计表》，1975年7月，阜平县档案馆藏，档案号：3—1—48。据189—199页表整理。

由上表分析，11个公社有98个大队，其中落实男女"同工同酬"政策的有25个大队，占总数的25.5%；未落实的50个，占总数的51%；没有进行统计的有20个大队，占20.4%。生产队共计724个，其中已落实的有211个，占总数的29.1%；未落实的315个，占总数的43.5%；没有统计的237个，占32.7%。从已经落实政策的生产队的妇女工分看，评10分的仅有20人，占总人数的1.9‰；9分69人，占总人数的6.5‰；8—8.5分542人，占总人数的5.2%；7—7.5分的2321人，占总人数的22.3%；6—6.5分的4399人，占总人数的42.2%；5.5分以下3075人，占总人数的29.5%。可见，绝大多数妇女工分在7分、6分以下。值得注意的是，这是已经落实男女同工同酬的生产队的情况，没有落实政策的生产队可想而知。

阜平县妇女的工分低与评分办法有关。评分不是按出勤的数量、质量、劳动态度评定妇女的工分，而是以男女区别、已婚和未婚、有小孩和无小孩作为标准。在西庄公社太口大队，把妇女分成结婚的与未婚的、上学的与在农村的、老中青、脚大的与脚小的等，工分各不相同。妇女工分最高为5分或6分，工作再能干也不得超越。已婚妇女，即便是壮年，也一律定5分，人称"老五分"。老年妇女一律定为4分。张入林40多岁，身强体壮，吃苦耐劳，也评为 4 分。① 在西庄大队，妇女结婚后就由原来的 6 分降至 5 分，甚至 3.5 分，而有的男青年，本来干不了 10 分的活儿，也提到 10 分工。于是，男社员说："我们在地里睡一天觉也是 10 分工，你们使劲干一天也是五六分工。② 在毛家沟大队，男社员担心影响个人收入，抵制男女"同工同酬"政策。女社员张贵荣，身强力壮，一般记 10 分工的男劳力都不如她力气大，但她每天只得 7 分。③ 正是由于男女同工不同酬，所以打击了妇女的积极性。女社员陈守英，曾经每天上工，积极肯干，但因订成了"老五分"，感到"妇女受歧视，男女不平等"，从此就不上工了。④

由上所述，在整个集体化时期，与男女"同工同酬"政策的贯彻相伴随的，是男女"同工不同酬"现象始终存在。

第五节　男女"同工不同酬"的原因

从男女"同工不同酬"现象的类别看，主要分为两类，一是按定额记工或包工制的同工不同酬，一是"死分死记"的同工不同酬。其产生原因也有所不同。就前者而言，本来容易操作和计量，应该能够做到同工同酬。而事实上女子低于男子，其原因显然不是正式制度的规定，而是"男尊女卑"的思想意识作祟。这种意识不以能力、贡献而以性别、身份为依据，对男女区别对待，导致社会不公。

"死分死记"方式之下的同工不同酬，则不能单纯或简单地用"男尊女卑"来解释。笔者以为，以下两个方面值得注意。

---

① 阜平县西庄公社党委会：《进一步实行男女同工同酬，充分发挥妇女半边天的作用》，1972 年 3 月 21 日，阜平县档案馆藏，档案号：3—1—36。
② 阜平县西庄公社委员会：《关于落实男女同工同酬政策试点工作的情况报告》，1975 年 5 月 25 日，阜平县档案馆藏，档案号：3—1—48。
③ 阜平县西庄公社党委会：《进一步实行男女同工同酬，充分发挥妇女半边天的作用》，1972 年 3 月 21 日，阜平县档案馆藏，档案号：3—1—36。
④ 阜平县西庄公社党委会：《进一步实行男女同工同酬，充分发挥妇女半边天的作用》，1972 年 3 月 21 日，阜平县档案馆藏，档案号：3—1—36。

一、男女体质的差异

中医学对此的解释是"男为阳,多禀阳刚之气;女为阴,常具阴柔之质。一般而言,男子体格高大健壮而有力,多好动,粗犷,能胜任繁重的劳动。女子体形小巧苗条而柔和,常喜静,稳健,细腻,常胜任细致的工作。"[1] 也就是说,男女天生就有劳动分工。"同工同酬"政策则是企图打破这种分工,以实现男女平等,但事实上,生理差异使得男女很难实现"同工",不同工何谈"同酬"?

男社员就是在此基础上提出异议,很不认同"同工同酬"。他们认为,"同酬"的前提是"同工",妇女和男子做同样数量的活,才谈得上同酬,"男推小车女也推""男背粮袋女也背",否则就不能"同酬"。[2]

与男子相反,有些妇女却为了争气,不示弱,认为取得"同酬"的权利,就表示可以消除男女生理差别,男子能做什么妇女也能做。有些妇女工作干部更是希望一下子就消除妇女和男子的差别,鼓动妇女做不能胜任的体力劳动、技术劳动,于是有些妇女不自量力,和男子同样抬石头、打井下水、上山放羊、放驴、担挑、推车、背袋等。有的妇女在月经期和怀孕时,因过度担负重劳动和下水,导致月经病、大出血、流产,甚至死伤,严重伤害了妇女的生理健康和生产积极性,对劳动产生了畏惧心理。邢台县东川口村王志琪农业社的男社员要求与女社员比赛打井、扛石头,说:"让妇女来跟咱比比吧!恐怕在割麦上沾,在别的活上就不沾了吧!"妇女一时激愤,立刻投入竞赛,结果于文妮、赵黑妮、贾淑文等妇女累得做不了饭、吃不了饭,躺在炕上起不来。[3] 赞皇县西王庄割麦子,男社员让女社员与他们"同工",进行劳动比赛,结果妇女累得筋疲力尽。[4] 灵寿县西托乡有的妇女为了多挣工分,不

---

① 何晓晖:《中医基础学》,学苑出版社 2007 年版,第 103 页。

② 因心:《实行同工同酬才能启发妇女的劳动热情——记耿双荣同志的谈话》,《河北日报》1956 年 12 月 12 日第 5 版。

③ 河北省妇女联合会:《邢台县东川口村王志琪农业生产合作社发动妇女参加农业生产情况》,1955 年,河北省档案馆藏,档案号:899—1—57。

④ 赞皇县妇女联合会:《积极分子会议所交流的工作经验的综合报告》,1956 年 10 月 22 日,赞皇县档案馆藏,档案号:9—1—11。

顾安全进行生产，女社员刘福更参加挖井两天，劳累致病，休息了 4 天。①

可见，为了追求"男女都一样"、"男女同工同酬"，而不顾男女体质差异，让妇女与男子干一样的活儿，给妇女的身心带来极大伤害，也与提高妇女地位的目标背道而驰。

或者，也可以这样理解，以"死分死记"方式下的"男高女低"，在一定程度上反映了男女劳动差异的社会实际，不能说就是男女同工不同酬。反之，如果追求妇女与男子的不同工也同酬，是否会降低男子的生产积极性，或者可以说是另外一种不平等呢？

进一步讲，如前所述，只有计件劳动、定额记工才容易做到同工同酬，但在集体化时期，按件计酬、定额记工只是农业生产的一种辅助计酬形式。如果说某一种农活儿，男女可以做到劳动量一样，但总体来看，这种能够严格计量和进行比较的农活并不多，所以"死分死记"和"死分活评"始终是占绝对统治地位的计酬方式，而这种固定工分的记分方式，男劳动力所付出的总劳动强度应该比女劳动力大。既然"同工同酬"的定义是"不论男社员女社员，干同样的农活，付出了同样的劳动，达到了同样数量和质量标准，就应当得到同样的报酬。"那么，以此衡量，女社员不如男社员付出的劳动强度大，因此就不能与男社员得到同样的工分，就是可以理解的了。

其实，这一点也得到大多数妇女的认可。笔者对河北省顺平县山区所做的村庄妇女调查就印证了这一事实。

JSY 说②："当时男的 8 分、妇女 6 分，因为妇女没劲儿。""挑水、耢地、推粪的时候，如果你跟得上男的，干一样的就挣一样的分，如果干重活肯定跟不上。"

WFX 也说③："女的一直挣 7 分，那时也宣扬同工同酬，但你干

---

① 因心：《实行同工同酬才能启发妇女的劳动热情——记耿双荣同志的谈话》，《河北日报》1956 年 12 月 12 日第 5 版。
② 2011 年 8 月 2 日，笔者在河北省顺平县河口乡源头村采访农村妇女 JSY（生于 1939 年）的访谈笔录。
③ 2011 年 8 月 2 日，笔者在河北省顺平县河口乡源头村采访农村妇女 WFX（生于 1925 年）的访谈笔录。

了才给你一样的分，干不了谁给你那么多分。"

BYQ 说①："那时男的10分，女的8分，因为男的干重活，男的劲儿大。""女的也没什么意见，一辈子都这样。"

二、家务劳动尚未社会化

恩格斯指出"随着一夫一妻制个体家庭的产生……家务的料理失去了自己公共的性质，它不再涉及社会了。它变成了一种私人的事务。"如果要使这种"私人的事务"重新具有"公共的性质"，就必须"要求个体的家庭不再成为社会的经济单位"，② 但是在集体化时期，中国社会还不具备"消灭家庭"的条件，家务劳动仍然是妇女必须承担的重担，这占去了妇女生活的很大一部分时间。一个人的能力和精力是有限的，既然农村妇女背负了生育、抚养后代和家庭劳动这些没有社会价值的重担，在集体劳动中的工作时间和工作量就会大大减少。既然在农业集体劳动中很难做到和男子"同工"，自然也就很难实现"同酬"了。

正因为家务劳动的拖累，所以妇女对在集体农业生产中工分少也没有太多意见。笔者在太行山区村庄做口述调查时，当问及这个问题时，妇女们几乎都做了同样的回答。

CZH 说："也没什么意见，有孩子的妇女该到家里喂孩子就喂孩子，该做饭就做饭，反正总体就是分少呗。"③

她们对工分男多女少的认同，也多少反映出一种无奈。男女"同工同酬"只是对参加集体劳动的计算，而女性生育、抚养后代和家务劳动的工作量，由于难以计量，也不易比较，是不曾被考虑的。也就是说，这部分劳动被隐形了。如果将妇女的家务劳动计入，恐怕妇女劳动的工分就更低了。所谓

---

① 2011 年 8 月 3 日，笔者在河北省顺平县河口乡东河口村采访农村妇女 BYQ（1927 年生）的访谈笔录。

② 《马克思恩格斯选集》第四卷，人民出版社 1972 年版，第 69—70 页。

③ 2011 年 8 月 8 日，笔者在河北省顺平县白云乡白西庄村采访农村妇女 CZH（1937 年生）的访谈笔录。

"同工同酬"、"男女平等",其实隐含着不平等、不公平。

小 结

集体化时期太行山区男女"同工同酬"政策的实施,为中国乃至全世界提供了一个"同工同酬"问题的案例。

其实,"男女平等"这个口号并没有错,因为这是基本人权,关键在于如何理解。"男女平等"并不等于"男女一致",但在集体化时期的农业生产劳动中,就恰恰把"男女平等"理解成"男女一致",所以才有了"男女都一样,男人能做的事情女人都能做"这样的宣传口号。不难想象,在这种违背男女性别差异下提出的男女"同工同酬"只能是一个理念而已,很难真正实现。反过来讲,在这一特殊历史时期,男女"同工同酬"的贯彻过程,既是一个与传统男尊女卑观念做斗争的过程,也是一个向妇女生理极限和传统男女分工方式(或者说是拒绝承认差异的男女一致)挑战的过程。妇女不仅担负起传统的家务劳动,还要挑起新的体制下"同工同酬"的重担,"男人能做的事妇女都能做"。其影响也是双重的,它一方面在短时期内鼓舞了妇女的斗志,促进了农业生产,但同时也对妇女的身心带来巨大的压力和伤害。也许可以这样说,以如此代价换来的所谓"同酬",实际上不仅不会提高妇女的社会地位,反而离男女平等的目标更为遥远,从而形成与初衷相矛盾的一个悖论。

男女"同工同酬"这一口号,正是由于它的感召意义大于保障意义,迄今不仅在中国,而且在全世界,男女"同工不同酬"都仍然是一个难以解决的问题。其实,即便在同性之间,同工不同酬的现象也是普遍存在的。

结　　语

（一）

马克思主义认为，妇女解放的内涵有狭义与广义之分。狭义的妇女解放是指妇女在政治、经济、文化教育、社会和家庭生活中能与男子享有同等权利，即男女平等。广义的妇女解放是指妇女作为人摆脱自然、社会和性别约束，获得自由而全面的发展。①

传统社会中，妇女所受的最大的束缚就是被闭足于家庭中，她们的经济生活完全依靠她的丈夫或父兄。她们自身在经济上不能独立，完全依赖于他人，这是中国妇女受压迫的最重要的根源。新中国成立后，由于国家政权的干预，在较短的时间内，广大家庭妇女就走出家门，走上社会，参加社会生产，这就使妇女实现了经济独立并且逐步社会化。农村妇女参加社会生产极大地促进了自身的解放。在参加劳动过程中，妇女们自身的素质有了大幅度提高，农业技术水平不断提高，精神风貌有了极大改变，并赢得了崇高的社会声望，"男女平等"的理念也逐渐深入人心，传统的"男尊女卑"的性别文化也发生了根本的变化。农村妇女的形象也与传统妇女的形象有了天壤之别，乃至被赋予了一定程度的传奇色彩。

---

① 陶春芳：《马克思主义妇女观概论》，中国妇女出版社 1991 年版，第 121 页。

对妇女本身来讲，她们参与农业劳动的意义不仅仅在于获得了经济独立，其在政治上的意义似乎更为重要。传统社会的男女劳作分工模式是"男主外，女主内"，公共事务是不允许女人参加的。集体化时期，在参与社会生产过程中，妇女从开始的被动接受社内的安排到后期的积极参与社内事务的公共管理，不仅为国家和集体贡献了力量，也使自己的综合能力得以提升，从"家庭人"逐渐成长为"社会人"。在以后的历次政治运动中，农村妇女不仅参与其中，而且成为一支重要的力量。

集体化时期的中国妇女解放运动及其取得的成绩是前所未有的。妇女在参与农业生产过程中对社会主义革命和建设以及在自身的解放进程中所取得的成就是巨大的。"妇女解放的程度是衡量普遍解放的天然尺度。"① 同旧中国妇女所处的悲惨境地相比，她们的地位无疑是发生了翻天覆地的变化。这为以后中国妇女的进一步解放奠定了良好的根基。

（二）

同时我们不可忽视，妇女在参加社会化生产、追求解放过程中也经历了一些困境和挫折，她们在获得解放的同时也承受了一些不能诉说的纠结和挣扎。

第一，"男女平等"在某种程度上被异化为"男女都一样"。在集体化时期，"男女平等"被视为妇女解放的目标，但在"文革"时期被简单地理解为"男女都一样"。在某种程度上，或者说在某些特殊阶段，人们对"妇女解放""男女平等"的理解并不是追求男女权利的平等，而主要是追求义务上的平等，主要表现就是在劳动中要求做到男女都一样，劳动标准一样，劳动报酬一样，并简单地把这些理解为妇女解放的标志。这样就带来两个后果，第一个后果是有些基层社队不顾妇女生理上与男子的差异，鼓励女同志在劳动中从体力上向男同志看齐，盲目地要求妇女高出勤率、高参与率，机械地要求在劳动中女劳力多做贡献，达到男劳力的标准。一再向女性身体的极限发

---

① 《马克思恩格斯全集》第二十卷，人民出版社 1971 年版，第 285 页。

出挑战，使妇女的身体受到了不同程度的伤害。第二个后果便是以男性的美来要求女性，"铁姑娘"成为那个年代妇女的代表性形象。"短发，圆脸，宽肩，粗腰，黑肤，大嗓门，常常扛着步枪或者铁锹生气勃勃。"[①] 这个时代的"健壮"美与传统文化中女性的"柔弱"美形成了鲜明的对比，"能干"成了衡量女性美的重要标准。女性形象的男性化，一方面是为了当时生产劳动的需要，另一方面也反映了男权意识仍然占主导地位，只不过以不同于传统的方式表现出来。

第二，在集体化时期，妇女开始走出家庭参加社会化生产并逐步撑起"半边天"的同时，男子却并没有在家庭内相应的承担一半家务劳动，家务劳动仍被看成是妇女的职责所在，因此在集体化时期乃至此后的很长一段时期，农村妇女都要承受农业劳动和家务劳动的双重负担。在这双重重担之下，妇女们疲惫不堪。在某种程度上，"男女平等"并没有完全实现。这种意义上的妇女解放，也没有得到妇女的普遍认同，同时也没完全实现女性自我意识的真正觉醒。

（三）

对于"妇女已经大规模参加社会劳动，但却没有实现完全的男女平等"这一后果的原因是什么，仍需进一步探讨。通过梳理学界以往的研究成果，笔者认为主要有两方面的原因。

第一，马克思主义认为，共产主义运动的最终目标是"人的自由而全面的发展"，这既是人类解放的价值取向，从而也应该是妇女解放的最高标准。生产力的高度发展是实现这一目标的首要基础和前提，但集体化时期的中国妇女解放运动，却是在社会生产力极不发达的基础上进行的。新中国是建立在战争的废墟之上，生产力水平很低，工业极不发达。在国家工业化的目标下，无论城乡男女都为了这一目标而努力，个人的解放在很大程度上是与民族的解放、阶级的解放联系在一起的。对广大妇女来说，由于生产力水平和

---

① 韩少功：《暗示》，人民文学出版社 2002 年版，第 30 页。

社会化生产水平都比较低，实现家务劳动社会化几乎没有可能，加之传统的"男主外女主内"观念的影响，社会劳动和家务劳动的矛盾会导致"双重负担"在很长一段时期内存在。

第二，这一结果也与中国妇女的解放道路有密切关系。从一开始，中国的妇女解放运动就与西方的女权运动截然不同，即它不是独立进行的。从近代妇女解放运动开始，它一直都与时代背景紧密结合，它是与救亡图存、民族自强的阶级解放运动同时兴起的。中国的妇女解放运动作为社会革命中的一部分，其终极目标是挽救民族危亡，而不是纯碎地立足于妇女本身的利益，甚至一开始都不是妇女自身发起的，而是由男性发起的。新中国成立后，中国妇女解放运动依然与社会主义建设运动紧密相连，中国妇女解放运动所取得的每一个成就，包括男女平等、婚姻自由、妇女大规模就业以及集体福利事业的建立，都要归功于中国社会主义革命的成果。

回顾新中国70年来农村妇女所走过的道路，我们仍然可以肯定地说，集体化时期的妇女解放运动取得了阶段性的巨大成就，在短期内广大妇女获得了西方女权运动需要上百年才能争取到的权利。我们有理由相信，随着经济的发展和社会的进步，男女两性必将会迎来全面而自由发展的新阶段，在两性和谐共处的基础上达到两性共同发展。借用李小江的一句话，"人的理想绝不是要在生理差异的基础上强造一个平等的世界，而是要在两性和谐共处的基础上争取人的最大限度的自由。[①]

---

① 李小江：《改革与中国女性群体意思的觉醒》，《社会科学战线》1988年第4期.

参考文献

（一）档案资料

1. 河北省档案馆馆藏：河北省妇联档案。

   河北省政府档案。

   河北省革命历史档案。

2. 河北省阜平县档案馆馆藏：阜平县妇联档案。

3. 河北省平山县档案馆馆藏：平山县妇联档案。

4. 河北省顺平县档案馆馆藏：顺平县妇联档案。

5. 河北省赞皇县档案馆馆藏：赞皇县妇联档案。

6. 山西省档案馆馆藏：山西省妇联档案。

   山西省革命历史档案。

7. 山西省长治市档案馆馆藏：长治市妇联档案。

8. 山西省昔阳县档案馆馆藏：昔阳县妇联档案。

（二）报刊

1.《河北日报》。

2.《晋察冀日报》。

3.《人民日报》。

4.《山西日报》。

5.《新中国妇女》。

6.《中国妇女》。

（三）资料汇编

1. 河北省地方志编纂委员会：《河北省志·妇女运动志》，北京：中国档案出版社，1997 年。

2. 河北省妇女联合会：《河北妇女运动史资料选辑》（第 2 辑），内部资料，1983 年。

3. 河北省妇女联合会：《河北妇女运动史资料选辑》（第 4 辑），内部资料，1986 年。

4. 河北省社会科学院历史研究所、《河北学刊》编辑部：《晋察冀抗日根据地史料专辑》（内部发行），石家庄：河北学刊杂志社，1985 年。

5. 晋察冀边区妇女抗日斗争史料编辑组：《烽火巾帼》，北京：中国妇女出版社，1990 年。

6. 晋察冀北岳区妇女抗日斗争史料编辑组：《晋察冀北岳区妇女抗日斗争史料》（内部资料），中国老年历史研究会，1985 年。

7. 晋察冀抗日根据地史料丛书编审委员会、中央档案馆：《晋察冀抗日根据地第一册》（文献选编）（上），北京：中共党史资料出版社，1989 年。

8. 李澎卿、陈先琴主编：《河北妇女社会地位调查》，北京：中国妇女出版社，1994 年。

9. 沁源县妇女联合会：《沁源县妇女运动史资料选》，内部资料，1987 年。

10. 祁县妇女联合会：《祁县妇运史资料（1937—1949）》，内部资料，1987 年。

11. 寿阳县妇女联合会：《寿阳县妇运史资料（1937—1949）》，内部资料，1985 年。

12. 寿阳县妇女联合会：《寿阳县妇运史资料（1949—1988）》，内部资料，1990 年。

13. 孙丽萍：《口述大寨史》，广州：南方日报出版社，2008 年。

14. 武乡县妇运史办公室编：《武乡妇女运动史料汇编》（内部资料），1985 年。

15. 新知识出版社编：《发动妇女参加农业生产》，上海：新知识出版社，

1956 年。

16. 榆次市妇女联合会:《妇女运动史（1937—1987）》，内部资料，1990 年。

17. 中国妇女管理干部学会编:《中国妇女运动文献资料汇编（1949—1983）》（第二册），北京：中国妇女出版社，1988 年。

18. 中华全国妇女联合会妇女运动历史研究室:《中国妇女运动历史资料（1927—1937）》，北京：中国妇女出版社，1988 年。

19. 中华全国妇女联合会妇女运动历史研究室:《中国妇女运动历史资料（1937—1945）》，北京：中国妇女出版社，1988 年。

20. 中华全国妇女联合会妇女运动历史研究室:《中国妇女运动历史资料（1945—1949）》，北京：中国妇女出版社，1991 年。

21. 中华全国妇女联合会编:《中国妇女运动重要文献》，北京：人民出版社，1979 年。

22. 中华全国妇女联合会:《中国妇女运动百年大事记（1901—2000）》，北京：中国妇女出版社，2003 年。

（四）专著

1. 鲍晓兰:《西方女性主义研究评介》，北京：生活·读书·新知三联书店，1995 年。

2. 陈东原:《中国妇女生活史》，上海：上海书店，1984 年。

3. 陈顾远:《中国婚姻史》，上海：商务印书馆，1936 年。

4. 杜芳琴:《女性观念的衍变》，郑州：河南人民出版社，1988 年。

5. 杜芳琴:《妇女学与妇女史的本土探索——社会性别视角与跨学科视野》，天津：天津人民出版社，2003 年。

6. 杜芳琴主编:《发现妇女的历史——中国妇女史论集》，天津：天津社会科学院出版社，1996 年。

7. 杜芳琴主编:《中国社会性别的历史文化寻踪》，天津：天津社会科学院出版社，1998 年版。

8. ［法］西蒙娜·德·波伏娃著:《第二性》，陶铁柱译，北京：中国书籍出版社，1998 年。

9. 费正清:《剑桥中华人民共和国史 (1949—1965)》,上海:上海人民出版社,1990 年。

10. 费正清:《剑桥中华人民共和国史 (1966—1982)》,北京:中国社会科学出版社,1992 年。

11. 高大伦:《中国女性史 (1951—1958)》,成都:四川大学出版社,1987 年。

12. 高王凌:《人民公社时期中国农民"反行为"调查》,北京:中共党史出版社,2006 年。

13. 顾秀莲:《20 世纪中国妇女运动史》(上卷),北京:中国妇女出版社,2008 年。

14. 顾秀莲:《20 世纪中国妇女运动史》(中、下卷),北京:中国妇女出版社,2013 年。

15. [美] 贺萧:《记忆的性别:农村妇女和中国集体化历史》,张赟译,北京:人民出版社,2017 年。

16. [美] 阎云翔:《私人生活的变革:一个中国村庄里的爱情.家庭与亲密关系 (1949—1999)》,龚晓夏译,上海:上海书店出版社,2006 年。

17. [美] 伊佩霞:《内闱——宋代妇女的婚姻和生活》,胡志宏译,南京:江苏人民出版社,2006 年。

18. 计荣:《中国妇女运动史》,长沙:湖南出版社,1993 年。

19. [加] 朱爱岚:《中国北方村落的社会性别与权力》,胡玉坤译,南京:江苏人民出版社,2004 年。

20. [加] 宝森:《中国妇女与农村发展——云南禄村六十年的变迁》,胡玉坤译,南京:江苏人民出版社,2005 年。

21. 康有为:《大同书》,北京:古籍出版社,1956 年。

22. 罗琼:《当代中国妇女史》,北京:当代中国出版社,1994 年。

23. 李巧宁:《陕西农村妇女的日常生活 (1949—1965)》,北京:中国社会科学出版社,2014 年。

24. 李斌:《村庄视野中的阶级.性别与家庭结构:以 1950 年代湘北塘村为中心的考察》,长沙:湖南人民出版社,2013 年。

25. 李银河:《妇女:最漫长的革命》,北京:生活·读书·新知三联书店，1997 年版。

26. 李银河：《后村的女人们——农村性别权力关系》，呼和浩特：内蒙古大学出版社，2009 年。

27. 李小江：《女人读书——女性/性别研究代表作导读》，南京：江苏人民出版社，2006 年。

28. 李小江：《20 世纪中国妇女口述史：让女人自己说话》，北京：生活·读书·新知三联书店，2003 年。

29. 李小江：《性别与中国》，北京：生活·读书·新知三联书店，1994 年。

30. 李秋芳等编：《半个世纪的妇女发展》，北京：当代中国出版社，2001 年。

31. 罗琼：《妇女解放问题基本知识》，北京：人民出版社，1986 年。

32. 罗时进：《中国妇女生活风俗》，西安：陕西人民出版社，2002 年。

33. 《毛泽东周恩来刘少奇朱德论妇女解放》，北京：人民出版社，1988 年。

34. 山西省妇女联合会编：《妇女撑起半边天》，太原：山西人民出版社，1974 年。

35. 王凤华：《社会性别文化的历史与未来》，北京：中国社会科学出版社，2006 年。

36. 王铭铭：《乡土社会的秩序、公正与权威》，北京：中国政法大学出版社，1997 年。

37. 王书奴：《中国娼妓史》，上海：生活书店，1934 年；

38. 王跃生：《社会变革与婚姻家庭变动：20 世纪 30—90 年代的冀南农村》，上海：生活·读书·新知三联书店，2006 年。

39. 王政、杜芳琴编：《社会性别研究选译》，北京：生活·读书·新知三联书店，1998 年。

40. 魏宏运：《晋察冀边区财政经济史稿》，北京：解放军出版社，2005 年。

41. 辛逸：《农村人民公社分配制度研究》，北京：中共党史出版社，2005 年。

42. 杨凤：《当代中国女性发展研究》，北京：人民出版社，2007 年版。

43. 张乐天：《告别理想——人民公社制度研究》，上海：上海人民出版社，2005 年。

44. 张志永：《婚姻制度从传统到现代的过渡：1950—1956 年河北省婚姻

制度改革研究》，北京：中国社会科学出版社，2006 年。

45. 郑永福、吕美颐：《近代中国妇女生活》，郑州：河南人民出版社，1993 年。

46. 中共中央马恩列斯著作编译局：《马克思恩格斯选集》（第 4 卷），北京：人民出版社，1995 年。

47. 中华全国妇女联合会：《马克思、恩格斯、列宁、斯大林论妇女》，北京：人民出版社，1978 年。

48. 中华全国民主妇女联合会筹备委员会编：《中国解放区农村妇女生产运动》，北京：新华书店，1949 年。

（五）论文

1. 陈宝良：《明代妇女的社会经济活动及其转向》，《中州学刊》2011 年第 1 期。

2. 崔兰萍：《陕甘宁边区妇女地位变化简述》，《唐都学刊》第 10 卷，1994 年 1 期。

3. 崔兰萍：《我党引导陕甘宁边区妇女争取经济独立的重要实践》，《西北大学学报》（哲学社会科学版）2004 年第 1 期。

4. 丁卫平：《抗日战争时期的中国妇女运动》，东北师范大学 1994 年博士学位论文。

5. 杜芳琴：《妇女研究的历史语境：父权制、现代性与性别关系》，《浙江学刊》2001 年第 1 期。.

6. 郭于华：《心灵的集体化：陕北骥村农业合作化的女性记忆》，《中国社会科学》2003 年第 4 期。

7. 郭省娟：《大跃进时期农村妇女劳动概述》，《宁波党校学报》2007 年第 5 期。

8. 韩廉、李斌：《论新民主主义革命时期妇女解放运动的特点及其启示》，《中华女子学院学报》2006 年第 1 期。

9. 郝琦：《试论陕甘宁边区妇女在抗战中的主要贡献》，《延安大学学报》（社会科学版）1995 年第 3 期。

10. 何平：《国家在场下的妇女解放——基于建国初期妇女社会地位变革的考察》，《华中师范大学研究生学报》2007 年第 4 期。

11. 何平：《"国家在场"下的妇女地位提升——以建国初期的妇女解放为例》，《中共宁波市委党校学报》2008 年第 2 期。

12. 黄嫣梨：《建国后妇女地位的提升》，《清华大学学报》（哲学社会科学版）1999 年第 3 期。

13. 揭爱花：《国家话语与中国妇女解放的话语生产机制》，《浙江大学学报》（人文社会科学版）2008 年第 4 期。

14. 李常生：《山西抗日根据地妇女劳动力的开发》，《沧桑》2004 年第 1 期。

15. 李华丽：《清代妇女的家庭生计问题研究》，《历史教学问题》2009 年第 5 期。

16. 李巧宁：《1950 年代中国对农村妇女的社会动员》，《社会科学家，2004 年第 6 期。

17. 李金铮：《向"新革命史"转型：中共革命史研究方法的反思与突破》，《中共党史研究》2010 年第 1 期。

18. 李静之：《新民主主义革命时期中国共产党妇女运动指导思想的确立和发展》，《妇女研究论丛》2001 年第 4 期。

19. 李静之：《中国妇女运动史上的三座里程碑》，《妇女研究论丛》1999 年第 4 期。

20. 李正华：《新中国妇女运动的历史与现状》，《当代中国史研究》1996 年第 6 期。

21. 李小江：《我们用什么话语思考女人——兼论谁制造话语并赋予它内涵》，《浙江学刊》1997 年第 4 期。

22. 李小江：《50 年，我们走到了哪里？——中国妇女解放与发展历程回顾》，《浙江学刊》2000 年第 1 期。

23. 刘志玲：《从政治解放到自我解放—中国近代妇女运动历程的研究》，《前沿》2007 年第 1 期。

24. 刘萍：《对华北抗日根据地妇女纺织运动的考察》，《抗日战争研究》

1998 年第 2 期。

　　25. 刘维芳：《中国妇女运动"大跃进"始末》，《中华女子学院学报》2008 年第 5 期。

　　26. 刘小丽：《山西抗日根据地的妇女纺织运动》，《晋阳学刊》2005 年第 3 期。

　　27. 吕美颐：《20 世纪二三十年代中国农村妇女状况的历史考察》，《妇女研究论丛》1996 年第 1 期。

　　28. 马慧芳：《1950 年代国家对农村妇女社会生产动员的启示》，《探索与争鸣》2008 年第 4 期。

　　29. 苏小平、郭敬人：《晋察冀边区的妇女运动》，《山西档案》1994 年第 3 期。

　　30. 孙立苹：《论新中国成立初期中国妇女地位的提高》，河北师范大学 2003 年硕士学位论文。

　　31. 佟新：《国外妇女的劳动参与和经济地位》，《妇女研究论丛》1996 年第 1 期。

　　32. 汪蕊：《论晋察冀边区妇女地位的提高》，河北师范大学 2004 年硕士论文。

　　33. 赵刚印：《陕甘宁边区妇女大生产运动的历史背景及意义》，《宁夏大学学报》（人文社会科学版）2005 年第 4 期。

　　34. 扬辉、向达：《论现代社会中婚姻关系模式的转变》，《重庆科技学院学报》（社会科学版）2007 年第 6 期。

　　35. 虞花荣：《论中国共产党妇女解放思想与实践的特点及其启示》，《北京科技大学学报》（社会科学版）2007 年第 2 期。

　　36. 袁秀贞：《1949—1978 年中国共产党鼓励妇女全面就业的政策研究》，湖南师范大学 2008 年硕士学位论文。

　　37. 魏开琼：《对推动中国女性解放力量的分析》，《宁夏党校学报》2002 年第 6 期。

　　38. 王翠改：《唐宋时期妇女的家庭经济地位》，河北师范大学 2002 年硕士学位论文。

39. 王剑虹：《元代妇女的社会经济地位》，河北师范大学 2003 年硕士学位论文。

40. 王克霞：《革命与变迁：20 世纪三四十年代沂蒙妇女生活状况研究》，山东大学 2007 年博士学位论文。

41. 王荣花：《中共革命与太行山区社会文化的变迁（1937—1949）》，河北大学 2011 年博士学位论文。

42. 汪蕊：《论抗战时期晋察冀边区妇女地位的提高》，河北师范大学 2004 年硕士学位论文。

43. 王涛：《"社会劳动"与"妇女解放"——50 年代中国社会主义运动中的妇女政策评析》，《中国国际共运史学会 2009 年年会暨学术讨论会论文集》，2009 年 10 月 1 日。

44. 王涛：《家务劳动社会化：理论与现实》，《中华女子学院学报》2010 年第 3 期。

45. 臧建：《苏联对中国性别平等的影响——以 20 世纪 50 年代为例》，《妇女研究论丛》2008 年第 2 期。

46. 张志永：《错位的解放："大跃进"时期华北农村妇女参加生产劳动评述》，《江西社会科学》2010 年第 4 期。

47. 张志永：《女权的缺位："大跃进"时期华北农村男女平等的悖论》，《江苏社会科学》2011 年第 1 期。

48. 张晓红、梁建东：《从"铁姑娘"到"新典范"：中国女性社会角色的历史变迁》，《思想战线》2008 年第 1 期。

49. 张树宣：《试论陕甘宁边区的大生产运动》，《青海民族学院学报》（社会科学版）1985 年第 4 期。

50. 朱晓鸿：《汉代妇女生活探析》，郑州大学 2001 年硕士学位论文。

51. 战秀梅：《宋代妇女经济活动探析》，《中国社会经济史研究》2010 年第 1 期。

52. 左际平：《20 世纪 50 年代的妇女解放和男女义务平等：中国城市夫妻的经历与感受》，《社会》2005 年第 1 期。

后　记

　　本书为作者2015年承担的河北省社会科学基金项目"集体化时期太行山区妇女社会化生产运动研究"（项目编号：HB15DD016）的结项成果。

　　我自小生长在河北省太行山区农村，对当地妇女的生活深有感触。那里交通不便，信息闭塞，改革开放之前人们的生活方式和观念习俗大都承袭传统。在我出生时新中国已经成立二十多年，但我成长过程中依然能处处感到传统观念对女性的束缚，也能感受到她们自身对传统观念和习俗的强烈认同，不但自己身体力行，而且也把这种传统的生活方式强加到下一代，不由得让人想起"女人何苦为难女人"这句话。曾有很长一段时间，我一直为她们身上所呈现出来的种种行为和话语所困惑，百思不得其解。自2009年攻读博士以来，我把研究的焦点集中在"性别""妇女"范畴上。读博士期间，在李金铮教授的指导下，相关知识视野逐渐开阔，理论脉络也逐渐清晰，并最后确定博士论文的写作方向为"集体化时期太行山区妇女"，在此基础上最后确定了博士论文题目。这本书稿是在我博士论文的基础上修改而成的。

　　2012年博士毕业到现在已经过去了6个年头，我对家乡妇女的生活也一直深切关注。每次回到老家，也会看到新一代农村妇女生活发生的一些变化，但传统观念和习俗仍然会在她们身上有着诸多体现，只不过以新的形式表现出来。比如，依附男子的观念没有太大改变，表现为彩礼居高不下、结婚费用奇高，农村妇女依然把结婚当作找一张长期的饭票和未来幸福生活的最重要的手段。女性主体意识仍然不强，虽然年轻女性在家庭中地位有所提高，但是对婚姻的态度并不端正，把婚姻当成儿戏。虽然摆脱了传统的"相夫教子""男尊女卑"的观念，但依旧没有在婚姻和生活中给自己正确的定位，生活依旧艰难。所以农村妇女依然是一个需要持续关注的群体。希望本书的出版，能让更多的学者关注太行山妇女、关注农村妇女的可持续发展。

在本书付梓出版之际，回想起求学路上及工作期间得到许多师友的关怀和帮助，在此表达我诚挚的谢意！

首先感谢我的导师李金铮教授，自读硕士研究生时就投在老师门下，是李老师把我带入了史学研究的大门，也是老师的鼓励和帮助，才让我有机会和勇气在这条路上走下去。李老师在社会史以及革命史领域的渊博知识与深厚的功力使我受益匪浅，老师在我博士论文的选题、思路、结构上也都给予了太多的指导，在工作和生活中也给了我诸多的帮助，在此表达深深的谢意！

感谢在南开求学期间给我授课的老师们，江沛教授、王先明教授、张利民教授、李少兵教授、张思教授在博士论文开题和答辩的时候都提出了宝贵的意见，这对我论文的最后完成以及后期的修改都有很大的帮助。老师们智慧的火花，将使我受益终生。

还要感谢河北大学的师友们，杨学新教授是我的博士后合作导师，为论文的修改也提了很多宝贵的意见；历史学院的领导肖红松教授和范铁权教授亦师亦友，为本书的出版提供了很多帮助；吕志茹师姐也给了我很多鼓励。在此一并表示感谢！

感谢我的同学范喜茹、梁丽辉、陈涛、杨二柱、杨明志、把增强，在我查阅档案资料和搜集口述资料时给予了大力支持和帮助；也感谢太行山区的父老乡亲，是他们的热情和帮助让我的论文最后得以完成！

最后感谢我的家人，家的温暖让我不断前行。

刘　洁

2019 年 9 月于家中

责任编辑：邵永忠

封面设计：黄桂月

图书在版编目（CIP）数据

集体化时期太行山区妇女社会化生产运动研究 / 刘洁　著 . —

北京：人民出版社，2020.5

ISBN 978-7-01-021660-7

Ⅰ . ①集…　Ⅱ . ①刘…　Ⅲ . ①农村—妇女—农业集体化—生产—研究—中国—现代

Ⅳ . ① D442.9

中国版本图书馆 CIP 数据核字（2019）第 301093 号

集体化时期太行山区妇女社会化生产运动研究

JITIHUA SHIQI TAIHANGSHANQU FUNÜ SHEHUIHUA SHENGCHAN YUNDONG YANJIU

刘洁　著

人民出版社出版发行

（100706　北京市东城区隆福寺街 99 号）

北京盛通印刷股份有限公司印刷　新华书店经销

2020 年 5 月第 1 版　2020 年 5 月北京第 1 次印刷

开本：710 毫米 × 1000 毫米　1/16　印张：13.75　字数：220 千字

ISBN 978-7-01-021660-7　定价：50.00 元

邮购地址　100706　北京市东城区隆福寺街 99 号金隆基大厦

人民东方图书销售中心　电话（010）65250042　65289539

版权所有·侵权必究

凡购买本社图书，如有印制质量问题，我社负责调换。

服务电话：（010）65250042